빅히트

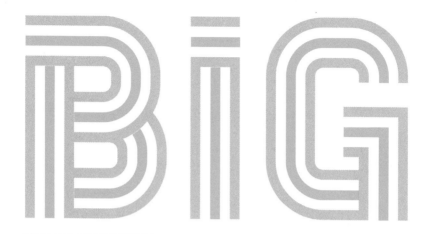

새로운 기회의 파도   **빅히트**

김한진·김일구·김동환 지음

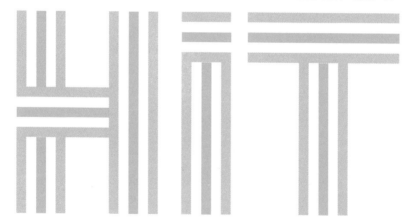

P page2

새롭고 큰 기회를 맞이하게 될
여러분에게

우리 세 사람이 생각을 모아 책을 펴낸 게 벌써 세 번째다. '삼세판'이라는 말도 있듯이 이쯤 되면 할 얘기가 있어서 모이는 것인지, 그저 습관처럼 모여서 대화를 나누고 글을 쓰는 것인지 점검해볼 때가 되었다.

이번 원고를 탈고하면서 지난 두 권의 책《인플레이션의 시대》와《경제 트렌드 2019》를 다시 읽어보았다. 낯 뜨거우리만큼 잘못된 전망도 있었고 이렇게 정확하게 맞혔나 싶게 감탄이 절로 나는 통찰도 있다. 아마 이번 책도 그 범주에 머물 것이다. 다만 횟수를 거듭할수록 우리의 토론과 글을 기다리는 분들이 많다는 사실을 알게 되었고, 우리의 생각과 통찰을 글로 옮김에 있어 더욱 진솔하고 신중해야 한다는 막중한 책임감을 느끼게 되었다. 그리고 그 어느 때보다 정성스럽고 간절한 마음을 이 책에 담아내고자 노력했다.

그럼에도 불구하고 안타까운 일은 우리 세 사람이 주로 활동하는 대한민국 여의도의 금융 시장은 작년이 재작년보다 좋지 않았고 올해는 작년보다 더 어려웠다는 점이다. 세상이 어려워지는 것이야 자연스러운 이치일 수도 있고 또 조금만 참고 기다리면 회복될 수도 있다는 기대를 갖기도 하지만 책을 마감하는 이 시점에 되묻게 되는 것은 우리 셋을 포함한 모두가 조금씩이라도 더 현명해지고 있나 하는 것이다. 더불어 과연 올해는 발전과 번영의 시간이었는지 아니면 후퇴와 낙심의 시간이었는지를 되돌아보게 된다.

2019년은 금융 시장, 그중에서도 특히 주식 시장에 참으로 혹독한 한 해였다. 예측한 사람이나 예측에 실패한 사람이나 그 고통의 크기가 얼마나 달랐는지는 알 수 없다. 누군가의 이야기처럼 투자는 예측이 아니라 대응의 영역인 것 같기 때문이다.

하지만 예측이 빗나갔다고 해서, 투자에 실패했다고 해서 그 자리에 머물러 있을 수만은 없는 일이다. 우리는 모두 발전해야 한다. 그 나이와 경험에 관계없이 조금씩 앞으로 나가야 한다. 방송과 글을 통해서 생각을 전달하는 일을 업으로 삼고 있는 우리 세 사람의 생각과 말과 글이 발전하듯이 경제를 바라보는 여러분의 시야가 넓어지고 통찰이 깊어지고 행동에 발전이 있기를 바란다. 그리고 매년 모여서 생각을 나누는 우리 세 사람의 시도가 여러분의 발전에 작게나마 기여하기를 간절히 바란다.

유례없는 비관론이 세상을 점령하고 있다. 비관은 포기를 낳는다. 비록 실패하더라도 포기하지 않는 2020년이 되기를 바란다. 아니, 포기를 뛰어넘어 새로운 기회를 발견하고 그 속에서 놀라운 도약을 꿈꿀 수 있는 새로운 한 해가 되기를 바란다. 그리고 여러분은 분명히 그렇게 될 수 있을 것이다. 30년 가까운 혹은 그보다 긴 시간 동안 금융 시장에 몸담아온 우리 세 사람의 경험에 비추어볼 때, 2020년은 근자에 드문 커다란 기회를 발견할 수 있는 한 해가 될 것이기 때문이다.

기회는 위기의 다른 말이라는 식상한 되풀이를 하려는 것이 아니다. 비교적 오랜 경험을 가진 우리 세 사람의 삼세판이 이 책을 읽는 여러분들에게 지혜를 가져다주길 바란다. 그리고 우리와 함께한 분들이 '빅히트BIG HIT', 남들과는 다른 더 크고 의미 있는 값진 성공이라는 결실로 맺어질 수 있기를 소망한다.

창 틈으로 새어들어오는 바람이 제법 쌀쌀하다. 겨울이 오고 있다. 이번 겨울에도 차갑고 매서운 칼바람이 불어올 것이다. 그러나 그 바람은 우리가 당장 느끼지 못할 뿐, 그 속에 따뜻하고 희망찬 봄의 기운을 담고 있을 것이다.

이야기를 나누고 글을 쓰는 내내 매우 고통스러웠다. 우리가 나누는 단어 하나, 토씨 하나가 여러분에게 어떤 영향을 끼칠지 두려웠기 때문이다. 부디 우리의 이 고통스러운 시도가 바람 그 자체보다 바람이 부는 방향과 그 안의 기운을 느끼는 데 도움이 되기를 소망한다.

따뜻한 봄날을 기다리며

2019년 겨울

저자 일동

차례

BiG

1부

세계 경기, 어디에 와 있는가

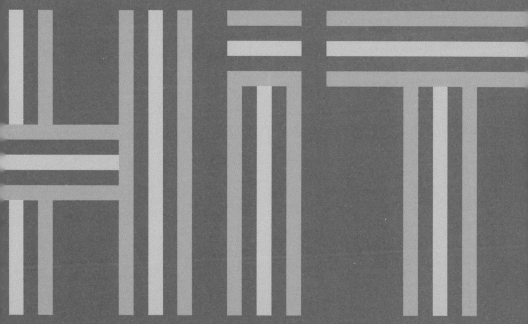

1장
글로벌 자산 시장의 양극화

　　김동환　저희가 함께 모여 경제에 관해 이야기를 나누고 책을 쓴 것도 벌써 《인플레이션의 시대》와 《경제 트렌드 2019》에 이어 세 번째입니다만, 2019년 하반기의 중반쯤 진행된 이 시점이 전과는 조금은 다른 양상이라는 데 두 분도 공감하실 것입니다. 경제, 특히 자산 가격이라는 게 한순간 편한 날이 있겠습니까만은 최근 들어 벌어지고 있는 대내외적인 상황은 지금까지 제 경험에 비추어볼 때 일시적 변동성이라고 치부하기에는 어려운, 꽤 심각한 수준이라는 생각이 듭니다. 쉽게 말해 무언가 큰 파도가 밀어닥치고 있다는 느낌을 지울 수가 없습니다. 그래서 이번 저희들의 대담은 '빅히트, 새로운 기회의 파도'라는 제목으로 현재 경제 전반에 관한 상황 인식, 앞으로의 전망, 대안에 이르기까지 크게 3부로 나누어서 두루 살펴볼 예정입니다.

가장 먼저 얘기를 나눌 1부는 전 세계 경제와 금융 시장에 대한 상황 인식입니다. 현재 세계 경제와 금융 시장에서 가장 두드러지는 상황을 살펴보면 나름의 인과관계가 파악되지 않겠나 싶습니다.

제가 먼저 화두를 던지겠습니다. 글로벌 자산 시장의 양극화가 심화되고 있습니다. 비단 올해 들어서 일어난 현상은 아닙니다만 최근 들어 그 정도가 심해지고 있으며 특히 우리나라 주식 시장 참여자의 체감 정도는 IMF 이후 가장 크지 않나 싶습니다. 이른바 °**디커플링**decoupling이라는 게 어쩌면 회복될 수 없는 신호 아니냐 이런 얘기들까지도 심심치 않게 나오는 실정입니다. 먼저 자산 가격의 양극화, 특히 주식 시장 내에서 미국 주식만 강세를 보이는 이유와 자산 배분의 입장에서 왜 채권으로만 돈이 몰리는지부터 알아보겠습니다.

디커플링 보통 한 나라의 경제는 그 나라와 연관이 많은 주변 국가나 세계 경제의 흐름과 비슷하게 흘러가는데 이런 움직임과 달리 독자적으로 움직이는 현상을 말한다.

주가 양극화의 원인

김한진　최근 선진국과 신흥국, 특히 미국과 신흥국의 경기와 자산 가격 흐름에는 적잖은 차이가 있습니다. 물론 채권 시장만큼은 전 세계가 한 방향으로 저금리를 경신하고 있습니다만 주식 시장은 이와 다른 흐름입니다. 신흥국 주가는 원래 선진국 주가보다 강하거나 비슷한 흐름이었습니다. 하지만 글로벌 금융 위기를 거치면서, 특히 2010년 이후부터는 신흥국 증시가 선진국에 현저히 뒤처지기 시작했습니다. 2010년 이후 지금까지 °MSCI^{Morgan Stanley Capital Internatinal} 기준 신흥국 주가는 제자리인 반면, 선진국 주가는 무려 100%나 올랐습니다. 신흥국은 지고 선진국은 뜨는 이러한 주가 양극화는 최근 3~4년 내 더욱 심했습니다. 그 이유는 다음 몇 가지로 설명될 수 있습니다.

MSCI 미국의 모건스탠리캐피털 인터내셔널사가 작성, 발표하는 세계적인 주가 지수로, 글로벌펀드의 투자 기준이 되는 지표이자 최초의 국제 벤치 마크다.

첫째로 2010년 경부터 선진국 경기는 더없이 좋았는데 신흥국의 수출은 이를 못 쫓아갔습니다. 선진국 경기가 신흥국에 파급되는 힘이 약해진 탓이죠. 아마도 글로벌 첨단 산업과 서비스 산업의 비중 확대, 비非교역재의 증가, 이전 과잉 투자에 대한 설비 조정, 세계 분업 구조의 변화 때문이 아닌가 추정됩니다. 실제로 미국의 경우 소재와 원유 수입이 줄고 통신 장비, 자본재, 반도체 수입이 증가했습니다. 결국 예전에는 없던 구조적인 교역 둔화 요인이 분명 등장하고 있습니다. 여기에 중국을 비롯한 선발 신흥국들의 경우 그간 고도성장을 이끈 산업화가 성숙 단계에 들어가고 인구도 고령화되는 등 자체 성장 동력이 약해지고 있어 신흥국의 경기 탄력이 예전 같지 않은 것 같습니다.

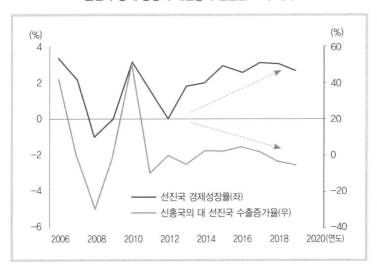

선진국 경제 성장의 대신흥국 선순환 효과 저하

(%)	(%)

선진국 경제성장률(좌)
신흥국의 대 선진국 수출증가율(우)

2006   2008   2010   2012   2014   2016   2018   2020(연도)

　　둘째는 최근 10년간 선진국에는 새로운 성장 기업들이 많이 등장했고 실제로 이들이 경제와 증시를 이끌어왔습니다. 반면 신흥국 증시에는 선진국만큼 걸출한 혁신 성장 기업이 많지 않은 데다 전통 제조업의 수익성은 정체 내지 약화되는 추세입니다. 거대 내수 시장을 등에 업은 중국에서 새로운 혁신 기업들이 속속 등장하고 있으나 전체 경제에서의 비중은 아직 낮은 편입니다. 전통 제조업과 은행업 등 저수익 산업의 비중이 현저히 높기 때문이죠. 이와 같은 이유로 최근 신흥국 전체 기업 이익은 선진국에 비해 열위입니다.

　　2010년 초를 기준으로 선진국 기업의 주당순이익(EPS : Earnings Per Share)은 2019년 상반기까지 66% 증가한 반면, 신흥국 기업은 8% 증가에 그쳤습니다. 특히 같은 기간 나스닥 기업들의 이익은 180%나 증가해 큰 대조를 보이고 있습니다. 참고로 나스닥 주당순이익은 금융 위기 전 2006년 초를 기준으로 보면 최근까지 무려 네 배나 증가했습니다. S&P500 기업과 나스닥 기업의 자기자본이익률이 2018년 기준으로 각각 19%와 30%에 달하다 보니 주가순자산비율(PBR : Price Book value Ratio)도 3.3배와 4.5배로 높게 거래되고 있습니다. 앞으로 기업 실적과 이를 반영하는 증시가 어떻게 될 것인지는 차치하고서라도 일단 현재까지는 높은 기업 수익을 구가하고 미래의 성장성까지 탑재한 선진국 증시, 특히 미국 주가가 세계에서 압도적인 우위를 보인 게 사실입니다. 신흥국 증시와는 사상 유례없는 차별화를 보이면서 말이죠.

　　세 번째 이유는 통화적 요인 즉, 금융 요인입니다. 기축통화국인 선진국 4대 중앙은행(미국, 유로존, 영국, 일본)들은 2008년 이후 기준 금리도 내렸지만 통화당국이 돈을 찍어서 주식과 채권을 직접 매입하기도 했습니다. 선진국의 금융 완화는 자산 시장 경로를 통해 소기의 경기 부양 효과로 이어졌습니다. 반면 신흥국은 선진국처럼 돈을 풀 수 없었죠. 환율 하락으로 수출 경쟁력이 살아날 수는 있지만 자칫 살인적인 고물가와 금리 폭등, 혹은 자본 유출에 시달릴 수도 있습니다. 금리 인하가 자산 시장과 실물 경기를 부양하는 효과 자체도 신흥국은 선진국에 비해 낮은 편입니다. 금융 시스템의 미비로 금리와 환율의 이중구조(사금융 시장)도 심한 편입니다.

신흥국과 선진국 증시 주당순이익

— MSCI 선진국 지수 — MSCI 신흥국 지수

주 : 2006년 초를 100으로 한 주당순이익(EPS) 추이

금융 위기 이후 국가 부채가 폭증한 쪽은 선진국이지만 정작 통화 가치가 떨어진 곳은 신흥국입니다. 2010년 이후 °달러 인덱스U.S Dollar Index는 24%나 오른 반면 신흥국 전체 평균 통화 가치(J.P.모건 신흥국 통화지수 기준)는 같은 기간 무려 40% 가까이 하락했습니다. 신흥국 경제의 상대적 취약성과 그로 인한 자본 이동의 한계는 신흥국 환율 하락 압력으로

달러인덱스 유로, 엔, 파운드, 캐나다 달러, 스웨덴 크로네, 스위스 프랑 등 경제 규모가 크거나 통화 가치가 안정적인 6국 통화를 기준으로 미 달러화 가치를 지수화한 것.

작용하고 있습니다. 미국과 주변국 간 실질 금리나 경기 탄력, 자산의 매력도 차이 등으로 미 달러 자체가 최근 계속 묵직한 강세 압력을 받다 보니 신흥국 환율이 쉽게 흔들리고 신흥국으로의 자

본 이동에 제동이 걸리는 악순환이 이어지고 있습니다. 기축 통화국의 패권과 달러 중심의 환율 시스템이 만든 역차별이라 봐야 하죠.

　　네 번째, 미국과 다른 경제권 사이의 경기 차별화 원인을 부채 관점에서도 찾을 수가 있겠는데요. 앞선 요인들, 즉 신흥국의 수출 한계와 누적된 기업 실적 약화는 저금리 환경에서 신흥국의 민간 부채 증대로 이어졌습니다. 게다가 지난 수년 간 강强 달러 기조가 이어지고 신흥국 통화 가치가 떨어지면서 신흥국의 달러 부채 조달과 상환 여건은 갈수록 나빠졌습니다.

　　IMF(국제통화기금)에 따르면 주요 여섯 개 선진국의 국가 부채/GDP 비율은 2007년 80.5%에서 2018년 117.3%로 크게 증가한 반면, 신흥국은 같은 기간 40.3%에서 52%로 소폭 증가에 그쳤습니다. 특히 미국의 국가 부채/GDP 비율은 2007년 말 57%에서 2018년 110%로 급증했습니다. 앞서 논의했지만 선진국 국가 부채는 환율 패권에서 비롯된 것으로 당장 크게 문제되지는 않을 듯합니다. 하지만 신흥국 부채는 민간 중심이고 그 증가 속도가 너무 빠릅니다. 신흥국 기업 부채/GDP 비율은 2008년 56%에서 2018년 120%, 특히 중국의 경우 °**민간 부채/ GDP 비율**은 2007년 말 117%에서 2017년 말

중국 사회과학원에 따르면 중국의 국민총생산(GDP)대비 부채 비율은 2018년에 240%를 넘어섰다. 과거 1997년 아시아 외환위기는 부채 비율 150%를 넘으면서 도미노처럼 번졌고 1990년대 일본의 경제 위기나 2011년 남유럽 재정 위기는 부채 비율 200%선을 돌파하며 터졌다. 국제통화기금은 2022년 중국의 부채 비율이 290%를 넘을 것으로 전망하고 있으며 중국뿐 아니라 다수의 신흥국들 역시 기업 부채와 가계 부채, 그리고 기존에 불어난 외화 부채의 상환 조건 악화로 인해 크고 작은 신용소음에 시달릴 가능성이 높은 실정이다.

225%로 두 배 가까이 증가했습니다. 기업 부채만 보면 금융 위기 전 4.5조 달러(GDP 대비 93%)에서 2018년 2분기 20.3조 달러(GDP 대비 155%)로 기업 부채 절대 규모가 10년 만에 4.5배나 불어났습니다(BIS 기준). 결국 미국은 금융 위기 이후 GDP 증가 속도보다 국가 부채가 두 배 늘었고 중국은 비슷한 속도로 민간 부채가 늘어난 셈입니다.

세계 국가 부채 비율 추이와 전망

출처 : IMF
주 : 주요 선진국은 미국, 영국, 독일, 프랑스, 이탈리아, 일본이며 2023년까지 전망한 수치임.

결과적으로 글로벌 저금리 기조가 여러모로 선진국 경제

에는 득得이 됐지만 신흥국에는 독毒이 된 측면이 크다고 봅니다. 특히 신흥국 외화 부채가 급증한 것은 2010년부터인데 저금리에 취해 '독이 든 사과(부채)'를 잔뜩 먹은 셈이 된 것이죠. 과거 신흥국 외화 유입은 FDI(외국인직접투자)를 제외하면 주로 은행 차입이었으나 최근 10년간은 채권 조달이 빠르게 늘었습니다(신흥국 자본 조달 중 은행 차입 비중은 2009년 38%에서 2017년 28%로 줄어든 반면, 채권 투자 비중은 19%에서 26%로 증가했다). 글로벌 저금리 기조는 공급 과잉에 노출된 일부 신흥국 제조업의 구조조정을 지연시키는 요인으로 작용했습니다. 중국과 인도 등의 수많은 °좀비 기업이 그 단적인 예입니다. 중국의 경우 가계 부채에 주택 시장 거품까지 끼어 있습니다. 2020년 중국 경제의 가장 큰 위험요인을 하나 꼽으라면 저는 주저 없이 1선 도시들의 집값 거품 붕괴 위험이라고 말씀드리고 싶습니다.

좀비 기업 구조조정을 벌써 했어야 마땅하나 계속 생존하고 있는 부실기업. 보통 영업이익/금융비용 배율이 1.5배 미만인 기업으로 중국의 경우 전체 기업의 30%가 넘는 것으로 추정되고 있다.

　　금융 위기 이후 그간 경기 확장 국면에서 선진국과 신흥국 간 경기 탄력 차이와 주가 차별화가 불거졌다면 앞으로 세계 경기 둔화 국면에서도 이러한 양극화는 좀 더 지속되거나 오히려 심해질 가능성이 있다고 봅니다. 양 진영의 경쟁력 격차가 구조적인 요인에서 비롯된 만큼 당장 크게 바뀔 게 없다는 것이죠. 물론 선진국 안에서도 미국과 유로존, 기타 선진국 간 차별화가 클 것으로 예상됩니다. 신흥국 안에서도 경기나 외환, 기업 경쟁력 차이가 커지고 이를 반영한 주가 성과 또한 벌어질 것 같습니다.

결국 신흥국 경제나 증시가 선진국을 크게 압도하는 국면 전환은 환율 시장의 대변혁이 일어나고 세계 경기가 돌아서는 2022년 이후가 될 것으로 예상됩니다.

미국과 글로벌 경기 사이클 비교

2018년 기준 전 세계 명목총생산GDP은 74조 달러이다. 이중 미국의 GDP가 20.5조 달러로 전체의 23%를 차지하고 있고 중국(13.6조 달러), 일본(5조 달러), 독일(4조 달러) 등이 그 뒤를 잇고 있다. 유로존 19개국의 GDP는 중국과 비슷한 13.4조 달러로 18%를 점하고 있다.

각국의 물가 수준을 고려한 구매력 평가 기준으로는 세계 GDP 127조 달러 가운데 중국이 23.2조, 미국 19.4조 달러다 (2017년 기준). 2008년 금융 위기를 극복한 미국 경제는 이후 10년간 유럽이나 신흥국 경제에 비해 굴곡 없는 경기 확장을 지속했다. 절대 성장률 기준이 아니라 경기의 탄력 측면에서 미국 경제의 우위는 지속됐다. 미국 경제의 이러한 상대적 우위는 자산 시장에 어떤 시사점이 있을까?

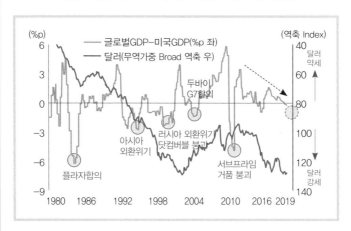

미국의 세계 경기 대비 상대적 지위와 달러 가치 변동

출처 : 블룸버그
주 : 작은 원 표시는 미국 경기 상대적 지위 최고점에서 나타난 이벤트들을 의미함.

위의 그림에서 보는 것처럼 미국 경제가 전 세계 경제에서 상대적 우위를 점했던 시기의 끝자락에는 대개 두 가지 유형의 사건이 있었다. 그중 하나는 달러의 약세 반전(1985년 플라자합의, 2003년 두바이 G7합의)이었고 또 다른 하나는 자산 시장의 거품 붕괴였다. 실물 경제에서 달러 패권국인 미국으로의 쏠림이 지나치게 심화되었을 경우 그 불균형을 해소하는 이벤트가 결국 환율이나 자산 시장 쪽에서 발생했다는 뜻과도 같다. 이런 과정을 거쳐 글로벌 불균형은 다시 해소되었고 세계 경제는 다시 일정 기간 순조롭게 굴러갔다. 이는 세계 경제의 불균형이 극에 달할 즈음, 그 이면에 달러 가치나 자산 가격의 하락 압력 또한 극에 달했다는 뜻이기도 하다. 결국 인위적이든 자연적이든 이러한 조정 과정을 거치면서 세계 경제는 순환했고 균형과 불균형이 역사적으로 반복되었다.

미국과 유로존의 성장률 격차도 달러 가치의 변동을 비교적 잘 설명해주고 있다. 물론 환율이 양국의 성장률 차이나 그로 인한 실질 금리 차이로만 결정되는 것은 아니다. 다만 이자율평형이론interest parity condition 등 자본 이동의 원리로 볼 때 국가 간 경기 차이는 화폐 수급과 이자율 차이를 통해 국제 자본의 이동을 촉진시킨다. 2021년까지 세계은행의 경제 전망 수치(2019년 6월 기준)를 기본 시나리오로 대입해보면 달러는 당분간 강보합이 예상된다. 미국 경제와 대표 신흥국인 중국 경제의 탄력 차이 또한 신흥국 통화 가치를 잘 설명해주고 있다. 양 진영의 경기 측면으로만 보면 달러 대비 신흥국 통화 가치가 당장 크게 오르기는 쉽지 않아 보인다.

실제로 2008년 금융 위기 이후 세계 경제가 비교적 좋았던 지난 10년간 미국은 글로벌 평균보다 강한 경기를 나타냈다. 그런데 이제부터 세계 경제와 미국 경제가 동시에 둔화된다고 가정할 때 미국은 앞선 경기 확장 국면에서와 마찬가지로 여전히 상대적인 경기 우위를 유지할 수 있을까? 그럴 가능성이 높다. 왜냐하면 지난 10년간 미국 경제를 이끌어온 동력이 다분히 구조적인 경쟁 우위에 있을 뿐 아니라 그 경쟁 우위는 하루아침에 상실되지는 않을 것으로 보이기 때문이다. 달러 패권을 앞세운 적극적 통화 정책과 재정 정책, 혁신 성장 기업들의 양호한 실적과 경쟁 우위, 이에 따른 고용 호조와 내수 창출, 셰일 오일 증산, 저물가 기반의 소비 증대 등이 바로 그것이다.

미국 경제가 지난 수년 만큼 강할 것이란 주장이 아니다. 다만 다른 지역과 비교할 때 세계 경기 둔화기에도 영향을 덜 받을 것이란 뜻이다. 미국 경제가 완만하게 둔화될 수는 있어도 가파르게 침체할 가능성은 현재로서는 낮아 보인다. 반면에 유로존은 미국보다는 경제의 근력이 약해 보인다. 역내 국가 간 불

미국과 유로존 GDP 성장률 격차와 달러 환율

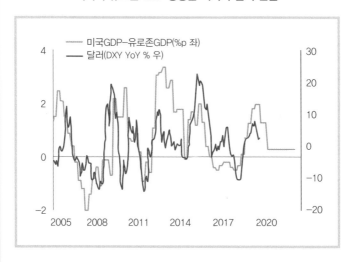

주 : 2019년 하반기부터 2022년까지 미국 유로존 성장률은 Word Bank(2019년 6월) 예상치를 대입했으며 달러 가치 상승률이 플러스 영역에서 움직일 것이란 뜻은 여전히 강세(강보합세)를 의미함. DXY는 달러 인덱스, YoY는 전년 동기 대비 증감율을 의미함.

균형과 독일의 경기 조정, 일부 회원국들의 정치적 불안정, 브렉시트^{Brexit} 위험, 대형은행들의 부실 등이 모두 여전히 유럽 경제가 풀어야 할 숙제로 남아 있다. 한편 중국은 공급 과잉과 과도한 부채로 경기 회복의 물꼬를 트기가 아직은 쉽지 않아 보인다. 이러한 미국 경제의 우위성이 지속된다면 달러의 본격적인 약세 추세도 시간이 걸릴 공산이 크다. 만약 글로벌 수요 둔화 폭이 예상보다 커지면 대외 의존도가 높은 신흥국 경제는 더욱 어려움에 빠질 수 있다. 수출 감소 때문이다. 당장 신흥국 통화 가치 반등(강세)을 쉽게 주장할 수 없는 이유다.

선진국 기업 수익성 추이 : 미국 기업 우위 지속

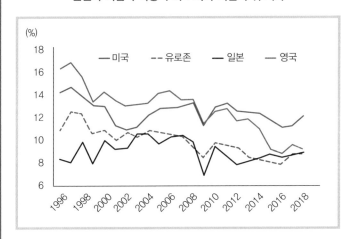

출처 : IMF

주 : 이자 비용, 세금, 감가상각비 차감 전 이익(EBITDA)의 총 자산 대비 비율임.

SNS가 불러온 소비 시장의 변화

김일구　조금 과장하자면, 저는 이러한 현상이 모두 SNS, 즉 페이스북, 인스타그램 때문이라고 생각합니다. 지금까지는 한국의 수출이 글로벌 경제 사이클을 선행했습니다. 즉 글로벌 경제가 좋아지기 전에 한국의 수출이 먼저 증가하고, 글로벌 경제가 최고점을 지나기 전에 한국의 수출이 먼저 꺾이는 패턴이 나타났다는 것이지요. 우리나라의 수출품이 다른 나라 기업 투자에 꼭 필요한 자본재, 중간재들이기 때문에 글로벌 기업들이 소비자들의 수요가 늘어날 것 같은 상황이 오면 투자를 위해 한국에 발주를 먼저 냈기 때문입니다. 그런데 2012년에 처음으로 글로벌 경기 사이클에 한국 수출이 따라가지 못하는 현상이 생깁니다. 글로벌 경제는 좋아지고, 마리오 드라기Mario Draghi 유럽중앙은행ECB 총재는 "무엇이든 하겠다"고 발표하고, 벤 버냉키Ben Bernanke 미 연준 의장은 두 번째 양적 완화하고, 일본은 아베노믹스니 양적, 질적 금융 완화니 하면서 글로벌 경제는 소비 중심으로 회복되는데, 우리나라 수출은 2012~14년 시기에 거의 증가하지 못합니다. 그 이후 2016~17년 글로벌 경기 확장 시기에 수출이 꽤 큰 폭으로 증가하기는 했지만, 반도체를 제외한 나머지 산업에서는 늘어나지 않았습니다. 오히려 2012년 이후 반도체를 제외한 수출 금액은 줄어들고 있습니다. 최근에 미국이 금리를 낮추고 다른 선진국들도 금융 완화 정책을 계속할 가능성이 높아지면서 글로벌 경기에 대한 희망도 커지고 있는데, 많은 투자자들이 우리나라 수출이 이번에도 글로벌 경제를 못 따라가지 않을까 걱정을 하고 있습니다.

한국 수출 부진의 원인을 생각해보면, 지난 10여 년 전부터 사람들이 페이스북, 인스타그램 등 SNS 활동에 열을 올리기 시작할 때부터가 아닌가 싶습니다. 냉장고, 세탁기 바꿨다고 사진 찍어서 인스타그램에 올리는 사람은 없잖아요? 냉장고, 세탁기가 좀 덜덜거려도 그거 바꾸는 돈으로 맛집 탐방하고 해외여행 다니면서 SNS에 사진 올립니다. SNS에 사진을 올리는 걸 우습게 보면 안 됩니다. 미국 경제학자 베블렌^Thorstein Veblen이 1920년대 과시적 소비를 얘기했을 때만 해도 소비로 자신을 드러내는 행동을 '천박하다', '원시 부족 문화의 산물이다'라고 비웃었지만 지금은 그렇게 생각하는 사람들 거의 없을 겁니다. 어쩌면 소비하려고 태어났는지도 모를 정도로 사람들에게 소비는 굉장히 중요한 가치가 되었습니다. 무엇을 어떻게 먹느냐가 그 사람을 얘기해준다고 하듯이 무엇을 어떻게 소비하느냐가 그 사람을 대표한다고 말할 수 있는 시대입니다. 옛날에는 철학이 어떻고 예술이 어떻고 했지만, 지금은 무엇을 소비하느냐로 그 사람을 평가합니다.

SNS가 자신의 정체성을 드러내는 창구가 되었는데, 집에 있는 냉장고, 세탁기로는 자신의 소비를 드러내지 못합니다. 그렇다 보니 내구재 소비가 현저히 줄었어요. 소비는 상품과 서비스로 나뉘고, 상품은 다시 내구재와 비내구재로 나뉩니다. 물론 자

● SNS를 사용하는 사람들이 폭발적으로 늘어남에 따라 내구재 소비가 현저하게 줄어들었다.

동차, 냉장고, 세탁기를 만드는 기술이 발전해 쉽게 고장나지 않아서이기도 하지만 추세적으로 전 세계 소비에서 내구재가 차지하는 비중이 줄어들고 있습니다. 미국의 경우 전체 소비에서 내구재 소비의 비중이 10%밖에 안 됩니다. 2000년대 초반만 해도 13~14%였는데, 2008년 금융 위기 때 지금 수준으로 크게 낮아지고 나서 다시는 높아지지 않고 있어요. 모든 산업이 결국은 소비를 위해 존재하는 것 아니겠습니까? 기업이 투자하는 것도 결국 공급망 전체로 보면 최종 소비재를 만들기 위한 것이죠. 우리나라 주력 산업인 중화학공업은 최종 단계에서 내구재 소비를 위해 존재하는 것이고요. 그런데 소비자들이 이제 하드한 내구재 소비를 줄이고 소프트한 맛집, 여행에 집중하고 있습니다. 세상이 우리나라 경제에 불리한 쪽으로 바뀐 것이죠.

1973년에 박정희 대통령이 중화학공업국 선언을 하고, 조선, 철강, 기계, 석유화학, 비철금속, 전자 등 여섯 개 산업을 지정합니다. 국가가 나서서 공단을 조성하고 자원을 몰아주면서 전략적으로 키운 것이죠. 그런데 지금도 이 산업들 이름이 익숙하지 않습니까? 물론 반도체와 자동차가 어마어마한 성장을 했습니다만, 다른 중화학공업은 1970년대 수준에 머물러 있습니다. 하드한 우리 산업 구조가 소프트한 세상의 흐름을 쫓아가기에는 많이 늙었다는 겁니다. 중국도 우리 중화학공업 구조를 그대로 복사해갔기 때문에 시작한 지 얼마 안됐지만 이미 늙어버린 산업 구조를 갖게 됐어요.

사람들이 내구 소비재를 사고 또 자주 바꾸면 중화학공업은 잘 돌아갑니다. 내구재를 만들기 위해 돌아가는 산업들이니까요. 그런데 2010년 이후로 사람들의 소비가 소프트해지면서 내구재, 중화학공업이 힘을 못 쓰고 있습니다. 그래서 저는 우리 산업 구조가 아주 심각한 위기에 직면했다고 생각해요. 1973년부터 지금까지 45년 이상을 근간이 같은 산업 구조를 유지해온 탓이죠. 2018년에 이어 2019년 역시 한국 주식 시장 성과가 전 세계에서 최하위 10% 수준인데, 이유는 여기서 찾아야 하지 않나 생각합니다.

어떤 사람들은 반도체가 있으니 괜찮지 않냐고 얘기하는데, 지금까지 반도체가 잘 따라가고 있는 것은 맞습니다. 하지만 이것 역시 우리 중화학공업의 어두운 미래를 보여주는 단적인 예입니다. 사람들이 내구재를 소비할 때는 빅데이터, 대규모 서버 증설이 필요 없습니다. 과거 삼성이나 LG가 냉장고, 세탁기, TV를 팔면 회사에서 고객카드를 작성해 관리했지요. 하지만 오늘날 사람들이 맛집이나 여행 다니는 소프트한 소비를 하다 보니까 고객카드가 존재할 이유가 없어졌습니다. 그런데 사업을 하려면 고객을 분석하는 일은 꼭 필요하죠. 그렇다 보니 대규모 서버를 만들어서 빅데이터를 관리할 수밖에 없게 된 것이죠. 역시 소비가 비내구재와 서비스 위주의 소프트한 소비로 바뀌면서 필요해진 일입니다. 그러니까 반도체 수출이 폭발적으로 증가했다는 것도 우리의 중화학공업 위주 산업 구조에는 아주 위험한 신호입니다.

김한진 맞습니다. 세상은 특히 최근 10년간 급변했습니다. 예전에 없던 혁신 기술이 새로운 산업을 창출하고 있고 나머지 보편적인 기술들은 빠르게 표준화, 평준화되고 있어요. 말씀하신 중화학공업이 그렇습니다. 또한 극심한 소득 불평등에도 불구하고 소비 시장은 팽창해왔고 재화와 서비스 시장은 소수 기업을 중심으로 빠르게 재편되는 양상입니다.

일부 산업에서는 눈부신 혁신과 생산성 개선이 일어나고 있지만 또 다른 영역에서는 비효율과 부실과 적자가 계속 쌓이고 있습니다. 세상의 새로운 부가가치나 고용이 기존과는 다른 영역에서 창출되고 있습니다. 지식 기반, 연구 개발R&D, 공유 경제와 플랫폼 경제, 데이터 경제, 인공 지능 영역이 바로 그 새로운 생태계에 해당됩니다. 또한 이런 기술들이 기존 산업과 융합되어 발전하고 각국이 주도권 대결을 하고 있습니다. 한국이 기존 공업화된 산업 구조의 틀과 기업 문화 안에서 이러한 글로벌 변화 물결에 잘 부응하고 성장할지 우려됩니다. 현재까지는 새로운 질서와 게임의 룰 변화에 한국 기업들의 대응이 다소 미흡해 보입니다. 이런 한계와 미완의 과제들이 국민 경제의 성적표로 조금씩 나타나고 있고 또한 주식 시장이 이를 표출하고 있는 것 같습니다.

2장
한국 주식 시장, 이대로 무너지는가

김동환 그렇다면 자연스럽게 '한국 주식 시장의 미래는 어떻게 되는가?'라는 얘기로 넘어갈 수 있을 것 같습니다. 앞선 두 분의 논리로 연장선을 그어보면 우리에게는 과연 희망이 없는 가, 하는 고민에 닿게 되는데, 최근 주식 시장의 약세 원인 중 하나도 바로 이런 정서적인 측면이 아닌가 생각합니다. 과거에는 미국과 같은 선진국 자본이 한국 등 신흥국으로 들어오는 건 자연스럽고, 반대로 신흥국에서 선진국으로 자본이 역류하는 건 매우 불편한 일이었습니다. 그런데 최근 들어 IT의 발전이 그 불편함을 허물어뜨리고 있는 것 같습니다. 많은 사람들이 모바일을 통해 미국을 비롯한 해외 주식을 직접 사고팔 수 있게 되었으니까요. 가뜩이나 성장 모멘텀이 없다고 하는 이 시기에 한국 주식을 버리고 미국 주식을 산다는 것 자체가 굉장히 치명적인 유혹임을 부정할 수 없습니다.

저는 지금 시기에 미국 주식을 매수하는 것에 대해 다소 보수적인 견해를 갖고 있습니다만 아직도 늦지 않았다고 주장하는 분들의 이야기를 들어보면 상당히 논리적입니다. "우리는 미국 주식만 하자는 이야기가 아니다. 한국 주식에 모든 자산이 '올인'되어 있는 상황이 위험하다는 것이다. 전 세계 포트폴리오의 2%도 되지 않는 시장에 전 재산을 다 걸고 있는 것 자체가 문제이지 않겠냐"는 논리 말입니다. 이 얘기에는 반박할 여지가 없어요. 여기에 앞서 말씀드린 것처럼 선진국 시장으로의 접근이 굉장히 용이해진 것은 주목할 만한 상황의 변화입니다. 물론 개인의 해외 주식 시장으로의 이탈이라는 게 아직 큰 영역을 차지하는 것은 아닙니다. 그러나 그런 대안이 분명히 존재하는 상황 속에서 한국 주식에 더 이상 투자하지 않는 잠재적인 투자 공백까지 감안하면 한국 주식 시장의 저변이 축소되고 있는 것은 분명해 보입니다.

이렇게 글로벌 자본의 흐름 자체가 파편화되면서 개인의 해외 투자가 꼭 거대 운용기관을 통하지 않아도 되는 환경이 앞으로도 계속된다면 신흥국 자산가들의 선진국행은 국제 자본 흐름의 중요한 화두가 될 것입니다. 우리나라에서 '미국보다 성장률이 낮다'라는 인식의 전환이 이뤄질 경우 주식 시장에서의 이탈 현상은 가파를 수 있을 겁니다. 특히 우리 경제의 고도 성장기를 겪어보지 못한 30대 혹은 40대 초반 분들은 목격했던 대부분의 주식 시장이 한국은 강고한 박스권에 갇혀 있었던 반면 직전 10여 년 동안 미국 시장은 간헐적인 조정을 거치면서도 지속적으로 상승했기에 한국 주식에 대한 심정적인 애착이 느슨하죠. 저를 포함한 여기 세 사람들과는 완전히 다른 생각을 가지고 있다는 얘깁니다.

　저만 해도 10년 전에 미국에 3년간 살면서 '저성장이 고착화된 미국'이라는 아주 강한 고정관념이 자리잡고 있습니다. 하지만 지금 2, 30대 젊은 층은 다릅니다. 어릴 때부터 소비하고 있는 서비스나 재화의 통로가 거의 다 미국산이에요. 페이스북, 유튜브, 구글, 트위터, 아마존까지 말입니다. 우리가 30대 때 미국에서 들여온 것은 그저 마이크로소프트 윈도우 정도 아니었나요? 다른 건 거의 없었습니다. 오히려 미제는 질이 떨어지고 불편하다는 인식이 더 강했죠. 그런데 지금 보면 소비를 자극하고 실행하게 하는 시스템 자체가 미국제이고, 그것이 우리를 옭아매고 있는 상황이죠. 물론 그 토대가 되는 것이 인터넷 기반 네트워크와 IT 인프라라는 거예요. 그게 우리가 흔히 얘기하는 팡FANG(미국 IT업계를 선도하는 기업으로 페이스북Facebook, 아마존Amazon, 넷플릭스Netflix, 구글Google 등 네 개 기업을 가리킴)이나 마가MAGA(미국의 IT 산업을 선도하는 대기업인 마이크로소프트Microsoft, 애플Apple, 구글Google, 아마존Amazon을 의미함)잖아요. 이들의 특징이 경기 자체만으로 다 해석이 안 됩니다. 새로운 시스템이 들어왔기 때문에, 이 시스템이 고착화되면 될수록 지금의 추세는 전혀 다른 국면을 만들 겁니다. 주식 시장도 그 추세에 순응할 가능성이 많고 말입니다.

　　김일구　맞습니다. 한국에 투자를 오랫동안 해온 분들은 이제 이런 말씀을 하십니다. "No More! Enough is enough!(더 이상은 안 된다)" 굉장히 절망스러운 표현이지요. 코스피 지수가 2000 포인트를 처음 돌파한 날이 2007년 7월입니다. 그로부터 12년이 지났는데, 여전히 한국의 코스피 지수는 2000 수준에서 오르락내리락하고 있어요. 무슨 얘기냐 하면, 12년간 하나도 못 벌었다는 뜻입니다. 코스피가 1000 포인트 처음 넘은 것도 1989년이니, 지난 30년간 겨우 두 배 올랐어요. 복리로 계산하면 1년에 2.5%씩 번 셈입니다.

　　이 정도 수익률이 어느 정도인지 감이 오지 않는 분들을 위해 좀 더 구체적인 예를 들어보겠습니다. 30년간 매년 1년 만기 정기예금만 했다면 1989년 1,000원이 지금 6,100원이 되었을 겁니다. 복리로 연평균 6.25% 수익률입니다. 매년 이자 소득세를 냈다고 해도 4,600원, 5.25%의 수익률입니다. 2.5%가 얼마나 낮은 수익률인지 알 수 있지요.

　　우리와 산업 구조를 비슷하게 유지했던 일본과 대만도 마찬가지입니다. 일본은 1989년에 닛케이225 주가지수가 거의 4만 포인트까지 갔지만 30년이 지난 지금은 2만 포인트 근처에 머물고 있습니다. 대만 가권지수도 30년 전에 처음으로 1만 포인트를 넘겼지만 지금도 1만 포인트 조금 넘는 수준에 머물러 있죠. 우리나라 경제가 일본과 대만을 따라가고 있듯이 코스피도 일본과 대만을 따라가고 있는 것 아닌가 걱정스럽습니다.

오랫동안 자국의 주가는 박스권에 머무는데 다른 나라 주가지수는 사상 최고치를 돌파했다고 신문에 계속 나오니 어디로 눈을 돌렸을까요? 맞아요. 실제로 2000년대 초반부터 일본과 대만에서 해외 투자 붐이 일어납니다. 당시 일본에서는 남편의 은퇴를 5년에서 10년 정도 남겨둔 가정주부들이 모여서 해외 투자 공부를 했다고 해요. 벌어둔 돈만 가지고 노후를 보내기는 어렵고, 금리도 낮고 주식은 안 오르니 해외 투자로 눈을 돌린 것이죠. 몇 년 뒤 대만도 일본을 따라 해외 투자가 본격적으로 늘어났습니다. 특히 선진국 기업들 중에서 신용등급이 낮아서 높은 금리로 채권을 발행하는 '하이일드'에 대한 투자가 크게 늘어났는데, 서양 사람들과 달리 동양 사람들은 주식보다는 채권을 좋아하는 성향이 있습니다. 그래서 부도 위험이 높기는 하지만 선진국 채권이라고 하니 믿고 투자한 것이죠. 미국의 얼라이언스 번스틴이라는 운용사가 하이일드 펀드에서 선구자였는데, 한때 대만 펀드 시장의 15%를 장악하기도 했습니다. 그 펀드의 최고 운용책임자가 대만을 방문하면 투자자들이 구름처럼 몰려들어서 대형 체육관을 빌려야 할 정도였다고 합니다. 제가 그 얘기를 듣고 "말이 되는 소리를 해라"라며 무시했는데, 언젠가 베이징에서 열린 투자 포럼에 갔다가 그 펀드매니저를 만났는데 정말 국민

영웅 수준이더군요.

우리나라로 돌아와 이야기를 계속해보면, 2000년대 들어 해외 투자가 중국에 몰리면서 잠깐 늘었다가 손실만 입고 다시 정체 상태에 빠졌습니다. GDP 대비 해외 주식과 채권 등 포트폴리오 투자를 보면 우리나라는 17% 정도밖에 안 됩니다. 대만과 일본은 2000년 이후 크게 늘어나서 지금은 거의 GDP의 100% 수준이에요. 우리 경제의 저성장이 계속될 것이라고 보면 국내 투자자들의 해외 투자가 일본, 대만과 같이 폭발적으로 증가하게 될 것이라는 전망을 부정할 수 없습니다.

일본에서 그랬던 것처럼 우리도 아마 서로 생각이 비슷한 사람들이 모여서 해외 투자에 나서게 될 것 같습니다. 이런 소규모 투자 동호회가 성공 사례를 만들고 나면 그때부터 본격적으로 해외 투자가 늘어나겠죠. 지금은 국내 투자자들이 "내가 국내에서도 투자만 했다 하면 잃었는데, 더 잃었으면 잃었지 해외에 나간다고 안 잃을 리 없잖아"라고 하시는데, 주변 사람들이 성공한 것을 보면 생각이 바뀌겠죠. 성냥불만 갖다 대면 들불처럼 번질 만한 그런 상황입니다.

신흥국은 더 이상 이머징이 아니다

김한진　저는 패러다임의 변화라는 측면에서 좀 더 부언

하고 싶어요. '한국 주식 시장이 끝났을까'라는 질문에 대한 답이 기도 하고 해외 투자론에 대한 의견이자 한미 주식 시장의 본질적인 프레임 차이에 대한 얘기이기도 합니다.

2007년 글로벌 금융 위기는 많은 것을 바꿔놓았습니다. 아무리 돈을 많이 풀고 성장을 해도 물가가 안 오르는 기 막힌 현상, 자산 시장의 광범위한 인플레이션(자산 가격 팽창), 모바일이나 데이터 기반의 기술 혁신, 4차 산업의 일부 기술 표준 헤게모니 구축, 그리고 선진국이 아주 재미가 들린 큰 게 하나 있죠. 바로 '돈 마구마구 찍어 내기'와 '신흥국 때리기'입니다. 이런 관점에서 저는 두 가지 사안에 주목합니다. 신흥국을 둘러싼 환경 변화와 기업 패러다임의 변화입니다. 이는 한국 경제와 기업 활동과 직결된 문제이기도 하고 증시에도 매우 중요한 이슈가 아닐 수 없습니다.

첫째로 선진국과 신흥국의 대립 구도에서 찾아야 할 투자 아이디어입니다. 선진국과 대조되는 의미로 보통 사용되고 있는 신흥국의 개념은 엄밀히 말하면 '선발 신흥국'을 뜻합니다. 현재의 이머징 국가는 이머지드emerged, 이미 떠오른 국가들입니다. 물론 신흥국은 여전히 선진국 대비 높은 경제성장률에 산업 구조나 경제 체제, 금융 시스템, 환율, 기업 행태 등 여러 면에서 선진국과는 다릅니다.

선진국 입장에서 신흥국의 용도는 바뀌었습니다. 자국에 값싼 물건을 만들어 공급해주던 이로운 국가에서 이제는 제조업 분야에서 일자리를 빼앗아가고 첨단 산업 분야에서 턱밑까지 쫓아와 칼을 들이대는 해로운 국가가 되었다고 주장합니다. 그래서 규모가 커진 내수 시장과 금융 시장을 더 개방하라고 압박하고 그간 교역에서 누리던 온갖 혜택을 없애겠다고 윽박지릅니다. 이런 프레임의 변화는 신흥국의 경제 발전 단계로 볼 때 종착점일 리 없습니다. 신흥국은 이제 외부(선진국)로부터의 공격과 내부 혁신, 이 두 가지를 모두 감당해야만 합니다. 만약 외부 공격에 무너지고 내부에서 성장동력을 잃는다면 그야말로 외우내환外憂內患으로 자멸하게 될 것입니다. 어쩌면 선진국은 신흥국이 그렇게 크게 흔들리기를 바라고 있는지도 모릅니다. 선진국(대표적으로 미국)이 노리는 것은 늘 그래왔듯이 싼 가격에 상대의 국민 자산을 접수하는 것입니다. 그들은 이를 첨단 금융 기법이라고 주장하지만 따지고 보면 현대판 식민지 개척이나 다름없습니다.

　　앞으로 중국을 포함한 선발 신흥국들도 선진국과 함께 성장률 둔화와 산업 활동 저하, 금리 하락이라는 준準 디플레이션(물가가 마이너스는 아니지만 매우 낮은) 상황에 빠져들 가능성이 높습니다. 유로존이나 일본 등 선진들이 앞서 경험했듯이 고정 투자(건설 투자와 기업 설비 투자)가 줄고 부채가 꽉 차면서 성장 엔진이 빠르게 식는 것이죠. 이중 몇몇 신흥국들은 인구 고령화에 내수 위축과 소비 절벽까지 경험할 것입니다. 집값 거품이 있는 신흥국은 장기간 자산 디플레이션으로 1990년대 일본이 겪었던 대차대조표 불황을 겪을 수도 있습니다. 몇 년 내 중국 성장률은 3~5%대에 머무를 것입니다. 한국도 오래지 않아 1%대 성장률이 당연시 될 듯합니다. 글로벌 금리는 더 낮아지고 저성장을 극복하기 위해 새로운 성장 분야에서 부가가치를 만들어내기 위한 치열한 몸부림과 글로벌 경쟁은 더욱 가열되겠죠. 신흥국의 이러한 구조적인 변화와 때마침 몰아치는 순환적인 둔화가 맞물리는 시기가 저는 2020년에서 2023년 사이라고 생각합니다. 단순한 순환적 경기 조정 국면 같으면 시간이 약이라지만 구조적인 변혁이 함께 휘몰아치는 이 시기의 문제는 간단치 않다고 봅니다. 이러한 변화의 물결은 전 세계 경제를 위협하고 선진국으로 하여금 한층 더 패권적인 도발을 불러올 수 있습니다.

두 번째로 앞서도 말씀을 나눴지만 글로벌 경기와 자산 시장의 양극화에서 얻을 투자 시사점입니다. 성장 패러다임의 변화가 가장 눈에 띄고 여과 없이 반영되고 있는 곳이 바로 기업이고 주식 시장인데요. 신흥국의 저성장 기조는 세계 경기 사이클을 더욱 밋밋하게 만들겠죠. 많은 기업들이 저성장의 늪에 빠지고 증시에서 시가총액이 증발될 것입니다. 하지만 이에 반해 비록 숫자는 적지만 매출과 이익이 급성장하는 '스타 기업'들이 계속 늘어날 것입니다. 풍부한 증시 유동성은 이러한 성장 기업들에 집중되어 성장과 주가의 양극화를 만들어낼 것입니다. 될 성싶은 떡잎에 돈이 몰리고 인수합병 러브콜이 쇄도하고 유통 시장에서 주가를 끌어올려 자금의 집중화와 차별화가 예상됩니다.

그렇다면 어떤 유형의 기업들이 비전이 있을까요? 이미 답은 나와 있는지도 모릅니다. 예전에 없던 기술과 방식으로 새

● 2020년 이후에는 예전에 없던 기술과 방식으로 새로운 사업 영역을 개척해가는 혁신 성장 기업들이 활약이 두드러질 것으로 예상된다.

로운 사업 영역을 개척해 성장하는 이른바 혁신 성장 기업이 이에 해당되겠죠. 또는 이미 잘 알려진 친숙한 산업이지만 경영 혁신이나 질 좋은 브랜드로 성장을 구가하는 기업입니다. 이 밖에도 특정한 분야에서 확고한 경쟁력을 갖춘, 작지만 단단한 기업도 이러한 성장 대열에서 밀리지 않을 겁니다.

실제로 최근 주가가 크게 오른 기업들을 보십시오. 미국 증시나 유럽 증시에 상장된 기업들 가운데 지난 10년간 주가가 크게 오른 기업들은 너무 당연한 얘기지만 이익이 크게 증가했다는 공통점을 갖고 있습니다. 매년 이익증가율과 이익률(영업이익/매출액)이 높은 기업들이 주가 프리미엄(PER나 PBR)도 높게 유지하고 있습니다. 또한 주가가 비싼 주식이 더 비싸지는 경우가 많습니다. 성장 기업의 PER가 계속 높아지는 성향(리레이팅)이 높죠. 고정 투자, 설비 투자를 하지 않으면 성장할 수 없는 기업, 자본이 계속 묶여 있는 기업의 성장률은 둔화된 반면 성장의 원천이 기술이나 무형적인 부분에 있는 기업들은 가파른 성장세를 보였습니다. 전통적인 설비 집약적 신흥국 기업의 성장률이 무뎌지고 있는 것은 글로벌 과잉 설비와 산업의 구조조정 압력과 무관하지 않습니다.

　　최근의 성장 기업들을 면면히 살펴보니 앞서 말씀드렸듯이 잘 알려진 신기술주도 다수 있지만 의외로 소비재 기업들이 눈에 많이 띄었습니다. 브랜드 소비재 가운데 글로벌 경영 효율성이 뛰어난 다국적 기업들의 주가가 많이 올랐고 이들 이익 증가율도 탁월했죠. 다양한 업종과 분야에서 성장을 통해 주가 상승으로 주주에게 더 큰 보상을 하는 기업들이 위대한 기업으로 자리매김하고 있다는 점이 신선했습니다. 한국 증시에는 안타깝게도 최근 10년간 이러한 기업들의 출현이 적었습니다.

S&P500 기업 최근 10년간 시가총액과 영업이익 변화

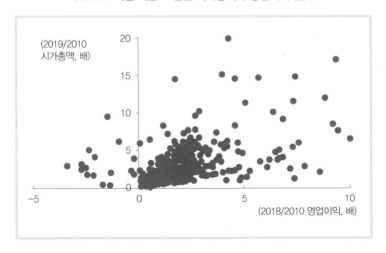

젊은 신흥국과 늙은 신흥국

젊은 신흥국, 이른바 이머징Emerging 국가는 해가 떠오르는 것처럼, 경제 상황이 역동적이고 성장률이 높은 나라들이라는 인식을 준다. 그러나 알고 보면 신흥국은 선진국이 아닌 나라들을 지칭하는 단어에 불과하며, 따라서 신흥국이라고 모두 역동적이고 젊은 경제 구조는 아니다.

여전히 신흥국에 머물러 있지만 경제 구조는 선진국처럼 늙어버린 신흥국도 있을 수 있다. 사실 역사를 되돌아보면, 신흥국들이 선진국에 진입하지 못하고 늙어버린 사례가 선진국에 진입한 사례보다 훨씬 더 많다. 농업 국가가 산업화를 시작하면 경제성장률이 높아지는데, 이런 나라들은 GDP의 구성에서 소비가 줄어들고 투자가 늘어나게 된다. GDP는 가계의 소비, 기업의 투자, 정부의 지출과 해외로의 순수출로 구성되며 여기서 정부와 해외의 비중은 높지 않다. GDP에는 수출이 아니라 수출에서 수입을 뺀 순수출이 들어가기 때문에 아무리 수출 중심 국가라고 해도 GDP에서 해외의 비중은 그리 높지 않다.

농업 국가는 기업의 투자가 별로 없기 때문에 GDP에서 소비의 비중이 높다. 그런데 산업화를 시작하면 기업 투자가 본격적으로 증가하고, 이 때문에 GDP에서 소비의 비중이 낮아지고 투자의 비중이 증가한다. GDP 구성에서 소비가 줄고 투자가 늘어가는 과정이 산업화의 과정이고, 신흥국이 성장하는 과정이다.

그런데 계속 소비 비중이 줄어들고 투자가 늘어나면 선진국이 될 수 있을까? 아니다. 선진국이 되려면 GDP 비중에서 기업 투자가 줄고 소비가 늘어나야 한다. 여기서 '중진국의 함정'이라는 패러독스Paradox가 생긴다. 신흥국이 성장할 때는 투자가 늘고 소비가 줄어드는데, 선진국이 되려면 다시 투자가 줄고 소비가 늘어야 하니 모순인 것이다. 신흥국이 성장해서 소득이 꽤 증가했는데도 계속 투자가 늘어나고 소비가 뒷받침되지 못하는 상황에 머문다면 그 신흥국은 '늙은 신흥국'일 가능성이 높다. 신흥국이 성장하려면 투자가 늘어나야 하고, 신흥국이 선진국에 진입하려면 어느 순간 투자가 줄고 소비가 늘어나야 한다.

1인당 국민소득과 투자 비중

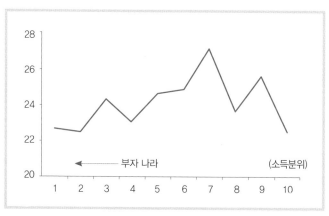

출처 : IMF

앞의 그림은 IMF에서 집계하는 전 세계 170개국의 데이터를 이용하여 1인당 GDP와 GDP에서 투자의 비중을 나타낸 것이다. X축은 170개국을 1인당 GDP의 크기 순서로 10분위로 나눴다. 1분위는 소득 수준이 가장 높은 나라들이고 10분위는 소득 수준이 가장 낮은 나라들이다. 소득 분위가 최하위에서 상위로 올라감에 따라 GDP에서 투자가 증가하는데, 7분위에서 투자의 비중이 가장 높다. 이후 투자의 비중은 계속 낮아져 소득 분위 상위 20% 이내에 들면 가장 못사는 나라와 투자의 비중이 비슷해진다. 못사는 나라가 성장을 할 때는 부가가치가 가장 낮은 투자부터 시작하기 때문에 투자를 많이 해도 소득 증가는 더디지만 잘사는 나라들은 조금만 투자해도 돈을 많이 벌 수 있는 고부가가치 산업에만 투자하기 때문이다.

우리나라는 170개국 중에서 1인당 GDP 순위로는 28번째 나라로 2분위에 들지만, GDP에서 투자가 차지하는 비중은 30%로 같은 분위의 다른 나라들 평균인 22.5%에 비해 크게 높다. 중국도 1인당 GDP 순위가 63번째로 4분위에 들지만, GDP에서 투자가 차지하는 비중이 44%로 같은 분위의 다른 나라들 평균인 23.0%보다 크게 높다. 이 나라들이 선진국이 되기 위해서는 외적인 확장이 아닌 다른 길을 가야 할 것이다. 외적인 확장 성장은 소득 수준이 더 낮은 나라들이 산업화를 하면서 가져갈 몫이기 때문이다. 그런 경제 구조의 변화 없이는 늙은 신흥국, 혹은 중진국의 함정이라는 패러독스에서 벗어나기 어렵다.

경제적 양극화를 촉진시키는 요인들

김동환　사실 양극화라는 게 글로벌 자산 시장에도 있지만, 우리 주변에서도 쉽게 찾아볼 수 있습니다. 예를 들어볼까요? 우리가 치킨을 배달시켜 먹으려면 어떻게 했습니까? 과거에는 냉장고에 붙어 있는 병따개에 인쇄된 전화번호를 보고 동네 치킨집에 주문하죠. 그런데 지금은 어떤가요? 배달 어플리케이션을 켜고 도시 전역에 퍼져 있는 맛집을 검색합니다. 후기는 물론이고 레시피도 바로 찾아볼 수 있습니다. 동네 손님들 나눠먹는 골목 상권이라는 게 의미가 없어져버린 셈입니다. 그럼 배달앱은 단순히 동네 치킨집 전화번호 모아둔 거냐? 아니지요. 빅데이터와 혹은 제한적이지만 AI까지도 개입하는, 대규모 자본이 투입된 기술의 산물이거든요. 여기다 5G 시대가 열리고 만약 로봇이 공유 차량 서비스를 활용해 배달을 다니는 시대가 온다면 어떻게 될까요? 과연 동네의 경쟁력 없는 치킨집이 근거리라는 이유만으로 살아남을 수 있을까요? 결론적으로 말해 기술의 진보가 단기적으로는 이 양극화를 더 촉진시키고 있습니다. FANG류의 글로벌 플랫폼 기업들과 더불어 연일 신고가를 경신하는 기업들을 한번 보시죠. 글로벌 소비재 기업들입니다. 예를 들어 LVMH 혹은 로레알 그룹, 하물며 스타벅스나 맥도날드 주가를 보세요. 이제는 소비도 글로벌 표준이 만들어지고 있고 로컬 브랜드는 점점 군소 브랜드로 추락하고 있습니다. 우리나라에 그 많은 커피숍들도 냉정하게 말해 스타벅스와 그 외의 것들로 나뉘는 거 아닙니까? 몇 달 전 서울 성수동에 오픈한 커피 전문점 '블루보틀'에 밤새 줄을 서는 걸 보셨을 겁니다. 글쎄요, 커피 맛의 차이가 그 정도의 시간과 노력을 감내할 만큼 클까요? 소비의 세계화라는 커다란 흐름 속에서 만족도 높은 소비를 하고픈 사람들이 늘면 늘수록 양극화는 더 심화될 수밖에 없을 겁니다.

결국 우리 기업들을 보는 눈도 이 기준에 따라 재배치될 것이라고 생각합니다. 스스로 글로벌 표준을 만들거나 아니면 글로벌 표준에 확실하게 편입되는 기업들만이 살아남을 것입니다. 외국인들이 약세장에서도 삼성전자와 SK하이닉스만 집중해서 사는 이유가 디램DRAM, Dynamic random access memory의 글로벌 표준을 양사가 구축하고 있기 때문이죠. 글로벌 표준에 편입된 기업의 예로는 '슈피겐코리아' 같은 회사를 꼽고 싶네요. 휴대폰 케이스라는 크지 않은 시장에서 살아남기 위해서 이 회사는 아마존에 올인을 했습니다. 우리나라 기업 중에 아마존과의 거래 금액 기준으로 1위, 전체 아마존 거래 업체 가운데서도 10위 안에 들어갑니다. 다른 유통 채널을 다 죽이고서라도 아마존이라는 글로벌 표준에 올인해 성과를 본 대표적인 케이스이지요. 이 회사의 CEO는 아예 사무실을 미국 캘리포니아로 옮겨 놓고 거기에 상주를 합니다. 최대의 고객이 거기 있으니 그리 가서 일하는 게 맞다는 얘기지요. 이해가 가더군요. 물론 지금 투자를 하시라는 말씀은 아닙니다. 하하.

김일구 우리가 "혁신하라, 혁신하라, 또 혁신하라"를 외치며 혁신을 입에 달고 살지만, 서태지와 아이들이 부른 〈교실 이데아〉 속 가사 같다는 생각이 듭니다. "바꾸지 않고 남이 바꾸길 바라고만 있을까!"라고요. "혁신하라!"고 외칠 것이 아니라 "나부터 혁신한다!"가 맞는 것 아닐까요? 어쨌든 혁신은 구호에 그치고 있습니다.

우리가 갖고 있는 산업의 부가가치가 떨어지면 기존 사업을 접고 새로운 사업을 시작해야 하는데, 그렇지 못하고 있습니다. 미국의 경우 1960년대 이후 중화학공업의 부가가치가 떨어지니까 다 해외로 내보냅니다. 그런데 우리는 부가가치를 창출하지 못하는 산업도 끝까지 붙잡고 있습니다. 왜일까요? 고용 때문이죠. 이 모습은 과거 영국을 떠오르게 합니다. 영국 하면 산업혁명의 나라지요. 석탄과 철광석, 이들을 결합한 제철 산업과 증기기관이 영국의 힘이었고 자존심이었지만 1970년대에 이르러 문을 닫는 공장이 속출하게 됩니다. 〈풀 몬티The Full Monty〉라는 영국영화가 있는데, 제철 공장들이 문을 닫으면서 일자리를 잃고 생계가 막막해진 중년 남자들이 돈을 벌기 위해 여성 전용 클럽에서 스트립 쇼를 한다는 내용입니다. 코미디 영화지만 보는 내내 참 찡했던 기억이 나네요.

다시 영국으로 돌아와서 얘기를 이어가자면, 1979년 영국의 총리가 된 마가렛 대처Margaret Thatcher의 주도로 영국의 늙은 산업에 대한 대대적인 구조조정이 시작됐고, 그 과정에서 많은 사람들이 길거리로 쫓겨나게 됩니다. 그들의 희생 덕분에 영국 경제는 다시 좋아졌지만, 희생을 강요당했던 사람들에게 대처 총리는 어떤 이미지로 남아 있었겠습니까? 실제로 당시에 고통을 당했던 이들이 그녀의 장례식장에 몰려와 고인을 비난하는 시위를 벌였을 정도입니다. 선진국 사람들은 우리보다 훨씬 앞서서 산업의 구조조정이 얼마나 아픈지 뼛속까지 그 고통을 절감해봤습니다. 처음에는 물론 끝까지 버티려고 했겠죠. '세상이 제철소 없이 돌아가지 않는다, 우리가 버티면 결국 세상이 우리를 필요로 할 거다' 하면서요. 지역 사회도 나서서 어떻게든 제철소를 살리려고 모든 노력을 다 했을 겁니다. 청원도 하고 시위도 하고 선거에 개입하기도 하고 싸움도 하고. 하지만 아무리 노력해도 저임금 신흥국의 제철소와 어떻게 경쟁할 수 있겠습니까? 경쟁 자체가 불가능한 싸움이지요. 우리가 과거 포항에서 시작된 우리나라 제철 산업의 눈부신 도약의 역사를 얘기하지만, 반대편에서는 우리보다 앞서 제철 산업을 해왔던 선진국 중년 아저씨들의 피눈물이 있었던 겁니다.

어쨌든 선진국은 그 고통을 겪고 나서 훨씬 더 강해졌습니다. 끝까지 버티다가 입고 있는 옷 다 벗어야 했던 〈풀 몬티〉 아저씨들처럼 되지 않기 위해서, 이 산업이 안 되겠다 싶으면 바로 버리는 습관이 생긴 것 같아요. "새로 할 것도 마땅찮은데 미래가 없다고 하던 것을 먼저 버리면 손해 아니냐?"라고 할 수도 있지만, 히딩크 정신처럼 먼저 배가 고파야 눈에 쌍심지를 켜고 새로운 먹거리를 찾지 않겠습니까? 할 것이 있고 아직 배가 부른데 왜 새로운 것을 찾겠습니까? 선진국들은 그렇게 부가가치가 높은 산업으로 계속 말을 갈아타면서 지금까지 달려온 겁니다.

그에 반해 우리는 버리지 못하고 있습니다. 정부가 금융기관을 통해 기업의 구조조정에 개입합니다. 그런데 정치권이 나서면 대기업들의 구조조정은 불가능하죠. 그 기업에 고용된 근로자가 몇 명인데 어떻게 밀어부치겠습니까? 사양산업일지라도 끝까지 자금을 지원해줍니다. 그러니 1973년 만들어진 중화학공업 구조가 지금까지 유지되고 있는 것이죠. 세상은 변했지만 고용 때문에 산업 구조는 바뀌지 않았고 대신 입으로만 혁신을 외치는 것이 현재 우리의 모습 아닐까 싶습니다. 정치와 경제가 분리되어야 한다는 정경분리의 원칙이 있지만, 정부가 영향력을 행사할 수 있는 금융기관들이 존재하는 한 정경분리의 원칙 또한 구호에 불과합니다. 선거는 돌아오고 지역 민심을 외면할 수는 없으니까요.

자신의 성을 지키려고만 하는 한국의 재벌들

김동환 현재 한국 경제의 부진한 성장률에 가장 악영향을 끼치는 것이 민간 투자의 부진이 아닐까 생각합니다. 물론 해외 투자가 늘면서 상대적으로 국내 투자가 부진한 측면도 있습니다만 기업, 특히 재벌 기업들의 투자 부진은 경영을 맡고 있는 최대 주주들의 특징도 한몫하고 있다고 봅니다. 현재 대기업의 경우 전면에 나서는 최고경영자는 대체로 3세나 4세입니다. 사실 창업 1세대와 2세대는 후계자라기보다는 동업자에 가깝다고 봐야 합니다. 예를 들어 고^故 정주영 회장과 정몽구 회장은 부자지간으로 1, 2세대지만 동업자인 측면도 큽니다. 정몽구 회장 대학 재학 시절부터 현대그룹에서 함께 으쌰으쌰하며 그룹을 키웠기 때문이죠. 이성계와 이방원이 부자지간이면서도 혁명의 동지인 것과 마찬가지로 이들 역시 동지적 관계에 처해 있다는 겁니다.

당연히 정몽구 회장은 부잣집 아들이지만 사세를 확장하고 그룹으로 키워낸 전력을 통해 창업과 투자의 DNA를 갖고 있는 셈이죠. 그런데 그 다음 세대로 내려가면 어떻게 될까요? 가풍과 개인적 성향에 따라 조금씩 다르겠습니다만 이미 3세들은 상상할 수 없을 정도의 부를 일군 할아버지와 아버지 덕에 그야말로 '금수저'로 태어났고 당연히 그들의 DNA는 그 큰 부를 잘 지키는 데 특화될 수밖에 없습니다. 마침 우리 경제도 저성장이 고착되는 상황이고 재벌의 경제력 집중이라는 부정적인 인식도 이들의 투자 마인드를 저하시키는 하나의 심정적인 명분으로 작용했을 것입니다. 물론 IMF와 금융 위기라는 절체절명의 위기 구간을 지켜보면서 더욱 투자에 대한 마인드가 축소됐겠습니다만 글로벌 표준을 만들고 있는 해외 기업들이 M&A를 통해 덩치를 키우면서 시너지를 추구할 때 국내 기업들은 현금을 쌓아두거나

● 대한민국 경제성장률 저하의 주요 원인으로 대기업들의 투자 부진이 꼽히고 있다.

혹은 땅과 같은 고정자산을 사들였지요. 아마도 글로벌 기업을 키우고 성장시킬 마인드와 내적인 경영 능력의 부재에 대한 현실 인식이 원인이었을 것이라고 봅니다. 점점 글로벌 표준의 자리에서 멀어지는 셈입니다.

김한진 맞습니다. 게다가 그 사이 경영 환경도 크게 바뀌었고 우리 기업에 대한 글로벌 경쟁자들의 견제도 심해졌습니다. 이미 거대 기업으로 성장한 현재의 기업 집단을 관리, 경영하는 일도 결코 쉽지 않습니다. 점점 더 수성守成형 경영 색체를 띠게 되는 이유죠. 상속과 지배 구조의 변화 과정에서 소유권과 경영권에 대한 위협도 커졌고 더욱이 소유와 경영을 분리하는 주식 회사 문화가 한국에는 그렇게도 자리잡기 어려운 모양입니다. 한국의 대기업은 그 태생과 성장 과정에서 지금 중대한 변화기에 처해 있다고 봅니다. 어떻게 부가가치 구조를 바꾸고 글로벌 분업체계의 핵 속으로 깊숙이 들어가느냐 하는 과제와 맞닥뜨려 있습니다. 한국 특유의 제왕적 의사결정 구조는 큰 강점이기도 했지만 다원화된 글로벌 경영 환경에 유연하게 대처하기는 점차 쉽지 않을 것입니다.

대기업이나 중소기업 모두 '제2의 창업'이란 각오로 혁신에 혁신을 거듭해야 하며 이때 가장 중요한 것은 투자 의사결정입니다. '어디에 투자를 하느냐, 어디에서 성장동력을 찾느냐, 어디에 성장역량을 집중할 것이냐?' 하는 과제죠. 기업이 앞장서서 성장의 열쇠를 찾고 풀어갈 때 정부가 모든 수단을 총동원해 입체적으로 기업을 지원해야 합니다. 정부뿐 아니라 정치권, 노조, 언론, 시민단체 모두 기업의 의사결정을 존중하고 성장을 전폭 돕는 쪽으로 함께 혁신해야 합니다.

김일구 봉건 시대 서양의 귀족들을 분석한 글을 보니까 이런 얘기가 있더군요. 태어날 때부터 귀족인 사람들은 어려서부터 재산을 지키는 교육을 받고, 커서도 하루 종일 재산을 지키는 고민을 한다고 말입니다. 물려받은 재산을 자기가 지키지 못한다면 얼마나 불명예스러운 일이겠습니까? 그렇다보니 재산 하나하나 꼼꼼하게 확인한다는 거예요. 물론 재산을 늘릴 기회가 생기면 거부하진 않겠습니다만, 지키는 것과 늘리는 것 중 우선순위를 지키는 것에 둔다는 뜻이지요.

부자는 태어날 때부터 혁신을 한다기보다는 수성을 하는 데 집중합니다. 외국에서 우리나라 기업의 지배 구조를 보면 '과연 한국의 기업들이 급변하는 글로벌 환경에 적응해나갈 수 있을까?' 하며 의구심을 품는 게 당연한 일이지요. 지배 구조 이외에 금융 산업을 봐도 우리에게 혁신은 결코 쉽지 않아 보입니다. 예전부터 일본은 금융 시장을 발전시키지 않았어요. 한 주에 1,000만 원이 넘는 주식을 내버려두고, 파생상품 시장도 활성화시키지 않았습니다. 이유가 무엇이냐고 물었더니 금융 시장을 효율적으로 만들어서 개인 투자자들을 참여시켜봤자 미국 투자자들에게 돈을 다 잃더라는 겁니다. 결국 아무리 노력해도 미국에 상대가 안 되니 아예 금융 시장을 발전시키지 않게 된 것이지요. 물론 일부이기는 합니다만, 일본의 금융 시장이 낙후되어 있는 이유를 잘 설명하는 얘기라고 생각합니다. '아무리 금융을 발전시켜도 미국이나 유럽한테는 상대가 안 되니 차라리 규제를 해서 개인들이 직접 주식하다가 돈 잃는 것을 줄이자.' 그게 일본 사람들이 금융 시장을 '선진화'시키지 않는 이유일 수 있어요. 우리는 PC 기반 매매 시스템, 모바일 매매 시스템 잘 만들어서 그쪽으로는 전 세계에서 가장 앞선 주식 시장이라고 자랑하지만 막상 속을 들여다보면 돈 번 투자자가 없습니다. '누구를 위해 시스템이 존재하는가?'라는 질문을 던져보지 않고 무작정 기술만 발전시켜

왔기 때문이지요.

일본 사람들은 2차 대전 때 이미 항공모함, 전투기 만들어서 미국과 전쟁을 겪어보았습니다. 그만큼 제조업에서는 결코 미국에 뒤지지 않지만, 금융은 다르더라는 것이죠. 그래서 금융은 가급적이면 폐쇄적인 정책을 쓰고, 반대로 제조업은 개방하자고 정책적으로 결정하게 된 것입니다.

저는 이런 마인드가 우리에게도 필요하지 않겠나 생각합니다. 아시아 사람들은 만질 수 있는 무엇인가를 던져주고 우리도 이렇게 만들어보자고 하면 정말 잘 따라 합니다. 손재주도 좋고 교육 시스템 자체도 선진화된 기술을 받아들여서 모방하는 것에 치중되어 있지요. 그렇지만 아무것도 없이 백지 한 장 주고 무엇이든 만들라고 하면, 백날 회의는 하지만 뚜렷한 결과물을 이끌어내지 못합니다. 그래서 전 국민이 혁신해야 하는 것처럼 요란스럽게 '혁신, 혁신, 또 혁신'을 얘기할 것이 아니라, 혁신은 어차피 극소수의 사람들이 할 수 있다는 점을 인정하고, 기업 지배 구조든 금융 산업이든 교육 시스템이든 적극적으로 변모시켜야 한다고 생각합니다.

혁신을 혁신하다

김한진 '혁신'이란 게 앞서도 말씀드렸지만 각국 잠재 성장률이 둔화되고 전통 산업의 성장 동력이 약해지면서 자연스레 그 틈을 메우는 역할을 하게 되죠.

기술 혁신은 생산성을 개선하고 새로운 수요를 창출합니다. 따라서 혁신 성장 기업들이 더 많이 나와야 국가 경제도 살고 경제도 발전하고 이들을 품은 주식 시장도 강세를 보일 수 있죠. 물론 이들 기업이 태생적으로 고용 창출(유발)은 낮고 소득 분배에 역행적일 수 있어요. 그래서 4차 산업혁명에는 반드시 국가의 중장기 산업 정책이 포함되어야 합니다. 선진국 증시가 지금까지 상대적 우위를 보인 데에는 이들 기업의 기여가 컸습니다. 혁신 성장 기업들의 높은 경영 성과는 자사주 매입 소각과 같은 주주 친화 정책으로도 이어집니다. 경영진의 영입과 교체도 경영 성과와 주가 성과에 철저히 연동되어 움직입니다. 우리나라 기업도 생산(기술 혁신) 측면과 경영(기업 문화나 의사 결정 구조) 측면 모두에서 혁신이 필요한 것 같아요. 1997년 외환위기가 한국 기업의 시스템과 관행을 크게 바꾸는 데 도움이 된 측면이 있었다는 점에서 지금의 전방위 경영 위기도 기업들의 변신을 돕는 전화위복의 기회가 되었으면 합니다.

아시다시피 일본 기업들은 1990년대 내수와 수출 부진의 복합 불황 속에서 많은 변신을 일궈냈습니다. 합병과 분사, 기업 간 빅딜, 공정 혁신, 원가 절감, 새로운 시장 개척, 신사업 진출 등 할 수 있는 것은 다했습니다. 위기 속에서 지배 구조 개선과 경영 혁신도 빠질 수 없었죠. 외국의 유명 축구감독 영입하듯 과감하게 CEO도 수입했습니다. 물론 그럼에도 불구하고 시장에서 퇴출당하고 외국 기업에 팔리고 사업 부문별로 쪼개지고 문 닫은 케이스도 많았지만 반대로 이 과정에서 훨씬 단단한 기업으로 거듭난 경우도 적지 않습니다. 내수와 수출 모든 업종에서 당시 회자되는 키워드는 바로 '혁신'이었습니다. 저는 우리가 겪을 복합 불황이 1990년대 일본보다 훨씬 가혹하고 가파르게 진행될 것으로 봅니다. 당시 구조조정과 혁신에 성공했던 기업들은 한층 업그레이드된 부가가치를 장착해 지금까지 생존하고 있습니다. 저는 당시 일본 기업이 처한 경영 환경과 2020년대 한국의 경영 환경이 똑같다고 주장하는 게 아닙니다. 다만 예전에 없던 주변 환경의 위협이 우리 기업으로 하여금 '예전에 없던 수준의 혁신'을 이끌 것이란 점을 강조하고 싶은 거죠. 투자자 입장에서 향후 몇 년간 어떤 기업들이 진짜 성공적인 변화를 보일지 면밀히 관찰해야 합니다.

김일구 우리 경제가 바뀌려면 가장 먼저 기득권을 버려야 할 텐데 과연 가능할까요? 1997년 외환위기 때 금 모으기 운동했던 일 기억나시지요? 그때만 해도 저는 사람들이 잘 몰라서, 즉 정보가 부족해서 가능했던 일 아닐까 생각합니다. 지금은 달라요. 인터넷 댓글만 봐도 정보가(그 정보의 진위 여부를 떠나서) 넘쳐납니다. '국가 살리자고 금을 모았는데 나중에 보니 누구에게 이득이 됐더라?'와 같은 이야기가 떠돌아다니고 사람들은 그 정보를 쉽게 믿습니다. 이런 상황에서 '나라가 위급하니 다들 조금씩

60

손해 보더라도 이렇게 합시다'라는 말로 설득될 것 같지는 않아요. 당연히 그로 인해 개혁되고 위기가 극복되는 일도 일어나지 않을 테고요.

저는 시간이 걸려도 사회적 합의를 맺는 방법밖에 없다고 봅니다. 정보를 최대한 공개하고, 누가 무엇을 포기할 것인지, 또 그로 인해 혜택을 누리는 사람은 누구인지, 그 혜택은 무엇인지 등을 소상히 밝혀 정치적인 합의를 이끌어내야지요. 가령 사회보장이라면 지출의 우선순위를 정하고 그곳에 얼마의 세금을 투입할 것인지, 언제까지 지원할 것인지 등등의 사회적 합의가 의회에서 이루어져야 한다고 생각합니다.

주식 시장과 정부의 대연정

김한진 　동의합니다. 확실히 지난 30년 전과는 사회가 많이 달라졌죠. 경제 규모도 커졌고 이해 관계도 복잡해졌고 산업도 매우 다변화되었습니다. 계층 간 여러 갈등거리가 커진 상태에서의 구조조정은 정말 어렵습니다. 누군가는 양보를 해야 하지만 말처럼 쉽지 않습니다. 생산 설비를 해외로 이전하고 그곳에 투자하는 기업이 늘 텐데 이를 막을 방법이 없습니다. 그래도 역설적으로 기업의 생존 자체가 위협받는 상황이 경제 주체들의 이해 관계를 조절하는 데 긍정적일 수 있다는 생각도 해봅니다.

저는 향후 10년 후 한국의 어떤 대기업도 현재의 위상을 보장받을 수 없으며 또한 어떤 오너도 현재의 소유권을 보장받을 수 없다고 봅니다. 더불어 새로운 기업의 진입과 기존 기업의 퇴출이 활발해지겠지요. 자원 배분의 '보이지 않는 손'이 작동하고 있는 것입니다. 부채와 자본 조달 공히 자본 시장의 역할이 커져 있습니다. 주식 시장이 투자 재원을 모아주기도 하고 합병과 구조조정을 돕는 역할을 더 많이 해야 하겠죠.

김일구 교과서에는 주식 시장이 그런 기능을 한다고 나와 있지만 그건 교과서라서 가능한 일 같습니다. 한국에서는 교과서에서 보지 못한 이상한 현상이 꽤 자주 발생합니다. 예를 들어 무너지는 기업이 있다고 합시다. 채권단이 대규모 자금 지원을 통해 그 기업을 살리고, 기업은 빌린 돈의 일부를 주식으로 바꾸는 부채의 주식화^{debt-equity swap}를 합니다. 또는 전환사채를 발행하지요. 이때 채권자가 돈을 받으려면 회사가 빚을 갚을 정도로 정상화되고 돈을 벌어야만 합니다. 수익을 내야 한다는 뜻이지요. 그렇지만 주식 시장은 한 번씩 마법에 걸리는지, 회사는 돈을 못 버는데 주가는 몇 배씩 정신없이 올라가는 일이 생기곤 합니다. 대체로 이때는 부실했던 회사에 엄청 좋은 일이 생겼다는 뉴스가 발표되기 마련이고, 이를 본 개인 투자자들이 몰려오게 되지요. 그러면 이때 주식이나 전환사채를 갖고 있는 채권자가 이를 팔아서 돈을 챙깁니다. 채권자는 다 빠져나갔고, 개인 투자자들은 빈

털터리가 되는 것이지요. 일부 채권자들은 몇 년에 한 번씩 이런 일이 생길 것이라 짐작하고는 그때까지 회사를 유지시키고 호시 탐탐 기회를 노립니다. 이런 일들이 반복되다보니 개인 투자자들이 기관 투자자들을 믿지 못하게 되고 더 나아가 한국 주식 시장 자체에 대한 신뢰도 많이 떨어졌습니다. 특히 퇴출되어야 할 기업들이 이렇게 부채의 주식화나 전환사채를 통해서 살아남고, 개미귀신이 깔대기 모양으로 구멍을 파놓고 지나가는 개미를 기다리듯이 숨죽이고 있다고 생각해보세요. 주식 시장의 순기능이 작동하려면 회생불가능한 기업들의 퇴출도 활발하게 일어나야 하지 않겠습니까? 그런데 누가 남의 밥그릇을 발로 걷어차는 일을 하고 싶겠습니까? 남에게 가혹한 일을 하고 싶은 사람은 아무도 없을 겁니다. 그래서 기업을 퇴출시키는 가혹한 일을 사람 손 거치지 않도록 제도화시켜 놓았는데, 그걸 또 매번 유예해서 구제해주고 하니 주식 시장의 순기능이 많이 약해진 것 같아요.

김한진 맞습니다. 자본 시장이 대주주나 채권단의 꼼수에 이용되는 일이 많았습니다. 어느 나라나 자본 시장에는 역기능과 순기능이 공존합니다. 주식 시장이 투자자로부터 신뢰를 얻으려면 지금보다 훨씬 엄격한 규율과 감시 제도가 필요하고, 대신 그 아래에서는 더할 나위 없는 자율성과 시장성이 보장되어야 합니다. 네거티브 제도(금지 행위 빼고는 다 할 수 있다는 제도)하에서 위법 사항에 대한 징벌적 제재나 보다 엄격한 법 적용이 반드시 필요하겠지요.

자본 시장도 시대에 따라 조금씩 역할이 바뀌는 것 같습니다. 과거 고도성장기에는 성장 촉진과 투자 재원 조달에만 치우쳤다면 국민 경제의 성숙과 함께 자본 시장은 기업의 생산성과 효율성을 높이는 기능으로 진보합니다. 주식 시장은 실물 경제의 거울이지 않습니까? 한국 증시 태동 이후 각 시대별 주도주는 곧 당시의 한국 경제를 이끄는 성장 주도 산업이었습니다.

앞으로 10년간 어떤 산업이 증시에서 주도주로 등극할지 상상해보는 일은 가슴 설레는 즐거운 고민입니다. 시대의 주도주는 곧 당대의 성장 기업이므로 주가 프리미엄(PER, 주가수익비율)도 높게 부여받습니다. 그게 대형주일 때는 주가지수가 크게 오르며 한국 증시를 우량 선진국 증시 반열에 올려놓겠죠. 증시 호황은 소비나 투자 증대 등 거시 전반에 긍정적 영향을 미칩니다.

개인적으로 저는 향후 인공지능이나 5세대 통신, 사물 인터넷Internet of Things, 소프트웨어, 블록 체인 등 지금 회자되는 4차 산업혁명 계열에서 코스피 3,000 포인트를 넘기는 주도주가 등극할 것으로 전망합니다. 바이오 헬스케어 산업도 이에 포함될 가능성이 높다고 보고요. 주식 시장이 기업의 진입과 퇴출, 반강제적 구조조정, 성장 기업에 대한 역동적인 자본 지원, 심지어는 거품 형성과 붕괴의 자정적인 생리 기능을 발휘해야 한다고 봅니다. 그게 살아 있는 시장입니다.

김동환 가급적 정치에 관련된 이야기를 자제하려고 합니다만 현재 우리 대한민국의 저성장과 모멘텀의 부재에는 왜곡된 정치 시스템이 매우 크게 작용하고 있다고 봅니다. 흔히 정치를 '가치의 권위적 배분'이라고 합니다. 이 말을 조금 더 경제적으로 풀어보면 국가를 경영함에 있어 사회적 자원을 어떻게 효율적으로 배치할 것인가가 정치 시스템의 선진과 후진을 나누는 기준이라는 얘깁니다. 현재 한국 사회는 이 자원의 배치라는 정부의 역할에 권위가 부여되고 있지 못합니다. 물론 그 원인이 야당이나 반정부적 언론의 악의적 프레임에 있다는 주장도 있습니다. 하지만 어쨌든 현재 정부와 정치권에서는 효율적인 자원의 배분이라는 정치 고유의 기능을 해태하고 있다고 봅니다. 당연히 불필요한 사회적 비용이 발생합니다. 똑같은 예산을 쓰는데 성장의 기여도는 예전보다 훨씬 낮아지는 걸 어떻게 설명하겠습니까? 권위적인 배분이 갖는 자원의 침투력이 그만큼 약화되었기 때문입니다. 그런 점에서 진정한 의미의 국민통합이 진일보하지 않는다면 우리 정치는 늘 경제의 발목을 잡는 역할을 하게 될 것입니다.

저는 그런 의미에서 최근 들어 벌어진 아베의 경제 보복 조치로 인한 한일 간의 무역 분쟁은 우리 정부의 산업 정책을 돌아보고 정돈하는 기회가 되었다고 생각합니다. 사실 금융 위기 이후에 각국이 적극적인 재정 정책과 전례 없이 완화적인 통화 정책을 구사하는 가운데 우리 정부와 중앙은행은 비교적 보수적인 정책으로 일관했습니다. 여기에 뚜렷한 산업 정책의 부재와 연속성의 단절로 인한 국가적 성장 동력이 약화되는 지난 10년이었다고 봐야 할 겁니다. 특히 자원 외교니 창조 경제니 또한 혁신 성장 같은 슬로건만 있을 뿐 실제 산업 현장에 가면 여전히 침투되지 못한 채 탁상행정이라는 비난을 면하기 어려운 산업 정책이 부유한, 지난 10년이기도 했습니다. 재정 정책이야 우리 정치의 특성상 다른 나라에 비해 진취적인 예산 편성이 어렵고, 통화 정책 역시 신흥국 통화 국가로서의 한계를 갖고 있다고 인정합니다. 그러나 현 정부를 포함한 역대 정부의 산업 정책의 부재와 혼선은 매우 뼈아픈 실책이 아닐 수 없습니다. 특히 고용 유발 효과가 낮은 반도체에 대한 편중이 경기 하락기에 대한민국 자체의 체계적 위험을 유발한다는 위기의식을 지난해부터 경험하고 있는 상황에서 벌어진 일본의 핵심 부품, 소재, 장비의 수출 규제는 지난 수십 년의 우리 성장의 불균형을 돌아보고 적극적으로 보완해야 하는 국가적 차원의 전기로 만들어야 할 것입니다.

3장

신흥국 경제,
어디로 가고 있나

김동환　자, 이제 다른 신흥국 얘기도 해볼까요? 최근에
한국의 °**펀더멘탈**에 대한 얘기를 많이 합니다

만 사실 2, 3년 전만 해도 신흥국 내부에서는
매우 우량하다는 평가를 들으며 이른바 문제
가 있는 국가들, 예를 들어 아르헨티나나 터키
같은 나라와 대척점에 있었던 기억이 납니다.

2017년이죠? 아르헨티나와 터키가 힘들 때 우리는 오히려 신흥
국 내에서 차별화된 국가로서 선진국 자금이 쏠린다는 얘기까지
나왔었는데요.

펀더멘탈 한 나라의 경제 상
태를 표현하는 데 있어 가장
기초적인 자료가 되는 성장
률, 물가상승률, 실업률, 경상
수지 등의 주요 거시경제지
표를 말한다.

김일구 러시아와 브라질 경제가 많이 어려워졌던 시기가 2014~15년, 이들의 주요 수출품인 원유와 철광석 등 커머더티^{Commodity} 가격이 폭락하면서였습니다. 거의 외환 위기 직전이었죠. 그런데 이때 브라질과 러시아의 대응이 저에게는 아주 인상적이었습니다. 신흥국이 외환 위기에 몰렸을 때 어떻게 행동해야 하는지 모범 답안을 보여줬거든요. 우리가 1997년에 당했던 것과는 완전 달랐습니다. 당시 브라질은 호세프$^{Dilma\ Rousseff}$ 대통령이 탄핵되고 부통령이 대통령을 승계하고 있었기 때문에 정치적으로도 불안정했고, 커머더티 가격 폭락에 국영기업 부정부패 스캔들까지 겹쳐 그야말로 만신창이였습니다. 외국 자본이 썰물처럼 빠져나가고 환율이 두 배씩 폭등하는 상황이었는데, 정치권에서 뭐라고 했겠습니까? 환율이 폭등해서 물가 올라가고 서민생활이 엉망이 되고 있는데 중앙은행이 외환 보유고 풀어서 환율을 안정시키지 않고 뭐 하고 있느냐고 비난했겠죠? 안 그러면 서민들 생활 더 악화되고 다음 선거에서 질 테니까요.

우리도 비슷한 상황을 겪었습니다. 1997년 대통령 선거당시 김영삼 대통령은 김대중 후보의 대통령 선출을 막기 위해어떻게든 환율을 잡아 서민 생활에 불안이 없도록 하려고 했습니다. 그래서 한국은행이 갖고 있던 외환 보유고를 풀어서 달러를 매도해댔죠. 결국 외환 보유고는 바닥나고 환율은 2,000원까지 폭등하고 나라 경제가 완전히 무너지고 맙니다.

국제 결제 통화를 갖고 있지 못한 신흥국들은 위기가 오

● 외환 보유고를 지켜내 브라질의 경제를 안정화시킨 톰비니 중앙은행 총재.

면 똑같은 패턴을 거칩니다. 정치권의 요구 역시 마찬가지고요. 그런데 당시 브라질 중앙은행의 톰비니Alexandre Tombini 총재는 외환 보유고를 꽉 붙들고 내주지 않았습니다. 환율이 급격히 오르고 브라질에서 탈출하려는 외국인 투자자들이 아우성치고, 또 환율이 튀면서 물가도 올라가니 서민들도 죽을 맛이었을 것입니다. 하지만 그런 아비규환 속에서도 중앙은행은 물가가 높다는 이유를 들어 금리를 올립니다. 그런데 신기하게도 그렇게 몇 달을 보내고 나니 외화 유출이 멈추었습니다. 당시에 브라질 국채에 투자했던 한국 투자자들도 마찬가지 심정이었겠지만, 브라질 헤알화가 너무 심하게 떨어지니 '여기서 손절하느니 그냥 끝까지 가보자. 좋아질 때도 있겠지. 내가 갖고 있는 반토막 난 브라질 국채, 자식들한

테 증여하고 말자'는 움직임이 확산됐습니다. 그러면서 환율이 진정되고 물가도 상승을 멈췄죠. 그러니 민심도 진정되더군요.

러시아 역시 유가가 폭락하던 초기인 2014년에는 외환 보유고를 많이 풀었습니다. 당시 외환 보유고 통계를 보면 5,000억 달러에서 3,000억 달러까지 줄어듭니다. 유가는 2014년 초에 배럴당 100달러가 넘었는데, 2016년 초에는 30달러까지 내려갔죠. 당시 푸틴^{Vladimir Putin} 대통령 입장에서는 유가가 폭락하면서 러시아 경제에 대한 암울한 전망이 넘쳐나고, 외국 자본이 앞다퉈 러시아에서 탈출하는데 얼마나 자존심이 상했겠어요? 2012년에 다시 대통령에 취임해서 12년간 '위대한 러시아 재건'에 올인하던 그때의 심정이 어땠을까요? 외환 보유고 풀어서 환율 잡고 싶었을 것입니다. 그런데 러시아 중앙은행 나비울리나^{Elvira Nabiullina} 총재가 푸틴 대통령에게 직언을 했다고 해요. '당신 마음은 알겠는데, 여기서 외환 보유고를 풀면 안 됩니다. 환율은 시장에 맡기세요'라고 말입니다. 나비울리나 총재는 이슬람 전통의 타타르^{Tatar} 사람입니다. 나비울리나라는 이름은 '알라의 사도'라는 뜻이래요. 그렇지만 경제장관, 대통령 경제참모를 거쳐 중앙은행 총재까지, 푸틴 대통령의 그녀에 대한 신뢰는 절대적이었죠. 결국 푸틴 대통령이 마음을 바꿔 외환 시장 개입을 중단하게 됩니다. 당연히 루블화 환율은 천정부지로 치솟았지만, 외환 보유고는 지켰죠. 환율을 시장에 맡겨놓으니 극심한 혼란이 몇 달 이어졌지만, 시간이 흐르면서 빠져나가는 자금이 줄어들고 수입품 소비도 줄어들면서 환율이 다시 안정을 찾았습니다.

세상사 새옹지마인 것이 그때 폭등한 환율 덕분에 브라질과 러시아는 다른 나라들과의 경쟁에서 유리한 위치에 올라섰어요. 한국이나 중국은 당시 환율이 아주 안정적이었거든요. 우리는 그때 "저 나라들 이제 헬게이트 열렸다. 우리처럼 한번 망해봐라"라며 손가락질했는데 시간이 지나면서 경쟁력 격차가 생긴 것이지요. 물론 그 나라들과 우리가 직접적으로 경쟁하는 분야는 많지 않습니다만, 그동안 상대적으로 그 나라들은 수입이 줄어들고 그만큼 저축이 늘었고 우리는 수입이 늘고 저축이 줄게 됩니다. 그 차이가 시간이 지난 현재 한국, 중국과 브라질, 러시아의 경제 지표로 나타나는 중입니다. 올해 한국, 중국과 브라질, 러시아 주가가 서로 반대로 움직였습니다. 한국과 중국은 많이 떨어지고 브라질과 러시아는 많이 올랐고요. 인도와 베트남도 지난 몇 년간 자기 나라 통화 가치를 계속 떨어뜨려왔어요. 잘나가던 한국과 중국이 선진국들로부터 환율 조작이니 뭐니 집중적으로 견제를 받는 사이에 다른 신흥국들이 체력을 키워온 것이지요. 우리는 지난 10년간 환율이 거의 대부분 1,050원에서 1,150원 사이에 있었고, 중국 위안화도 6.2위안에서 6.8위안 사이에 있었죠. 인도와 베트남은 우리와 중국의 산업을 벤치마킹해서 설비를 갖춰왔고요. 외국 기업들도 투자할 때 인건비 싸고 환율까지 많이 절하된 나라들에 관심을 기울이지 않겠습니까?

외환 체력이 변수

김한진　저는 환율 측면에서 신흥국 투자에 여전히 신중한 입장입니다. 물론 신흥국이라고 다 같은 신흥국은 아니라서 나라별로 사정은 조금씩 다르지만요. 통상 경기 둔화기에 신흥국 주가는 선진국 주가에 비해 약합니다. 자원 수출국이든 공업 제품 수출국이든 높은 대외 경기 노출도 때문이죠. 2020년을 시작으로 저는 몇 년간 세계 경기가 전형적인 둔화 국면을 맞이할 것으로 봅니다. 이러한 경기 국면 판단이 맞다면 수출 의존도가 낮고 내수 규모가 큰 국가가 유리합니다. 또한 세계 경기 둔화기에 달러화는 제자리에 머물거나 강세 기조를 보이므로 신흥국 쪽으로의 자본 이동도 여전히 제한되기 쉽습니다. 게다가 이번 세계 경기 둔화 국면은 여느 때보다 변수도 많고 불확실성이 큰 편입니다. 외환 체력이 있고 환율에 맷집이 센 신흥국은 괜찮을 듯싶습니다. 한국의 경우는 우리 자체보다 중국의 불확실성이 더 큰 문제죠. 위안화 때문에 원/달러 환율의 상단도 장담하기 어렵습니다. 만약 미중 무역 분쟁이 장기간 의미 있는 타결을 보이지 못하고 중국 경제가 뜻밖의 경착륙을 보일 경우 조심스럽게 달러당 8위안까지도 열어놓아야 할 것입니다.

베트남 같은 경우는 신흥국 중 외환 안전성이 높은 국가에 속합니다. 베트남은 무역수지와 해외 거주자들의 송금이 안정적이고 해외로부터의 직접투자FDI도 꾸준할 것 같고요. 미중 무역 분쟁이 단기에 끝나는 게 아니라면 미국 입장에서도 중국의 대체 생산기지이자 남중국해 전략 요충지인 베트남과 우호적인 관계를 유지할 것입니다. 이런 점에서 미중 관계가 꼬일수록 러시아의 수혜 가능성도 살펴봐야 하겠습니다.

주요 신흥국 외환 취약도와 국민 경제 유형

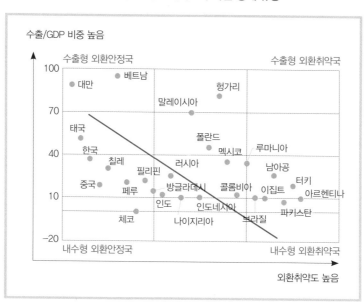

출처 : IMF

주 : 외환 취약도는 외환 건전성, 자본 유출 가능성, 성장 지속 가능성 등을 종합 평가해 산출했으며 국가 외환 취약도로서 기업 부채는 포함하지 않았음(중국은 기업 부채 과다).

기축통화의 패권이 전혀 없는 신흥국은 대개 보수적인

통화 정책을 쓸 수밖에 없죠. 우선 신흥국은 금리를 내려도 소비나 투자가 활성화되지 않는 경우가 많습니다. 내수 소비 시장이 작고 자산 시장이 금리에 비탄력적이기 때문입니다. 신용 시장도 이중구조인 데다 지하 경제 규모도 큰 편입니다. 이처럼 금리 인하의 실효성이 약한 것뿐만 아니라 통제할 수 없는 환율 하락 위험도 적극적인 완화 정책을 방해하는 요인입니다.

신흥국이 눈치 없이 통화 정책을 잘못 쓰면 국제 통화 경찰국을 자처하는 미국이 딱지(페널티)를 때러 바로 달려옵니다. 환율조작국 딱지에서부터 국제 신용평가사를 통한 국가신용등급 강등 딱지도 있고요. °세컨더리 보이콧secondary boycott 같은 신종 딱지도 개발돼 있습니다. G7 회의에서 특정국 통화를 대놓고 절하시키거나 뉴욕 연준을 통해 달러를 직접 매각해 달러 가

세컨더리 보이콧 제제 대상 국가와 거래하는 제3국 정부나 기업, 은행, 개인 등에 대해서도 제제하는 행위.

치를 일거에 하락시킬 수도 있죠. 미국은 전 세계에서 그 누구도 따라올 수 없는 최고의 환율 조작 기술과 노하우를 갖고 있습니다. 2020년 신흥국의 대장 격인 중국이 위안화 환율을 계속 절하시키면 아마도 신흥국의 금리 인하와 환율 절하는 들불처럼 번질 것입니다. 중국이 부채 문제에도 불구하고 위안화 평가 절하를 용인하고 미국과의 무역 분쟁에 '강대강強對強'으로 맞선다면 이건 다른 차원의 신흥국 슈퍼 환율 텐트럼(발작) 상황이 될 공산이 큽니다. 금융 위기 이후 특히 연준이 금리를 내릴 때 신흥국 주가는 선진국 대비 약했습니다. 그나마 연준이 금리를 올린 2016년 이

후 신흥국 증시는 나쁘지 않았습니다. 신흥국 경제와 증시에 보다 중요한 것은 미국의 금융 완화와 이에 추종한 동반 금리 인하 자체가 아니라 세계 경기의 확장 여부라는 것입니다.

신흥국/선진국 증시 상대 PER와 미국 통화 정책

주 : PER는 주가수익비율, 연준은 미국 연방준비위원회(FRB)를 뜻함.

이머징은 없다. 이머지드만 있을 뿐

MSCI^Morgan Stanley Capital International와 FTSE^Financial Times & London Stock Exchange가 산출 제공하는 글로벌 지수는 수만 개에 이른다. 이들이 제공하는 주식, 채권, 헤지펀드 관련 지수는 전 세계 투자자들의 포트폴리오 성과를 측정하는 벤치마크 지수로 활용되고 있고 인덱스펀드나 ETF^Exchange Traded Fund(상장지수펀 드)의 근간이 되고 있다.

이들이 발표하는 지수는 크게 선진국과 이머징 시장으로 분류된다. 현재 이머징으로 분류된 국가를 면면히 보면 과거에는 '떠오르는' 국가였지만 지금은 사실상 이미 '떠오른^emerged' 국가들임을 알 수 있다. 현재 시점에서 진정 '떠오르는' 국가는 BRICs(브라질, 러시아, 인도, 중국 등) 같은 국가가 아니라 베트남이나 방글라데시, 케냐, 카자흐스탄 같은 프론티어 이머징으로 분류되는 후발 신흥국들일 것이다. MSCI와 FTSE 기준에 차이는 있으나 선진국 시장과 신흥국 시장의 분류 기준에는 단지 경제 발전 단계나 소득 수준뿐만 아니라 역외 외환 시장에서의 환전성이나 외국인 투자 등록 제도, 그리고 기업 정보의 적시성, 시장 관련 데이터 제공 편의성 등이 포함되어 있다.

그렇다면 현재 자산 시장 분류 기준상 이들 이머징 국가들은 어떤 문제점을 지니고 있을까? 다음 그림에서와 같이 신흥국은 참으로 오랜 시간에 걸쳐 지금의 신흥국 지위에 도달했다. 신흥

국의 대표 주자인 중국을 보면 그 경로를 이해할 수 있다. 중국
은 1980년대 중반부터 농업사회에서 공업사회로 전환을 추진했
고 이후 꾸준히 산업화를 이뤘다. 중국이 수출주도형 경제로 본
격 부상한 것은 그로부터 약 15년 후인 2000년대 들어서다. 이
즈음 중국은 WTO에 가입했고(2001년 11월) 세계 경제에서 신흥
국으로서 위상을 확고히 정립했다. 이때부터 신흥국은 저렴한
임금으로 생산 가공한 공산품을 선진국에 공급해 자유무역시대
를 꽃피웠다. 이 시기가 신흥국으로서 중국의 전성기였고 또 실
제로 가장 가파른 고도성장기였다.

중국의 세계 GDP 비중 변화와 신흥국 역할 변천

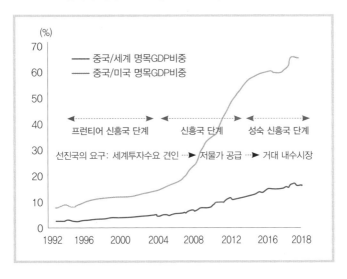

문제는 이제부터다. 선진국 입장에서 볼 때 신흥국은 이미 예전의 신흥국이 아니다. 이제는 이들 신흥국이 예전만큼 재화를 싸게 만들어 공급해주는 생산 주체도 아니요, 예전처럼 낮은 부가가치의 경공업 일변도의 저개발국가도 아니기 때문이다. 일부 업종에서는 선진국과 대등하거나 오히려 선진국을 뛰어넘은 산업도 많아졌다. 이러한 신흥국의 변화는 자유무역과 국제분업의 기본 질서를 흔드는 논리로 발전하고 있다. 특히 트럼프 정부 들어 미국은 신흥국에 대해 뭔가 다른 생각을 하고 있는 것이 분명하다. 그리고 이는 미국 시각에서 신흥국의 용도 변화와 관련이 있다.

　　저인플레이션 수출국에서 인플레이션을 유발하는 국가로, 글로벌 분업 파트너에서 경쟁 국가로, 미국채 매수자로 달러 패권을 돕는 우군에서 달러 패권에 도전하는 국가로, 세계 질서에 중립적인 국가에서 지정학적 위협이 되기에 충분한 국가로 신흥국의 성격이 바뀌고 있음이 분명하다. 물론 이는 미국 시각에서 중국을 바라본 것으로 미국의 이기적인 입장이 포함되어 있다. 사실 중국산 소비재는 수십 년에 걸쳐 미국 내 품질 관리 기준과 안전 기준을 충족하도록 진화되어 왔고 당장 이 대량설비를 완전히 대체할 신흥국도 없기 때문이다. 그럼에도 불구하고 미국은 신흥국에 트집을 잡고 비용청구서를 들이대기 시작했다. 관세 비용과 군사비 및 질서 유지 비용, 기술 이전 비용 등이 그것이다. 글로벌 분업 체계에서 미국이 그간 누린 수혜는 이제 중요치 않아졌다. 무엇보다도 미국인들이 마음껏 빚(국채 발행)을 내고도 잘 살 수 있도록 도운 것에 대해서는 잊은 모습이다. 이런 상황에서 신흥국은 설상가상 경기의 구조적인 강한 맞바람을 맞기 시작했다. 경제 발전 단계상 성숙 단계에서 맞는 고정 투자 감소와 부채 증가, 인구의 고령화, 세계 분업 구조의 변화, 원자재 수요 둔화, 그리고 무엇보다도 선진국의 신흥국에 대한 생산 유발 효과 저하 등이 그것이다. 신흥국 진영의 이러한 환경 변화는 모두 단기에 해소될 문제들이 아니다. 특히 2020년은 이런 구조적인 요인들과 경기 순환 요인들이 겹지는 구간이다. 많은 신흥국들이 더욱 고전할 수밖에 없는 이유다. 또한 그럼에도 불구하고 이를 잘 극복하는 신흥국과 서툴게 잘못 대응해 주저앉는 신흥국으로 이머징 안에서도 차별화가 커지는 국면이 될 것으로 보인다.

핵심은 국제 결제 통화

김일구 미국이나 유럽 등 선진국들은 국제 결제 통화입니다. 그래서 중국도 자국 통화를 국제 결제 통화로 만들기 위해 굉장히 노력했죠. 엔, 달러, 유로는 그냥 찍으면 됩니다. 이 외의 나라 사람들은 열심히 물건 만들어 수출하고 달러나 엔, 유로 종이 화폐를 가져갑니다. 왜냐하면 이 통화는 국제 결제에 사용할 수 있기 때문이죠.

　　2016년에 버니 샌더스^{Bernie Sanders} 민주당 대통령 후보의
경제 참모 중 한 사람이 'MMT'라는 걸 이야기합니다. 풀어 쓰면
'Modern Monetary Theory'인데 쉽게 말해 그냥 돈 찍으면 된
다는 주장이에요. '달러화는 기축 통화라서 그냥 돈 찍으면 다 가
져간다. 그러니 돈 찍어서 전 국민 기본소득을 보장하자!'는 주장
을 했습니다. 이 주장을 곧이곧대로 받아들일 수는 없겠지만, 미
국은 아주 극단적인 통화 정책을 쓸 수도 있을 겁니다. 그런데 만
약에 우리가 원화를 그렇게 찍어버리면, 사람들이 좋아할까요?
아마 원화가 국내에서 넘쳐나면 사람들은 원화를 달러화로 바꿔
서 해외로 빠져나갈 겁니다. 국제 결제 통화가 아니니까요. 따라
서 우리나라에서는 극단적인 통화 정책을 쓸 수 없을 뿐더러 그

● 2016년, 버니 샌더스는 돈을 찍자는, 이른바 MMT 통화 정책을 주장했다. MMT는 2020년
미국 대선에서 뜨거운 감자로 급부상할 가능성이 매우 커졌다.

렇게 되면 망하고 맙니다.

현대통화이론^{MMT}

'현대통화이론^{MMT, Modern Monetary Theory}'은 새롭게 생겨난 이론인 것처럼 보이지만 사실은 전체주의 국가나 왕정에서 예전부터 해오던 통화 정책이다.

우리에게 익숙한 현재의 자본주의 시스템은 행정부가 세금과 국채 발행 등을 하고, 행정부로부터 독립적인 중앙은행이 화폐를 관리한다. 대부분의 나라는 헌법을 통해 중앙은행의 독립성을 보장하고 있으며, 중앙은행의 가장 중요한 임무는 금리와 통화량을 관리해서 물가를 안정시키는 것이다. 미국의 경우 중앙은행에 해당하는 연준이 헌법에 나와 있는 기관은 아니지만, 헌법에 행정부가 아닌 의회가 통화 정책 권한을 갖고 있다고 명시했다. 그래서 의회가 법을 만들어 자신의 헌법상 권한인 통화 정책을 맡긴 기관이 연준이다. 세금과 국채 발행을 하는 행정부로부터 독립된 기관이라는 것이다.

현재 제도가 행정부와 중앙은행을 각각 세금과 국채 발행, 금리와 화폐 발행으로 분리시켜놓은 것은 인플레이션 때문이다. 민주주의 사회에서 권력을 잡기 위해서는 대중의 지지가 필요한데, 쉽게 대중의 지지를 얻는 방법은 돈을 써서 저소득층을 지원하겠다고 공약하는 것이다. 이렇게 돈을 쓰겠다고 하는 사람들이 행정부의 권력을 잡기 쉬운데, 이들에게 돈을 찍을 권한까지 주게 되면 너무 많은 돈을 찍게 되고 결국 인플레이션이 발생할 수밖에 없다. 옛날 왕정에서도 왕이 이웃 나라를 정복한다거나 사치스러운 생활을 한다거나 하는 식으로 자신의 꿈을 이루기 위해 돈을 찍었고, 군국주의 국가에서는 군대가 행정부를 장악해서 전쟁을 하기 위해 돈을 찍었다. 그리고 이 모든 행동은 인플레이션으로 이어져 경제를 망가뜨렸다. 따라서 현재는 금리 결정과 화폐 발행 권한을 행정부로부터 독립시켜놓고 있다. 정치인들이 선심성 공약을 남발해서 당선되더라도 실행될 수 없도록 중앙은행이 막는 것이다.

MMT는 이 때문에 등장했다. 좌파가 아무리 선거에 이겨서 집권해도, 중앙은행을 포함한 금융 시스템이 길을 막고 있어 아무것도 할 수 없더라는 것이다. 그래서 기존 이론과 시스템을 부정하고 행정부가 금리와 화폐 발행도 할 수 있도록 하자고 주장하는 것이다.

MMT 주창자들은 화폐가 물물 교환의 불편함을 해소하기 위해 자연발생적으로 생겨났다는 전통적인 이론을 공격한다. 현대의 종이 화폐는 인위적으로 국가가 발행해 강제로 통용시킨 것이라고 주장한다. 화폐를 경제 시스템에서 자연 발생적으로 생겨난 내재적인 것이 아니라 국가가 외부에서 주입한 인공적인 창조물로 보는 것이다.

우리의 현재 시스템으로는 경제가 나빠지면 중앙은행이 금리를 낮추고 양적완화 같은 방법으로 유동성 공급을 늘리는데, MMT 주창자들은 국가가 세금을 줄이고 국채를 발행해서 그 돈으로 정부 지출을 늘리는 것이 경기 부양에 효과적이라고 주장한다. 중앙은행에게 맡기지 말고 행정부가 직접 나서라는 것이다.

많은 사람들은 MMT의 주장대로 행동하면 인플레이션이 생길 것이라고 우려한다. 하지만 이에 대해 MMT는 과도한 우려라고 일축한다. 일본의 사례를 보면 정부가 돈을 쓰면서 정부 부채가 GDP의 230%를 넘어섰지만, 그렇게 많이 풀려나간 돈이 인플레이션을 낳지 않았다. 아직도 일본의 물가는 오르지 못하고 있고, 이 때문에 금리도 제로 수준이다. MMT 지지자들은 일본이 돈을 너무 적게 풀어서 아직도 경제가 개선되지 못하고 있다고 조언한다.

2016년 미국 대통령 선거에서 민주당 후보 경선에 나와 돌풍을 일으켰던 버니 샌더스가 MMT의 지지자이다. 당시 그의 경제보좌관이었던 스테파니 켈튼Stephanie Kelton 교수가 MMT를 소개했는데, 버니 샌더스는 국가가 국채를 발행해서 모은 돈으로 저소득층을 지원하겠다고 공약했다. 2020년 내통령 선거에서 주목받는 좌파 정치인으로 버니 샌더스, 엘리자베스 워렌Elizabeth Warren, 알렉산드리아 오카시오-코르테스Alexandria Ocasio-Cortez 등이 있는데, 이들은 모두 중앙은행의 저금리 정책과 양적완화보다는 정부가 국채를 발행해서 저소득층을 직접 지원하는 MMT 방식을 선호한다. 그래서 2020년 민주당 대선 후보를 결정하는 경선에서 MMT는 다시 한 번 핫이슈가 될 가능성이 높다.

한국은행의 금리 싸움, 실책인가 전략인가

김동환　　물론 비기축통화의 한계를 어느 정도 인정한다고 하더라도 한국은행은 적어도 더 완화적인 입장을 취했어야 했다고 봅니다. 특히 2018년 11월의 금리 인상은 어떤 이유로도 정당화될 수 없는 실책이었다고 생각합니다. 일본의 버블 형성과 붕괴 과정에서 일본중앙은행의 두 번에 걸친 실책이 결정적인 역할을 한 걸 두 분은 잘 아실 겁니다. 아무리 한국은행의 정책 여력이 미국이나 일본과 비교해서 한계를 갖는다고 인정하더라도 적어도 2018년 후반부터는 훨씬 더 적극적인 경기 대응에 나서는 게 옳지 않았을까라는 생각입니다.

김한진　　우리나라 통화 정책은 그간 보수적으로 미국을 쫓아가는 성향을 보였습니다. 말씀하셨듯이 분명 우리의 통화 정책에도 많은 제약성이 존재합니다. 독자적이고 선제적이며 일관된 통화 정책을 펼치기가 선진국의 중앙은행보다는 훨씬 어려운 편이죠. 금리의 환율 영향을 의식하지 않을 수 없고 지금은 가계 부채 문제를 신경 쓰지 않을 수가 없습니다. 가계 부채에서 비롯되는 금융 시장의 위험과 금융 건전성 악화가 위험 통제선을 넘을 수도 있습니다. 많은 분석가들이 한국 가계 부채의 위험에 대해서는 통제 가능하다고 이야기하지만 저는 반드시 이를 보장할 수 없다는 입장입니다. 기업의 저축률이 높고 설비 투자의 근원 동인이 약한 상태에서 금리 인하는 가계 빚만 늘리고 소비로 반드시 연결된다는 보장도 없기에 금리 인하의 실효성 논란은 더욱 커지고 있습니다. 하지만 물가 압력이 낮은 상태에서 중앙은행이 금리 인하를 지체할 경우 경기 추락과 함께 물가도 더 낮아지는 '저혈압 빈혈' 경제에 깊이 빠져들 위험이 있습니다. 인플레이션보다 더 무서운 만성 디플레이션 성격의 저성장 늪인 거죠. 다만 통화 정책 즉 금리 인하 하나만으로는 경기를 살릴 수 없기 때문에 당국의 고민은 여전히 클 것입니다. 저는 이번 경기 하강 사이클에서 미 연준이 향후 1~2년간 금리를 1%는 더 내릴 것으로 전망합니다. 이에 따라 한국은행도 같은 기간 동안 두 차례 정도의 금리 인하는 추가로 단행하지 않을까 생각합니다.

김동환　우리나라는 사실 첫째도 물가, 둘째도 물가, 셋째도 물가를 관리하던 게 중앙은행의 전통이지 않습니까? 너무 과한 얘기인지 모르겠습니다만, 우리나라도 중앙은행의 책무를 변경할 필요성이 있겠다는 생각이 듭니다. 미국은 물가와 고용이

● 우리나라 중앙은행인 한국은행은 최근 급변하는 세계 경제 환경을 반영하지 못한 채 금융 안정이라는 낡은 틀에 갇혀 있다는 비판을 받고 있다.

라는 듀얼 맨데이트^{dual mandate}를 갖고 있는데 우리는 언제까지 금융 안정만 고집하고 있을 수는 없으니까요. 지금 전 세계가 저성장과 디플레이션의 공포에 직면해 있는데 유독 우리 중앙은행인 한국은행만 보수적인 통화 정책을 고수해왔던 거죠. 타성에 젖었던 것은 아닐까 돌아봐야 할 때라고 생각합니다.

김한진　실질 성장률이 잠재 성장 레벨을 웃도는 최근 몇 년 동안에도 미국의 핵심 물가는 매우 안정되었죠. 이제 이 갭(아웃풋갭)이 역전되어 물가 압력이 더 낮아질 것으로 보이니 연준의 책무는 매우 단순해졌습니다.

김동환　그러니까요. 물론 통화 정책이라는 게 버블을 방지하고 금융 안정감을 갖게 하는 기본적인 역할이긴 한데 급속도로 늘어가는 이 시점에 과연 안정이 필요한가요?

김일구　미국은 통화 정책을 쓰면 실물 경제가 즉각 반응합니다. 금리를 내리면 경기가 좋아지고 금리를 올리면 둔화되지요. 그런데 신흥국에는 통화 정책이 잘 먹히지 않습니다. 요즘은 거의 하지 않는 방식입니다만, 예전에는 어떤 변수를 어떻게 조정하면 우리나라 경제에 어떤 영향을 미치겠는가와 같은 연구를 많이 했어요. 그때 한국의 경제 정책 변수 중에서 제일 큰 영향을 미치는 것이 환율이었습니다. 그 다음이 미국 금리, 주가 같은 변수였고요. 한국 금리의 영향력은 순위가 한참 밀리더군요.

저는 한국에서 금리 움직여서 경제를 조절하겠다는 생각 자체가 말이 안 된다고 봅니다. 물론 과거와 달리 지금은 주택 담보 대출이 많아서 금리가 사람들의 경제 활동에 영향을 많이 미친다고 보는 시각도 있습니다. 금리가 낮아지면 이자를 덜 내기 때문에 소비 부양 효과가 있다는 주장이죠. 그렇지만 저는 이와 반대로 금리가 낮아지면 나중에 받을 연금 수령액이 줄어드는 문제 때문에 저축을 더 늘리게 된다고 봐요. 예를 들어보죠. 주택 담보 대출로 1억 원을 빌렸다고 합시다. 금리 1% 포인트 낮아지면 앞으로 내야 할 이자가 일 년에 100만 원 정도 줄어듭니다. 그런데 지금 1억을 연금 상품에 가입하고 이 돈을 불려서 20년 후에 20년간 일정액을 연금으로 받는 프로그램이 있다고 해보죠. 이 연금 상품의 금리가 2%에서 1%로 1%포인트 낮아지면 20년 후에 매년 받을 연금액이 900만 원에서 670만 원으로 230만 원씩 줄어듭니다. 다시 묻겠습니다. 지금 1년에 낼 이자 100만 원 줄었다고 소비할까요, 아니면 내 노후 소득 230만 원 줄어든 것 때문에 더 저축할까요? 아마 저축을 더 할 겁니다.

실제로 2012년에서 2016년까지 한국은행이 기준 금리를 3.25%에서 1.25%로 낮출 때 우리나라 가계의 소비 성향이 97.7에서 91.1로 떨어집니다. 금리가 높을 때는 100만 원 벌어서 97만 7,000원 소비하고 2만 3,000원 저축하다가 금리가 낮아지니 91만 1,000원 소비하고 8만 9,000원 저축하더라는 겁니다. 경제학 교과서 보고 정책하면 안 되고, 미국이 한다고 따라 하면 안 되는 것이 우리 경제의 현실입니다. 예나 지금이나 우리나라에서 통화 정책의 효과는 약해요. 그런데 사람들은 미 연준 효과에 빠져서 다들 한국은행의 금리 정책에 너무 많은 관심을 가져요. 저는 사실 한국 금리에 별로 관심 안 갖습니다. 금리를 올리나 내리나 우리 경제에 큰 영향 못 끼친다고 보기 때문입니다. 저는 우리가 통화 정책이 우리의 경제 문제를 풀어줄 것이라는 막연한 기대감을 갖고 통화 정책에 과도한 관심을 가지면서 지금 정말 해야 할 일을 안 하고 시간을 보내고 있다고 생각합니다. 지금 진짜 해야 할 것은, '정부 재정을 어떻게 쓸까', '국민의 세금으로 어떤 산업을 육성할까' 등 재정과 산업 정책의 선택이라고 생각해요. 지금 우리는 너무나 자유주의적인 접근을 하고 있는데, '국가가 나서서 무슨 산업 정책을 하나? 지금이 유신시대도 아니고. 그냥 사람들에게 낮은 금리로 돈 많이 빌려갈 수 있도록 해주면 사람들이 알아서 잘할 거야' 하는 신자유주의적이고, 자유방임적인 정책 방향으로 가고 있어요. 거시경제 정책으로만 보면 이전 정부와 지금 정부의 차이를 도무지 모르겠습니다.

금리 인하 이외 탈출구는 없는가

김한진　저도 공감하는 부분은 통화 정책 효과의 한계성입니다. 금리 인하 하나만으로 한국 경제를 살릴 수 있다면 얼마나 좋겠습니까? 제가 분석한 바로는 건설, 자동차, 조선, 철강, 기계업종은 그래도 통화 정책의 반응도가 높은 편이나 화학, 필수소비재, 음식료, 통신, 서비스 산업 등은 금리 민감도가 낮습니다. 한국도 산업이 경량화되고 소프트화되면서 금리 정책에 민감한 산업의 비중이 낮아지는 추세입니다. 산업 정책과의 연계성이 더욱 필요한 이유입니다. 게다가 글로벌 자본 시장이나 금융 시장의 통합도가 높아지는 상황에서 통화 정책상 고려할 사항이 너무 많아졌습니다. 경기 변동이 밋밋해지고 대내외 수요가 동시 위축되는 복합 불황을 향해 갈수록 한국의 통화 정책 고민도 더욱 커질 것입니다.

　저는 정부나 중앙은행이 단기 성장률 목표를 포기하고

잠재 성장률 확충에 보다 집중할 필요가 있다고 봅니다. 단발적이고 휘발성이 강한 경기 부양책이 뭐가 중요합니까? 단지 한두 해의 성장 지표를 인위적으로 만들기 위해 부작용까지 무릅쓰고 경기 부양책을 쓰는 게 뭐가 중요합니까? 양질의 일자리 창출과 잠재 성장률을 높이기 위해서는 지속 가능한 성장 동력을 만드는 일이 훨씬 중요하다는 얘기죠. 정부 지출도 그 자체가 중요한 게 아니라 어디에 재정을 쓰느냐가 중요하겠죠. 재정의 성장 유발 계수가 낮은 산업은 독이 되어 재정만 또다시 추가로 악화시킵니다. 그래서 철저한 예비 타당성 분석이 필요한 것이죠. 중앙은행의 통화 정책을 포함해 모든 동원 가능한 정책 수단을 종합해 우리도 한국판 세 가지 화살을 만들어야 한다고 봅니다. 통화 정책, 재정 정책, 성장 잠재력 확충이란 세 가지 화살이죠. 절반의 성공에 불과한 아베노믹스(일본의 세 가지 화살)를 반면교사 삼아서요.

김동환　그런데 산업 정책이라는 게 얘기는 좋지만 쓸 여지가 없지 않습니까? 개발연대나 정부가 주도력을 가질 때 침투력 있게 할 수 있는 사항인데, 지금 현실과는 좀 거리가 있어 보입니다.

김일구　저는 가능하다고도 봅니다. 가령 지금 정부가 과거 중국 정부처럼 '한국 제조 2025' 정책을 내놓으면, 국민들이 받아들일 것 같아요. 이전 정부에서 그런 산업 정책을 내놓았으면 '독재냐? 아직도 권위주의 시대냐?'라고 비난했을 텐데, 지금 정부는 가능할 것 같습니다. 국민들에게 현 정부는 상당히 민주적이고 열려 있다는 인식이 있으니까요.

김한진 보다 정교하고 입체적인 산업 경쟁력 강화 정책이 필요하다고 봐요.

국민적 공감대가 필수

김일구 일본 경제를 보면 한 가지 부러운 것이 있어요. 2012년에 사회보장과 의료 혜택을 줄이고 세금을 올리는 개혁을 묶어서 했는데, 그것을 주도한 것이 민주당이었습니다. 고령화 사회 일본에서 민주당이 집권하면 복지와 의료혜택을 더 늘리고 재원은 소득세를 더 누진적으로 개편해서 조달할 것 같은데, 실제로 민주당 정부는 "우리 경제가 그럴 여력이 없다"고 하면서 복지와 의료 혜택 줄이고 공무원 연금과 사학 연금을 후생 연금(우리나라의 국민연금)과 통합시킵니다. 거기다가 세금을 올리는데 소득세나 법인세가 아니라 우리나라의 부가가치세에 해당하는 소비세를 올려요. 이걸 자민당이 아니고 민주당이 했어요. 제정신인가 싶을 정도였죠.

민주당 정부가 이렇게 나서고 나니 당연히 자민당도 환

영했겠죠. 결국 여야합의로 일체개혁법이 2012년에 통과됩니다. 그 이후 일본 정부의 GDP 대비 부채 비율이 더 이상 오르지 않습니다. 그렇지만 민주당 지지자들이 얼마나 실망했겠습니까? 2012년 연말 중의원 선거에서 민주당이 그야말로 참패를 하고 아베 신조의 자민당이 의석의 3분의 2를 장악하는 말도 안 되는 압승을 합니다. 2013년 참의원 선거에서도 마찬가지였고요. 이렇게 탄생한 아베 내각이 지금까지 이어지고 있죠.

　　가장 논란이 심했던 것이 소비세 인상이었는데, 일본 정치권에서는 소비세 인상을 '귀문鬼門', 그러니까 헬게이트라고 불렀습니다. '소비세를 올리는 자, 정치 생명 끝이다'는 속설이 생길 정도로 1970년대 이후 일본에서 소비세 인상을 주도한 정부는 예외없이 선거에서 참패했죠. 그럼에도 불구하고 2012년 노다

● 일본의 아베 정부는 2019년 10월, 소비세를 8%에서 10%로 올리는 마지막 소비세 인상을 단행했다.

총리가 소비세 인상법을 강행한 것을 어떻게 평가해야 할까요? 어쨌든 당시 5%이던 소비세를 10%로 인상하는 법을 통과시키고 자신들은 정치적으로 장렬하게 전사하면서 비정상적이던 일본 경제를 정상으로 만들었어요. 아마 자민당 정부가 소비세 인상을 추진했다면 무산됐겠죠. 도대체 민주당 정부가 왜 그런 행동을 했을까 온전히 이해되지 않습니다만, 한편으로는 참 부럽기도 합니다. 당파적인 이익이 아니라 국익의 관점에서 본다면 말이죠. 그리고 2012년 법에 따라 2014년 아베 정부가 소비세 인상을 합니다. 그리고 소비 둔화로 경제가 악화되고 스캔들이 이어지자 중의원을 해산하고 총선을 했는데, 여기에서도 자민당이 압승합니다. 또 2012년 법에 명시된 마지막 소비세 인상, 그러니까 세율을 8%에서 10%로 올리는 2019년 10월 인상을 앞두고 열린 참의원 선거에서도 연립여당이 50% 이상의 의석을 얻었어요. 일본 정치권이 소비세의 징크스에서 벗어났다는 것인데, 아마 민주당 정부에서 만든 소비세 인상을 실행만 했다고 생각해서 일본 사람들이 아베 정부에 책임을 묻지 않는 것 같아요.

제가 말하고자 하는 바는 국가 경제가 성장하고 공동체의 미래에 도움이 되는 방향으로 정책 방향을 잡아야 할 때도 있다는 겁니다. 그것이 비록 당장 지지자들에게 이익이 되지 않는다 하더라도 말입니다. 그래서 정부가 특정 산업을 주도적으로 지원하는 산업 정책을 내놓고, '우리 모두의 미래를 위해 이렇게 가야 한다'고 밀어붙여야 하지 않겠나 생각하는 것이죠. 제가 볼 때는 이런 얘기를 할 수 있는 정부가 지금 문재인 정부예요. 이전 정부가 이런 경제 정책을 추진했다면 '재벌 위주의 경제 정책이다' 또는 '권위주의적이다'라는 비난이 앞섰겠지만, 지금 정부가 하면 '정말로 우리에게 필요한 정책이구나' 하는 국민적 공감대가 만들어지지 않겠어요?

김한진 맞습니다. 정부가 소신을 갖고 해야 할 개혁적인 일이 있습니다. 저는 제조업은 독일과 일본을 배우고 비제조업은 미국과 중국을 배워야 한다고 생각합니다. 독일과 일본의 제조업을 뛰어넘으려면 자연과학과 공학 분야에 전폭적인 국가 지원이 필요하다고 봅니다. 한편 미국이나 중국은 플랫폼 경제, 4차 산업혁명의 핵심 분야에서 공통점이 많습니다. 중국도 (물론 보이는 것만 그렇지만) 이 분야에서 세계적인 기업이 탄생하는 데 불과 5~6년밖에 걸리지 않았습니다. 물론 미국과 중국의 가장 큰 강점은 거대 내수시장이죠. 우리의 혁신 성장 기업이 불리한 이유입니다. 대신 우리는 그들에게 없는 우수한 두뇌와 근면성을 갖고 있고 사고의 유연성도 높다고 생각합니다. 이번엔 각성과 자극 정도에서 끝나면 안 됩니다. 일본 기업들이 아베 총리 때문에 '한국에 큰 고객을 다 잃었다'라고 말할 때가 곧 오도록 해야죠. 물론 기초 기술로부터 새로운 게 쌓이고 결실을 맺는 것은 결코 구호만으로 이뤄지는 것은 아닙니다.

김동환　이 정도에서 우리의 첫 번째 대담을 마감할까 합니다. 2019년 하반기의 가장 특징적인 상황인 이른바 디커플링의 원인과 양상 그리고 어떻게 극복할 것인가에 대해 의견을 나눠보았는데요. 미국을 중심으로 한 혁신 기업들이 국제적 표준을 만들고 있는 상황이 지속된다면 우리를 비롯한 신흥국의 주도력 회복은 매우 힘들 것입니다. 다만 구체적인 자산 가격이라는 측면에서 반등과 반락은 가능하겠지요. 다만 우리나라의 경우 현실에 대한 정부의 정확한 상황 인식과 그에 따른 과감하면서도 효율적인 산업 정책이 나와야 한다는 데 모두 동의했던 것 같습니다.

　　참 어려운 얘기입니다. 정부와 기업 그리고 가계 그중에서도 부유층과 빈곤층 그리고 중산층의 행복한 미래에 대한 합의가 커다란 혼선을 빚고 있는 상황에서 여야를 막론하고 정치권이 이 틈에 정파적인 이익에만 몰입한다면 우리에게 밝은 미래는 없을지도 모릅니다. 우리 내부의 구조적 문제를 회피하기만 한다면 어쩌면 일본이 경험한, 아니 더 가혹한 잃어버린 20년을 우리도 경험할 수 있겠다는 생각이 들기도 합니다. 어쩌면 우리 세 사람이 이런 자리를 만들고 책을 내는 것도 그런 일이 벌어지지 않도록 해보자는 뜻이 섞여 있지 않나 싶습니다. 자 그러면 2020년은 어떤 양상이 진행될지 다음 장에서 더 많은 얘기를 나눠보시죠.

2부

무엇을 보고
무엇을 들을 것인가

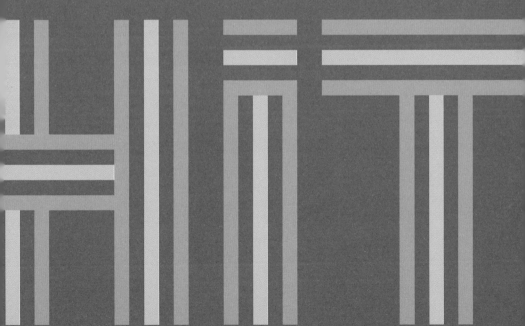

1장
미국 대통령이
전 세계 경제에 미치는 영향

　　김동환　2020년을 전망하기 앞서 지난해와 다른 점을 짚어봐야 할 것 같습니다. 2020년의 최대 이슈는 바로 미국 대선입니다. 과연 미국의 46대 대통령을 뽑는 이 선거가 어떤 모습을 띠게 될지 또 그 과정에서 어떤 이슈들이 제기될지 살펴보지요. 우리가 미국 대선을 주목해야 하는 이유는 대선 양상에 따라서 글로벌 경제에도 상당한 영향을 미치게 될 것이기 때문입니다.

　　저는 미국 대선이 각축전으로 전개될 것으로 전망합니다. 일각에서는 모든 어젠다를 트럼프가 석권하고 있는 상태이기 때문에 민주당의 후보가 별로 부각되지 않는 선에서 트럼프의 재선이 무난할 것이라고 보는 분들이 많더군요. 트럼프가 재선의 유리한 고지를 점령한 것은 사실이지만 그럼에도 불구하고 트럼프의 재선은 매우 험난할 것이라고 봅니다. 저는 4년 전 대선 레이스에서는 미국의 반反 트럼프 진영이 최선을 다하지 않았다고 생각합니다. 방심했다는 것이지요. 트럼프라는 정치 신인에 대해서 과소평가했거니와 트럼프의 선거 참모들이 구사한 정교한 전략에 무방비 상태로 당한 것 같아요. 그런 반성하에서 지난 3년 동안 반 트럼프 전선이 강고하게 스크럼을 짤 가능성이 많습니다.

또 현재는 민주당이 조 바이든Joe Biden 정도를 제외하면 오합지졸로 보이지만 트럼프의 치세에서 혜택을 받는 그룹과 불리한 입장에 서 있는 그룹이 굉장히 극명하게 부각될 겁니다. 3년 전 대선에서는 혜택을 받는 그룹이 트럼프의 논점이 그럴 법하다라는 정서적 확신을 갖는 국면이었다면 지금은 트럼프가 가져다줄 미국의 미래가 상당히 혼란스러울 수도 있다는 우려를 많이 하게 될 것입니다. 지금은 비교적 경기도 좋고 주가도 높고 집값도 나쁘지 않지만 트럼프의 지난 3년간의 행보를 봤을 때 우리의 미래를 트럼프에게 또다시 맡겨야 되는 것인가 하는 의문 부호들이 여러 측면에서 나올 가능성이 많습니다. 미국 중산층과 빈곤층이 트럼프에게 갖고 있는 추가적인 기대감을 어떻게 표로 연결시킬 것인가가 제46대 대통령 선거를 좌우하게 될 것입니다. 트럼프가 주가와 집값에 그렇게 집착하는 이유가 그 때문 아니겠습니까? 금리를 낮추라고 지속적으로 연준을 압박하는 것도 다 마찬가지 이유인데 과연 금융 시장이 트럼프의 뜻대로 움직일 것인지에 대해서 저는 다소 회의적입니다.

따라서 시간이 흐르면 흐를수록 트럼프의 입지가 좁아지면서 내년 대선은 한치 앞을 내다보기 힘들 정도의 혼전 양상이 될 것입니다. 당연히 중국과의 관계 설정에 있어서도 훨씬 더 복잡한 변수들이 야기될 가능성이 많습니다. 해결의 기한을 넘기면 트럼프도 민주당도 경쟁적으로 강경책을 내어놓게 될 가능성이 큽니다. 그런 이유로 금융 시장은 상당히 불안한 모습을 보일 수 있고요. 미국 자산 가격이 크게 올라와 있는 상황에서 그것을 더 오르게끔 하려는 트럼프의 공세가 더해지겠지만 그 노력이 시장에 미치는 영향은 상대적으로 약해질 것입니다. 당연히 중국에 대한 영향력도 상대적으로 이완될 가능성이 크지요. 그런 측면에서 보면 시장의 가장 튼튼한 버팀목 역할을 했던 트럼프의 자산 시장에 대한 우호적 태도가 역효과를 일으킬 가능성도 배제할 수 없습니다. 결국 차기 대선이 굉장히 힘든 싸움이 되면서 금융 시장은 트럼프에 의해 관리되는 시장이 아니라 오히려 트럼프를 성가시게 하는 흐름이 2019년 말부터 2020년 대선이 있는 11월까지 진행될 것이라고 조심스레 예측합니다.

김일구 저는 내년 미국 대통령 선거의 핵심은 민주당 후보로 조 바이든이 선출되느냐 아니냐에 있다고 봅니다. 조 바이든은 오바마 전 대통령의 뒤를 이어 인권과 같은 보편적 가치에 대해 이야기할 테고 조 바이든 대신 버니 샌더스나 엘리자베스 워렌이 민주당 대통령 후보가 되면 내년 미국 대통령 선거는 경제와 경제가 맞붙는 각축전이 될 것입니다.

지난 2016년 대통령 선거에서 힐러리 클린턴과 트럼프가 맞붙었을 때, 클린턴은 미국 대통령의 품격에 맞게 전통적인 국가 전략을 이야기했지만 트럼프는 '닥치고 경제'였죠. 가령 힐러리는 피봇 투 아시아pivot to Asia, '중국의 영향력이 지나치게 확장되었다. 우리 다시 관심을 아시아로 돌리자. 환태평양경제동반자협정TPP으로 중국을 경제적으로 봉쇄하고 아시아 내 우리의 우방과 연대해서 중국의 진출을 막자'는 국가 전략을 얘기했는데, 여기에 대해 트럼프는 "중국은 날강도야"라고 비난하며 "중국에 관세 45% 때리자"고 주장한 것이죠. 그런데 이런 직접적인 경제 문제로 세상을 보는 것이 국가 전략을 얘기하는 것보다 미국 사람들에게 더 잘 먹히더라는 겁니다. 결국 미국인들의 선택은 단기적인 경제 문제를 얘기한 트럼프였으니까요.

이런 걸 포퓰리즘populism이라고 하죠. 선거에서 포퓰리즘을 판단하는 기준은 단기적인 경제 문제가 핵심 안건이냐 아니냐입니다. 지난번 미국 대통령 선거에서는 포퓰리즘이 이겼습니다. 그래서 지금도 트럼프는 '조 바이든 나오면 내가 이긴다. 경제 이슈로 저소득층을 공략하면 반드시 승리한다. 지금은 느긋하게 국가 전략을 이야기할 때가 아니다. 슬리피(졸린) 조 불쌍해라'라며 비아냥거리고 있겠죠. 미국 대통령 선거에서는 조 바이든과 같은 신사 스타일 대신 자신과 같은 변칙 스타일이 먹힌다고 굳게 믿고 있는 것이지요. 그런데 만약에 민주당 대통령 후보로 조 바이든이 아니라 버니 샌더스나 엘리자베스 워런 상원의원이 된다면 어떨까요? 이들도 단기적인 경제 문제를 핵심 어젠다로 잡는 사람들이죠. 그래서 내년 선거에서 민주당 후보로 이 사람들 중 누군가가 된다면, 저는 1896년 대통령 선거 이후 처음으로 경제 어젠다, 특히 돈을 찍는 문제가 선거판을 휩쓰는 포퓰리즘 선거가 될 것이라고 예상합니다. 당시 선거는 금만 화폐인 금본위제를 지킬 것이냐, 아니면 흔하디 흔한 은도 화폐로 쓸 것이냐 문제를 놓고 공화당과 민주당 대통령 후보가 격돌했던 특이한 선거였습니다. 물가 하락이 장기화되면서 농산물 가격이 폭락하고 농민들이 몰락하던 시기였는데, 귀하디 귀한 금만 돈으로 치다 보니 농산물 값이 떨어진다고 은도 돈으로 하자고 농민들이 요구하던 때였죠.

　　버니 샌더스 캠프에서는 이미 새로운 화폐 이론도 들고 나왔어요. 앞서 말씀드렸듯이 MMT라는 묻지 말고 따지지 말고 돈 찍자는 주장입니다. 중앙은행들이 하고 있듯이 금리 낮추고 양적완화하는 정책으로는 경제가 좋아지지 않고 저소득층의 생활도 개선되지 못합니다. 왜냐하면 이 정책은 '금리가 낮으니 돈 빌려가세요'라는 정책인데, 누가 돈을 빌려가겠습니까? 아무래도 부자들이 돈을 많이 빌려갈 수 있겠죠? 담보력도 높으니까요. 부자들이 돈을 빌려가서 하루 세 끼 먹던 것을 네 끼 먹고, 1년에 여행 세 번 가던 것을 네 번 가겠습니까? 이들은 빌린 돈으로 소비를 늘리는 대신 모조리 주식을 사거나 부동산에 투자하겠죠. 물론 저소득층도 돈을 빌려갈 테지만, 빌린 돈을 흥청망청 쓸 수 없습니다. 갚아야 하니까요. 그래서 금리 낮추고 양적완화하는 정책은 주식과 부동산 가격만 끌어올릴 뿐 경제는 좋아지지 않았고, 결국 소득 격차를 확대시켜서 많은 나라에서 극우와 극좌 정치 세력을 양산했죠. 저는 아주 나쁜 정책이라고 생각해요.

앞서 말씀드렸듯이 MMT는 그냥 돈을 찍어서 저소득층에게 뿌리자는 주장입니다. 가령 버니 샌더스는 한 달에 극빈층 가정에 1,000달러까지 무상으로 지급하자고 주장하고, 엘리자베스 워렌은 대학도 무상교육하자고 주장합니다. 이렇게 돈을 뿌리면 소비가 늘어나는 것은 당연하겠죠? 물론 주류 경제학자들은 이

● 도널드 트럼프와 버니 샌더스가 2020년 대통령 선거에서 맞붙을 경우, 경제를 중심에 둔 치열한 공방이 예상된다.

렇게 돈을 찍으면 인플레이션이 오고 경제가 더 나빠진다고 주장하지만, MMT를 주장하는 사람들은 미국 같은 기축 통화국은 아무리 돈을 찍어도 인플레이션이 오지 않는다고 주장합니다. 본디 돈을 많이 찍어서 돈이 흔해지고 물건이 귀해지면 인플레이션이 오는 것이 당연한데 기축 통화인 달러는 아무리 찍어도 귀할 테니 미국은 돈 찍어도 된다는 겁니다. 아주 과격한 주장이지만 그렇다고 틀렸다고 말하기도 어렵습니다.

그런 버니 샌더스가 트럼프와 내년 대통령 선거에서 맞붙는다 상상해보죠. 둘 다 주공략층이 저소득층이에요. 정면 충돌이죠. 트럼프가 갑자기 중산층이나 미국의 지성인들을 겨냥한 새로운 전략을 내놓을 리 만무하겠지요. 버니 샌더스가 MMT를 주장하면 트럼프는 아마도 미 연준을 공격하고 들어갈 것 같아요.

1832년 대통령 선거에서 당시 앤드류 잭슨 대통령이 자신이 재선되면 중앙은행 없애겠다고 했습니다. 다른 나라들은 다들 한국은행, 일본은행, 유럽중앙은행이라고 하는데 미국은 연방준비제도, Fed^{Federal Reserve}라고 하잖아요. 미국도 독립 이후 중앙은행이 있었지만 앤드류 잭슨 대통령이 재선되면서 없애버렸어요. 말하자면 지금의 미 연준은 세 번째 중앙은행인데, '은행'이라는 표현을 쓰지 않고 금을 보관해두는 곳이라는 의미로 준비제도라고 한 것이죠. 서민 대통령이라고 불리는 앤드류 잭슨 대통령이 중앙은행을 없앤 것은 중앙은행이 미국의 농민과 저소득층을 위한 곳이 아니라 거대 산업 자본과 금융 자본을 위해 일한다고 봤기 때문입니다.

지금 트럼프 대통령이 제롬 파월^{Jerome Powell} 연준의장을 공격할 때 보면 옛날 앤드류 잭슨 대통령이 쓰던 것과 비슷한 논리를 씁니다. 그래서 미 연준으로서도 바짝 긴장하고 있는데, 2020년 대통령 선거에서 경제가 핵심 어젠다가 되면 트럼프가 갑자기 앤드류 잭슨에 빙의될 수도 있겠다 싶어요. 가령 파월 연준의장을 평이사로 강등시킬 수 있는지에 대해서는 이미 법률적인 검토도 끝냈다고 밝혔으니까요.

사실 민주당과 공화당은 1896년 선거 때도 그랬지만, 돈에 대한 생각이 많이 다릅니다. 민주당은 돈이 흔해야 저소득층에 유리하다는 입장, 공화당은 돈이 흔하면 사람들이 투기나 일삼지 돈을 벌기 위해 열심히 일하겠냐는 입장이라고 볼 수 있습니다. 그 전통을 이어받아 2020년 대통령 선거에서 다시 한 번 돈 찍는 문제가 이슈가 될 수도 있겠죠.

2020년, 예견된 미국의 불황

김한진　미국 대선에 무엇보다 중요한 관전 포인트이자 핵심 변수는 경제 상황일 겁니다. 저는 2020년 미국 경제가 지금의 기대보다는 훨씬 약할 것으로 전망합니다. 미국 경제의 민얼굴이 드러나면서 경기 둔화에 대한 책임 공방이 가열될 것입니다. 주가 역시 한 풀 꺾여 있을 가능성이 높습니다. 경기 둔화와 주가 약세는 트럼프에게 가장 큰 악재입니다. 뒤에서 또 말씀드릴 기회가 있겠지만 트럼프는 이런 어두운 경제 상황을 역이용할 가능성도 있습니다. 미국이 전 세계와 싸우는 전시 상황(물리적 충돌은 아니더라도 무역 전쟁과 환율 전쟁, 자국의 이익을 위해서 세상의 모든 적들과 싸우는 상황)을 연출하고 이런 중차대한 비상시국에 장수를 바꿀 수 없다는 논리를 부각시키겠죠.

2020년에 예견되는 미국 경기 둔화는 엄밀히 말하면 '불황'이라기보다는 '이미 예고된 성장률 감속, 호황 뒤에 오는 자연스러운 경기 조정'이라고 봅니다. 미국이 2018년에 기록한 2.9%의 성장률은 2015년 2.9%와 함께 금융 위기 이후 최고의 수치였죠. 2.9%는 미국 잠재성장률 수준(1.9~2.0%)보다 훨씬 높을 뿐 아니라 2009년부터 2017년까지 8년간 평균 성장(2.2%)을 크게 웃도는 수치입니다. 특히 2018년의 경기 호황을 도운 것은 대규모 감세와 재정 지출, 그리고 자산 시장 호조였습니다. 이례적인 성장이었다는 겁니다. 저는 미국 경제가 2019년 2.4% 성장을 거쳐 2020년과 2022년에는 1.6~1.7% 내외로 낮아질 것으로 예상합니다(세계은행 등 다수의 예측기관 컨센서스). 이러한 미국의 성장 둔화가 반드시 세계 경제의 위기나 대침체를 뜻하는 것은 아닙니다. 또한 이 모든 게 중국과의 무역 분쟁 탓이고 트럼프 주장대로 연준의 소극적 금리 인하에서 비롯된 재앙도 아닙니다. 잠재 성장률을 웃도는 과열 성장을 이어갈 힘이 약해지면서 나타난 지극히 자연스런 경기 순환 원리라 생각합니다.

저는 우선 준準 완전고용상태의 미 실업률과 금융 위기 전 수준에 못 미치는 고용률(15세 이상 인구 중 취업자의 비율), 그리고 개인 실질소비 지출 증대의 한계성 등에서 미국 경기의 감속 가능성을 엿봅니다. 자본 비용을 추월해 비싸진 노동 비용도 고용 한계를 시사하고 있죠. 일자리 창출 여력은 점차 줄어드는데 제조업과 전산업 가동률은 금융 위기 이전 수준을 극복하지 못한 채 약화되고 있습니다. 고용의 양적·질적 개선이 제한된 상황에서 미국 경제의 70%를 차지하는 소비 지출이 더 치고 올라갈 수 있을지 매우 회의적입니다. 주가와 집값 호황으로 가계 순자산이 급팽창했던 2010년에서 2019년까지 미국 실질소비지출은 시간당 실질 임금을 크게 앞질렀습니다. 자산 시장 호황이 장기간 소비에 적지 않게 기여해왔다는 겁니다. 물론 다시 금리도 내리는 판에 고용과 자산 시장, 그리고 경기의 선순환이 곧 다시금 연출될 거라 주장하는 분들도 많습니다만 저는 앞선 근거들을 토대로 볼 때 그럴 가능성보다는 반대로 순환적으로 악화될 가능성이 더 높다고 봅니다(고용과 소비 둔화 → 경기 지표와 기업 실적 둔화 → 주가 하락 → 소비 둔화).

여기에 만일 미중 무역 분쟁이 더 격화된다면 미국 경기는 예측보다 좀 더 내려갈 수 있습니다. 반대로 무역 분쟁이 타결된다 해도 경기가 바로 튀기는 쉽지 않아 보입니다. 2018년 7월 이전에는 미중 무역 분쟁이 없었습니다. 미국의 실질 소비

미국 고용 시장의 한계성과 소비 둔화 가능성

미국 실질 개인소비지출 증가율(% 좌)
미국 실업률(% 역눈금 우)

지출이 둔화된 것은 2015년부터였고 민간 고정 투자가 약해진 시점은 500억 달러에 대해 관세가 처음 부과되기 시작한 2018년 3분기부터였습니다. 오직 무역 분쟁 때문에 소비와 투자가 꺾였다고 보기는 어렵죠. 또 금리 인하가 마치 미국 경제에 만병통치약처럼 여겨지고 있으나 사실은 그렇지 않습니다. 지난 금리 인하 국면에서 시중은행이 연준에 예치하는 초과 지불 준비금은 가파르게 증가했죠. 풀린 돈의 상당량이 소비나 투자로 이어지지 못한 셈입니다. 더욱 낮아진 °통화유통속도를 고려할 때 향후 금융 완화의 실제 실물 부양 효과는 더 약해질 것으로 예상됩니다. 자산 시장의 소비 진작 효과도 2013~2018년의 전성

통화유통속도 일정 기간 동안 한 단위의 통화가 각종 거래를 매개하기 위해 몇 번 유통되었는지를 나타내주는 지표로서 명목GDP를 통화량으로 나누어 산출한다.

미국 가계순자산과 소비 지출 −임금지수 차이

(단위: points)

(단위: 10억 달러)

— 미 실질소비지출−실질시간당 임금
(2012년을 100으로 두었을 때 차이임 좌)
— 미국 가계순자산(우)

주 : 가계순자산은 주택과 주식, 금융 자산 등에서 부채를 차감한 금액이며 임금 상승보다 가파른 소비 지출을 가능하게 한 것은 가계순자산 팽창으로 해석됨.

기 때보다는 떨어질 것 같습니다. 집값과 주가가 많이 올랐으니까요. 공화당의 재정 부양 정책 또한 예상보다 훨씬 가팔라진 재정 적자(GDP 대비 재정 적자 비율은 2018년과 2019년 중에 0.8~1.6% 포인트 추가 확대됨)로 인해 만만치 않은 저항이 예상됩니다.

이처럼 트럼프 입장에서는 선거 치르기가 녹록치 않은 경제 환경이 예견됩니다. 하지만 선거판에는 너무나 많은 변수가 존재하죠. 경기가 어렵고 금융 시장이 어두워도 대중은 이걸 해결해줄 수 있는 강력한 리더십을 원할 수 있습니다. 선거 전략용 미중 무역 분쟁의 깜짝 부분합의 쇼가 연출될 가능성도 매우 높고요. 대중들은 여전히 (전통관료나 정치인 출신이 아닌) 트럼프를 '인류의 보편적 가치 추구'가 아닌 '힘을 앞세운 중상주의적 미국 최우선주의 실현'에 가장 적합한 인물로 간주하고 있을 겁니다. 트럼프는 공약 이행 과정을 드러내며 이를 선거에 십분 활용하겠죠. 집권여당의 그것도 미합중국 대통령이 쓸 수 있는 카드는 환율 분쟁, 무역 분쟁, 기술 분쟁, 기업 분쟁, 지정학적 분쟁 등 생각보다 많습니다. 이런 위험이 더 불거진다면 선거에 어떤 영향을 미칠까요? 과거 미 공화당 스트롱 맨들의 경우 대외이슈가 끊이질 않았지만 모두 재선에 성공했고 이들은 집권 1기 말에서 2기로 들어서면서 더욱더 자신의 정책 색깔을 드러냈습니다.

미국은행의 연준 예치 초과 지불 준비금과 정책 금리 추이

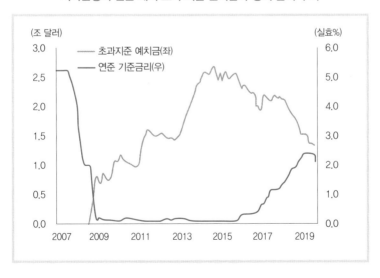

전 세계가 공동 이익을 추구하는 질서 체계에서 국가 중심의 힘이 원리가 지배하는 프레임으로 바뀌어가고 있습니다. 트럼프 선거 공약 가운데 통상 정책 부분을 보면 이러한 개념이 다 들어가 있습니다. 그리고 그 공약들은 그간 나름 순차적으로 질서 있게 이행되고 있습니다. 트럼프가 재선을 위해 전략적으로 대중국 유화 제스처와 타협을 택할 수 있지만 2020년 말 대선 이후에는 아마도 더욱 선명한 강경책으로 치닫지 않을까 생각됩니다. 무역 분쟁에 일시 휴전은 있어도 평화적 종전은 어렵다는 뜻이지요.

과거 미 공화당 스트롱 맨들의 정책 행보

시기	집권 대통령	주요 정책	주요 사건
1970년대 (68~74년)	리처드 닉슨	금태환정지(71년) 수입 품전량 관세 부과(73년)	중동전쟁(73년) 1차 오일쇼크
1980년대 (80~88년)	로날드 레이건	플라자합의(85년) 세율 인하와 일본차 수입 규제	일본 경기침체(90년대) 구소련 붕괴(91년 12월)
2000년대 (2001~2008년)	조지워커 부시	긴급 철강 수입 제한(2002년) 외환 시장 개입(2008년)	이라크 전쟁(2003년)
현재(2017년~)	도날드 트럼프	미국 우선주의, 미중 무역 분쟁	

구분	선거공약 개시	조치 현실화	성과 창출	성과 홍보
연도	2017	2018	2019	2020
통상 정책 목표	–	미국 우선주의	미국 중심 무역 조정	–
무역협정	TPP 탈퇴 NAFTA 재협상 개시	한미 FTA 개정 USMCA 타결	USMCA 비준 추진 미일 무역 협상 타결 추진 미–EU 무역 협상 타결 추진	USMCA 발효 추진 미일 무역 협상 발효 추진 미–EU 무역 협상 발효
보호 무역 조치	철강/알류미늄 232조 조사 개시	철강/알류미늄 232조 조치 자동차/부품 232조 조사 개시	자동차/부품 232조 조치 (무역 협상 카드)	
중국 제제	301조 조사 개시	301조 근거 보복 조치 단행	미중 무역 협상	미중 합의 이행 목표
WTO 다자무역 체제		WTO 비판 상소기구 비판	디지털 트레이드 복수국 간 협정 추진 WTO 개혁 추진	

출처 : 한국무역협회

주 : TPP(환태평양경제동반자협정), NAFTA(북미자유무역협정), USMCA(미국·멕시코·캐나다협정), FTA(자유무역협정), WTO(세계무역기구)

트럼프의 선거 공약은 잘 지켜지고 있는가?

결론부터 말하자면 너무 잘 지켜져서 탈이다. 도날드 존 트럼프, 그가 제45대 미합중국 대통령으로 취임한 2017년 1월 20일, 그는 앞으로 모든 대내외 정책에서 미국의 이익을 최우선하는 '미국 우선주의'를 펼칠 것임을 전 세계에 천명했다. 취임 초부터 트럼프는 보호무역주의와 해외 주둔 미군에 대한 동맹국과의 방위비 재협상 의사를 밝혔다. 이후 세계 경제와 무역, 에너지, 기후, 외교 등 전 분야에서 트럼프의 파란은 지속되고 있다.

취임 첫날 트럼프 정권인수위원회는 미국의 무역 정책을 구조조정하는 '200일 계획'을 내놓았다. 여기에 들어간 5대 주요 원칙은 북미자유무역협정^{NFTA} 재협상 내지 탈퇴, 환태평양 경제 동반자협정^{TPP} 철회, 불공정 수입 중단과 불공정 무역 관행 중단, 양자 무역 협정 추진 등이다. 여기에 제조업 일자리 유지와 회복을 위한 법인세 인하와 기업 및 에너지 관련 규제 완화 또는 제거도 포함됐다. 후보 시절 공약으로 나온 통상 관련 정책은 2017년 취임 직후부터 지금까지 빠짐없이 순차적으로 추진되고 있다. 아마도 지금 백악관은 중간 선거를 겨냥해 전략적으로 성과를 극대화하기 위한 모종의 준비를 하고 있을지도 모른다. 선거 홍보를 위해 필요한 것들을 다듬고 중국과의 관세 협상을 어느 선에서 조율하고 넘어갈지 치밀하게 계산하고 있을 것이다.

2020년 하반기에 치를 선거 전까지 미중 무역 전쟁과 관련해 미국이 취할 수 있는 옵션은 세 가지 정도다. 첫째는 기 부과된 3,620억 달러(2,500억 달러는 25%, 1,120억 달러는 15%)는 손 대지 않고 향후 매기기로 한 1,780억 달러(2019년 12월 15일 15% 부과 예고)도 일단 유예해준 채 밀당을 계속하는 미니딜이다. 둘째는 원래 2019년 10월 인상 예정이었던(현 25%에서 30%로 인상 예고)

2,500억 달러어치 중국 수입품에 대한 관세율을 오히려 소폭 내리고 향후 추가 관세 부과 계획도 전면 보류하는 시나리오다. 셋째는 2018년 7, 8월 초기 관세 부과 핵심 품목(500억 달러, 25%)을 제외한 전 재화에 대한 관세율 인하다. 즉 2018년 9월부터 1년간 부과된 3,120억 달러(2,000억 달러 25%, 1,120억 달러 15%)의 중국 재화에 대한 관세율 대폭 재조정이다. 앞서 신흥국 통상 우대 조치의 폐지 당위론과 묵직한 통상 프레임 변화를 고려할 때, 미중 무역 분쟁이 조기에 일괄 타결될 것으로 보기는 어렵다. 미국 입장에서는 일본과 유럽연합에 대한 협상도 남아 있기에 대중 협상을 완전 백지화하는 것은 더욱 상상하기 어렵다. 중국의 백기 투항과 무조건적 굴복이 없는 한 트럼프의 4년 전 공약에도 맞지 않는다. 물론 트럼프는 어떤 수준이든 선거용 이벤트(일부 품목에 대한 한시적 관세 인하나 일시 휴전)를 연출하고 싶어하겠지만 중국이 손뼉을 맞춰줄지도 의문이다. 더욱이 그 쇼의 진정성에 대해 세계의 의구심은 이미 커져 있는 상태다.

현실적으로는 첫 번째 옵션이 유력하다. 두 번째 옵션까지도 나아갈 수 있겠지만 협상 과제들을 2021년으로 미루는 기교나 편법을 부릴 가능성이 높아 보인다. 하지만 따지고 보면 이 또한 서로의 필요에 의해 문제를 일시 봉합하는, 시간 끌기용 전술일 공산이 크다.

트럼프 행정부와 주요국 간 무역 협상 경과와 전망

	중국	멕시코/캐나다	일본	EU
경과	상호 보복관세 유예 후 무역 협상 재개	USMCA 비준 절차 진행 철강 232조 조치 면제 합의	무역 협상 진행 중	무역 협상 중단 후 갈등
전망	미중 통상 갈등 장기화 예상	USMCA 연내 비준 목표 하원 장악 민주당 견제 관건	일본의 대미 무역 흑자 축소 비관세장벽 해소 압박	자동차 232조치 카드로 EU 시장 개방 압박

출처 : 한국무역협회

미중 무역 분쟁의 세계 경제 영향

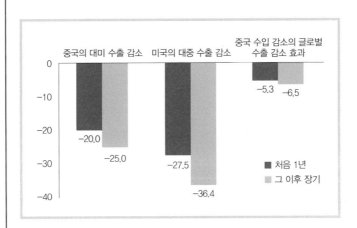

출처 : IMF

주 : 중미 수출 감소는 양국 교역품 전량에 관세 상호 25% 부과 시 효과이며 중국 수입 감소의 글로벌 수출 감소 효과는 중국 10% 수입 감소로 가정함.

김동환　2008년에도 금융 위기가 진행되고 있는 국면 속에 선거가 치러졌고 버락 오바마라는 새로운 인물이 당선되었죠. 저도 다음 대선이 트럼프에게 유리하다는 점은 동의합니다. 경험 없는 민주당의 후보보다 경제를 회복시킬 것이라는 기대가 트럼프한테 집중될 테니까요. 그런데 만약 2019년 말부터 2020년 상반기 혹은 중반기까지도 금융 시장이 불안한 모습을 보이면 어떻게 될까요? 트럼프는 치명상을 입게 될 것입니다. 왜냐하면 상당히 부자연스러운 정책을 강행해왔거니와 중앙은행에 대한 정책이라든지 중국과의 관계마저도 반성론이 일게 될 가능성이 많아 보입니다. 결국 '소리만 요란했지 네가 한 게 뭐냐'와 같은 비판론들이 야당에서 터져나올 가능성이 있습니다. 우리 모두가 거의 인정하다시피 트럼프는 다우지수나 나스닥을 보고 정치하고 있습니다. 재선이 그의 유일한 목표라고 계속 말씀드려왔습니다. 중산층들이 트럼프에게 표를 줄 유일한 이유는 나의 부가 훼손되지 않는다는 전제하에서 그 부가 더 커질 것이라는 기대입니다. 그런데 최근 들어 미국 주식 시장에도 가수요가 몰리는 모습이 포착되고 있어요. 우리가 아는 °**401k**라든지 연금계좌라든지 원래 갖고 있는 주식의 투자금보다 훨씬 더 많은 돈들이 미국 내에서 주식 시장으로 흘러가는 것 같습니다. 그 얘기는 트럼프가 무난히 내년 가을에 대통령이 돼서 이런 상황을 훨씬 더 오랫동안 연장시켜 줄 것이란 기대를 한다는 뜻이기도 합니다.

401k 미국의 확정기여형 기업 연금제도로, 401K란 명칭은 미국의 근로자 퇴직소득보장법 401조 K항에 규정돼 있기 때문에 붙여졌다.

그런데 만약 금융 시장이 균열하는 상황이 됐을 때 그들이 과연 트럼프를 계속 지지할 수 있을까요? 저는 트럼프에 대한 원망으로 바뀌지 않을까 하는 생각이 듭니다. 아마 자신을 향한 불신을 회복시킬 수 있는 힘이 트럼프에게 그리 많지는 않을 겁니다. 물론 역사적인 관점에서 트럼프가 등장할 수밖에 없었던 이유에 대해서 부정하는 것은 아닙니다. 다만 트럼프가 너무 강한 반동을 갖고 나왔기 때문에 그 부분에 대한 또 다른 반동이 있을 가능성도 많다는 뜻입니다. 물론 그 신호는 금융 시장에서 매겨지는 자산 가격의 변동성에서 극명하게 나타내줄 겁니다. 여러 번 말씀드렸지만 저도 트럼프가 재선에 상당히 유리하다는 점은 인정해요. 하지만 경기와 금융 시장의 반응이 트럼프의 위상을 상당히 약화시킬 수 있는 시점에 와 있다는 점도 주목해야 합니다. 이런 상황에서 트럼프의 대선 전 혹은 대선 레이스 내에서의 정책은 금융 시장에 관한 한 훨씬 더 우호적인 방향성을 띨 겁니다. 연준에 대한 압박은 훨씬 더 강해질 것이고 자산 가격을 올릴 수 있는 여러 가지 정책적 수단을 적극적으로 행사할 겁니다. 그러나 트럼프는 내년부터 대통령이기도 하지만 대선 주자 중 한 명이란 사실을 잊어서는 안됩니다. 당선을 100% 확신할 수 없는 상황에서 트럼프가 내는 정책과 공약에 대해 2018년이나 2019년처럼 신뢰를 보낼 건지에 대해서는 의문입니다. 다우지수, 나스닥이 크게 하락하는 국면에서 과연 '그래도 트럼프'라고 외칠 수 있을까요?

중국 역시도 전과는 다른 입장이 나올 가능성이 큽니다. 다음 대통령 자리를 100% 확신할 수 없는 트럼프와 굴욕적인 협상을 하기보다 대립각을 세우면서 내부를 단속하는 것이 지금의 중국이 취할 수 있는 카드일 겁니다. 물론 이런 태도의 변화는 내년에 가서 더욱 심해질 것이고 만에 하나 트럼프가 민주당 후보에게 끌려가는 상황이 된다면 미중 간의 협상은 물 건너가게 될 겁니다. 이때 트럼프가 취할 수 있는 건 어디든 지정학적인 리스크를 고조시켜서 마지막 카드 격인 미국의 애국주의에 호소하는 것일 텐데, 저는 그 유력한 카드가 이란에 대한 전쟁 선포와 공격이라고 생각합니다. 그걸 염두에 두고 북한에 대해서는 차별적인 태도를 견지하고 있다고 봅니다.

트럼프 프리미엄

김일구 저는 이른바 '트럼프 프리미엄'이 약 20~30%쯤 된다고 봅니다. 지금 미국 대통령이 트럼프가 아니라면 주가도 그 정도 낮을 것이고, 트럼프가 재선에 실패해도 주가가 그만큼 떨어질 것이라고 봐요.

옛날부터 미국 금융 시장에 '연준과 맞서지 마라'라는 말이 있는데, 지금은 주식 시장이든 채권 시장이든 제롬 파월 연준 의장의 말은 듣지 않고 트럼프 말만 듣습니다. 파월이 금리 인하

● 시중에 돈이 풀리게 되면 일시적으로 경제가 살아날 수 있지만 장기적으로는 금리 인상의 촉매제가 될 수도 있다.

할 생각 없다고 해도 트럼프가 금리 인하해줄 거라고 믿고 움직입니다. 실제로 트럼프가 '지금 당장 금리 0.5% 낮춰라'고 트윗을 날린 날에는 시장 금리가 큰 폭으로 하락합니다. 내년에는 트럼프가 대통령이지만 선거 결과에 대한 확신이 없을 테니 금융 시장 전반에 불확실성이 커지지 않을까 걱정스럽습니다. 트럼프가 낙선하면 주가도 금리도 불안해질 테고요. 아마 선거는 막판까지 예측이 안 될 것입니다. 지금도 그렇지만 트럼프 지지하는 사람들이 대놓고 "나 트럼프 지지해요"라고 밝히지 않으니까요. 그러니 여론조사하면 트럼프가 진다고 나올 테지요. 실제로 여론조사로 보면 민주당에서 빅3, 조 바이든이나 버니 샌더스, 엘리자베스 워런 중 누가 출마하더라도 트럼프보다 지지율이 높게 나옵니다. 그러니 '트럼프가 떨어지면 어떡하지?'라는 불안감이 있을 테고,

그렇다고 여론조사를 믿자니 숨어 있는 트럼프 표를 무시하는 우를 범할 수 있고, 선거일까지 좀 난감할 것 같아요.

버니 샌더스처럼 돈을 마구 찍겠다는 사람이 대통령이 되면 금융 시장은 좋을까요? 돈이 많으면 주식도 사고 채권도 사고, 그러면 주가는 오르고 금리는 내려갈 수 있을까요? 그런 경우도 있습니다만, 저는 주식 시장과 채권 시장이 버니 샌더스처럼 대놓고 돈 찍는 것을 좋아하지는 않는다고 봅니다. 솔직히 마구잡이로 몇 조 달러를 찍을 것도 아니고, 저소득층에게 몇천 억 달러 수준의 돈을 풀게 되겠죠. 당연히 소비 늘어나고 경제도 반짝좋아질 겁니다. 그러면 곧바로 미 연준 내부에서 금리 인상을 놓고 격론이 펼쳐질 테죠. 인플레이션 오니 금리를 선제적으로 많이 올리자는 주장과 반대로 인플레이션 징후가 없는데 금리부터먼저 올릴 필요는 없다는 주장이 맞설 것입니다. 이렇게 되면 실제로 인플레이션이 생기느냐 아니냐는 나중 문제고 일단 금융 시장은 금리 인상에 촉각을 곤두세우고 초조해질 수밖에 없는 상황에 놓이는 것이지요.

김동환 미국의 표심이라는 게 각 주별로 처해 있는 경제적 환경에 따라서 매우 다른 양상을 나타낼 가능성이 많습니다. 미국 선거는 아시는 것처럼 주별로 승자 독식이란 말이에요. 현재 트럼프가 가장 아픈 부분이 바로 중국의 대두^{大豆} 수입 중단으로 인한 이른바 팜벨트^{Farm belt}(미 중서부 농업지대) 지역의 이반일 겁니다. 중국과 싸워서 이기고 오라 했지 누가 우리 대두 수출 길 막으라 했냐는 항의가 빗발칠 겁니다. 팜벨트의 농민들에게 이 문제는 정치적 판단의 문제가 아니라 생존의 문제이기 때문입니다. 지역구를 관리해야 될 공화당 의원들은 지금 트럼프 대통령을 만나기 위해 빈번히 백악관을 드나들 겁니다. 조속히 개선이 안 되면 아마 정치 자금도 없다는 얘기를 하고 있겠지요.

이런 상황을 아는 중국의 입장에서는 급할 게 없을 겁니다. 당연히 트럼프가 내는 카드의 침투력이 급격히 약해질 수 있지요. 그렇게 되면 제일 민감하게 반응할 게 금융 시장일 겁니다. 다소간의 조정을 거치면 현재의 주가와 주택 가격은 트럼프에 의한 감세와 금리 인하 압력에 기인한 것이라는 판단과 더불어 일정 부분 버블이 끼어 있다는 뒤늦은 생각을 할 수 있습니다. 그러면 당연히 금융 시장은 일종의 발작을 일으킬 수도 있을 겁니다.

미국 주가는 거품이 아니다?

김한진 저는 미국 주가가 오른 이유에 대해서 의견이 조금 다릅니다. 그간 미국 주가가 오른 것은 기업 실적 때문이지 트럼프의 업적은 아니라고 봅니다. 트럼프 집권 이후 경기와 주가가 더욱 탄력을 받은 것은 2015년까지 금리를 제로로 내리고 양적완화를 해준 오바마와 연준 덕분이죠. 2007년 금융 위기 이후

마침 4차 산업혁명으로 본격 탄력을 받은 성장 기업들이 내는 수익 서프라이즈에 트럼프가 사뿐히 올라탄 것뿐입니다. 오히려 무역 분쟁과 정치적 불확실성 때문에 트럼프 시대의 미국 주가는 덜 올랐습니다. 만약 트럼프가 없었다면 증시엔 큰 버블이 생겼을 것 같아요. 최근만 해도 주가가 오를 때마다 공교롭게 트럼프의 트윗은 바빠지고 주가는 조정을 보입니다. 마치 증시가 2019년에는 조금 쉬었다가 선거가 있는 2020년에 본격 올라가기를 바라는 것처럼요. 미국 주식 시장은 객관적으로 아직 버블은 아니라고 봅니다. 주식의 리스크 프리미엄으로 봤을 때 너무 얌전합니다. S&P500 기준 미국 주가의 기대수익률(주가수익비율 즉 PER의 역수) 6~7%는 무위험자산 수익률(10년 만기 국채수익률 1.8% 내외)보다 4~5% 포인트나 높습니다. 향후 기업 이익이 둔화된다 해도 이 갭은 3~4% 포인트 이상을 유지할 듯합니다.

앞서 말씀하신 '콩 문제'는 공감합니다. 트럼프는 반드시 재선에 성공해야 하기 때문에 팜벨트의 목소리를 들을 수밖에 없습니다. 중국을 제대로 때리려면 이번엔 한발 물러설 수밖에 없죠. 하지만 앞서 말씀하셨듯이 2020년에 중국이 미 대선 후보 중의 한 사람으로 볼 수도 있는 트럼프와 국가 명운이 걸린 이 협상에 얼마나 응해줄지 또한 미지수입니다. 중국이 협상에 한 발을 빼고 '먼산 쳐다보기' 전략으로 나오면 판세는 역전됩니다. '시주석! 우리 그럴 사이는 아니지 않소? (알 만한 사람이, 지금 행동 잘못하면 내년부터 아주 고생할텐테)' 혹은 어느 날 우리는 언론을 통해 어디서 많이 들던 '어젯밤 시주석과 참 아름다운 통화를 했다. 매우 유익했고 긍정적인 대화였다(2019년 8월 김정은 친서를 받은 뒤 발언)'라는 트럼프의 트윗을 접할지도 모르겠습니다.

중국도 국익에 맞춰 전략적으로 트럼프 제안을 받아들일 수 있습니다. 만약에 이것도 저것도 안 되면 트럼프는 제3의 카드를 쓰지 않을까요? 이란 문제를 건드릴 수도 있고 제3지역에서 지정학적 이슈를 승부수로 띄울 수도 있죠. 트럼프 대통령은 손 안에 있는 카드를 점잖게 흘려보낼, 그럴 위인은 아니라고 봅니다.

김동환 잠시 언급했지만 저는 아주 유력한 대상이 이란이라고 생각합니다. 북한과의 화해 제스처도 그런 전략적 사고에서 나왔다고 봐요. 만약 2020년에 들어 금융 시장이 거친 하락세를 보이면서 트럼프의 지지율이 당선권에서 멀어지면 이란에 대한 군사적인 행동이 제기될 가능성이 커 보입니다. 이란 외에도 중국과 남중국해라든지 동아시아에서의 군사적인 긴장감을 높이는 카드도 있을 겁니다. 이 경우 한반도를 둘러싼 긴장을 고조시키는 것도 가능합니다. 최근에 우려가 나오는 중거리 미사일 전력의 한국 혹은 일본 배치도 현실화될 수 있을 겁니다. 이 경우 우리 대한민국은 매우 힘든 상황에 처하게 될 것입니다.

2장
금리 전쟁

김동환 미국 연준 얘기를 좀 더 해볼까요? 연준이 2019
년 10월까지 세 차례에 걸쳐 금리를 내렸습니다. 지난 7월 처음
금리를 내렸으니까 무려 10년 7개월 만에 금리를 내린 겁니다.
금융 시장의 반응은 매번 시큰둥했지만 굉장히 큰 변화인 거죠.
그것도 드라마틱한 변화입니다. 다만 그 변화의 주인공 격인 제
롬 파월 연준 의장을 비롯한 연준의 의사결정자들이 금리 인하의
의미를 매우 보수적으로 해석하도록 시장에 신호를 주고 있지요.
한편 미국 대선의 스케줄상 연준이 정상적인 상황에서 금리 결정
을 할 수 있는 여유가 많지 않다는 생각도 듭니다. 그래서 향후에
연준이 추가적인 금리 인하를 어느 정도까지 또 어느 속도로 할

것인가가 아마 트럼프의 대선 레이스와 함께 내년 금융 시장과 자산 가격을 결정지을 가장 중요한 변수가 될 것으로 보입니다.

김일구　금리 인하는 실제로 경제가 나빠져서 하는 경우도 있고, 2019년 7월처럼 경제가 나쁘지는 않지만 예방주사 맞는 차원에서 선제적으로 하는 경우도 있습니다. 그런데 경제가 나빠져서 금리를 낮추는 데는 아무도 반대할 사람이 없겠지만, 선제적인 금리 인하는 의심의 눈초리를 받기 마련입니다. 특히 2020년에 대통령 선거가 있기 때문에 연준이 정치적으로 의심받을 행동은 가급적 안 하는 것이 좋겠죠. 실제로 지금 미국 경제가 나쁜 상황은 아닙니다. 기업 투자가 부진하지만 트럼프 행정부가 중국, 멕시코 등과 무역 분쟁을 하면서 생긴 일시적인 현상으로 보고 있고, 소비도 나쁘지 않아요. 물론 10년째 호황이 계속되고 있

● 금리 인하는 실제로 경기가 나빠져서 하기도 하지만, 선제적 차원에서 실행하기도 한다.

어서 여기서 소비가 더 크게 늘어나지는 못하겠죠. 그렇지만 일정 수준 이상의 소비는 꾸준히 이어지고 있어요. 게다가 앞에서도 말씀드렸듯이 지금은 내구재 소비가 전체 소비에서 차지하는 비중이 크지 않아요. 무슨 이야기냐 하면 소비에서 비내구재나 서비스는 내구재만큼 부침이 크지 않습니다. 호황이냐 불황이냐의 영향을 덜 받죠. 그래서 전체 소비에서 비내구재와 서비스 소비의 비중이 커짐에 따라 경기 사이클도 예전처럼 심하게 요동치지 않을 것 같아요.

또 과거 미국 경제의 침체는 유가 상승 때문에 생긴 경우가 대부분입니다. 글로벌 수요의 폭발적 증가, 혹은 전쟁과 같은 공급 측 요인 때문에 유가가 급등해서 미국의 소비와 투자를 위축시켰죠. 그러나 지금은 미국이 생산하는 에너지가 수요와 거의 비슷합니다. 에너지 자립국이죠. 그래서 예전처럼 유가 급등이 미국의 경기 침체를 낳기 어려워요. 유가가 오르면 미국의 민간 석유 회사들이 얼씨구나 하면서 생산을 늘리겠죠? 예전에는 석유 수출국의 국영 석유 회사들이 비경제적인 이유로 원유 생산과 수출을 줄인 경우가 많았어요. 그렇지만 지금은 그렇게 못해요. 그래서 유가도 이제 미국 경제를 침체로 몰고 가기 어렵습니다.

그래서 저는 미 연준의 금리 인하가 °**연방기금금리**로 보면 1.75%에서 그칠 것이라고 봅니다. 2019년 7월과 9월, 10월, 이렇게 세 번 인하한 것으로 끝나지 않았나 생각합니다. 채권 시장에는 미국

연방기금금리 미국에서 은행 간 자금 거래에 적용되는 단기 금리. 우리나라의 콜금리에 해당된다.

의 경기 침체가 곧 닥칠 것이고 그래서 연방기금금리가 1% 밑으로 하락할 것이라는 분석이 꽤 많습니다. 하지만 저는 그런 전망보다는 미국 경제를 훨씬 더 긍정적으로 바라보고 있습니다.

　　김한진　저는 미국 경기를 좀 더 비관적으로 보고 따라서 금리 인하 폭도 더 크게 예상합니다. 저는 세계 경제가 원래부터 진행되어온 구조적 요인 즉 잠재 성장률 둔화, 특히 설비 투자 둔화, 과도한 부채, 선진국 경기의 신흥국 파급력 약화 등에 최근 순환적 요인(경기 하강 압력)까지 가세해 2020년부터 최소 2~3년간은 둔화될 가능성이 높다고 봅니다. 그 경기 둔화의 기울기가 어느 정도일지는 아직 알 수 없지만 역사적으로 최장 기간 확장을 보였던(122개월) 미국 경기가 조정 국면에 진입함에 따라 유로존과 신흥국 경기도 좀 더 둔화될 수밖에 없다고 생각합니다. 그리고 이들 주변 국가의 경기 둔화가 다시 미국에 부정적 영향을 미치리라 예상합니다. 그 미국 경기에 대해서는 앞서 2020년 대선 환경을 논하면서 충분히 설명드렸지요.

　　여기서 우리가 주목해야 할 것은 미국의 통화 정책과 물가, 그리고 그에 따른 시장 금리 예측입니다. 성장률 둔화 구간에서 인플레이션 압력이 약해지는 것은 당연합니다.

　　금융 위기 이후 연준의 금리 정책은 2단계로 구분됩니다. 2008년부터 2015년까지 인플레이션을 유발하고 경기를 살려내기 위한 '제로금리 단계', 그리고 2015년 12월부터 2019년 6월까지 물가 안정에도 불구하고 금리를 올렸던 '긴축 단계'이지요. 저는 앞으로는 다음 3단계의 연준 정책을 예상해요. 첫째는 물가 안정으로 오직 경기에만 집중해 금리를 내리는 단계(2019년 하반기부터 2021년), 그 다음은 금리 인하 마지노선에의 도달과 경기 불확실성 해소로 금리를 동결하는 단계(2022~2023년), 이후 경기 회복으로 금리를 다시 올리는 단계(2023년 이후) 등이죠. 당장 2020년 금리 인하 단계에서는 무엇보다도 연준이 금리를 얼마나 내릴 것인가, 그 폭에 대한 판단이 중요하겠습니다.

금융 위기 이후 미국이 역성장을 벗어나 플러스 성장으로 돌아선 2010년부터 2019년까지 10년간 평균 성장률은 2.3%였고 이 기간 중 미국의 개인소비지출PCE 핵심 물가 평균은 1.6%였습니다. 같은 기간 소비자물가는 1.8%였고요. 미 연준과 의회예산국을 비롯한 대다수 기관의 2020~2024년 5년간 미국 경제성장 전망은 앞선 10년간의 평균 성장률(2.3%)보다 0.6%포인트 낮은 1.7% 내외입니다. 향후 성장률이 둔화되면 물가가 안정될 테니 저는 2020~2024년 미 핵심 물가와 소비자 물가를 1.6% 이하로 추정합니다. 연준이 경기둔화기에 물가를 감안한 실질 기준금리를 마이너스 영역까지 낮춘다면 2019년 10월 기준 2.25%의 기준금리 목표에서 금리 인하 여력은 °100bp^{basis point} 정도입니다. 1% 미만의 기준금리도 충분히 가능한 시나리오라 생각합니다.

연준은 늘 그래왔듯이 이번에도 금리

bp 이자율을 계산할 때 사용하는 최소의 단위. 1%는 100bp고 1bp는 0.01%다.

인하의 첫 단추는 보험성 인하(혹시 모를 경기 위험에 대비하는 차원의 금리 인하)로 시작해 마지막 단추는 리세션 컷recession cut(경기 침체로 들어섰을 때 이를 해결하기 위한 금리 인하)으로 채울 듯합니다. 첫 금리 인하시 그 사유를 '다가올 겨울에 대한 대비'라고 말하면 경제 주체들의 불안감은 커지고 자산 시장 또한 크게 흔들리겠죠. 불필요한 멘트입니다. 미국의 금리 인하는 각국 통화 정책에 영향이 적지 않습니다. 최근 호주, 뉴질랜드, 인도, 태국, 필리핀, 홍콩, 브라질 등이 금리를 내렸습니다. 앞으로도 미국의 금리 인하에 따라 디플레이션 차단과 환율 방어를 목적으로 각국이 앞다퉈 금리를 내릴 가능성이 높습니다. 게다가 금융 시장에는 장기 국채 수익률을 부추기는 국제적 차익 거래arbitrage가 있죠. 금리 하락에 베팅하는 ETF도 어느 때보다 대중화되어 있습니다. 보험사 같은 장기 자산 운용기관들의 채권 듀레이션duration(투자 자금의 평균 회수 기간) 확대 욕구도 높습니다. 지금 전 세계 국채와 회사채의 25%가 마이너스 금리에 들어간 것이나 장단기 스프레드spread(금리차)에 내재된 경기 침체 확률이 40% 가까이 되는 것은 채권 시장의 추가 과열(금리 하락) 가능성을 시사합니다. 2020년이 세계 경기 둔화 사이클의 중반이나 종반이 아니라 초반이란 점과 여기에 미 연준의 금리 인하 사이클이 이제 막 출발점에 불과하다면 금리는 좀 더 깊고 더 낮은 곳을 향해 갈 가능성을 배제할 수 없습니다.

앞서도 통화 정책 효과에 대해 잠시 논의했지만 금융 완화만으로 경기가 좋아지는 데는 한계가 있을 것입니다. 미 연준을 비롯해 유럽중앙은행과 일본중앙은행 등 선진국 중앙은행들이 사용 가능한 정책 수단이 아직 남아 있다지만 과연 기대만큼 효과가 발현될지는 의문입니다. 마이너스 금리의 부작용에 대한 우려의 목소리도 적지 않습니다. 채권 금리가 마이너스로 하락하면 금융 보험사의 수익이 악화됩니다. 마이너스 금리를 예금 고객에게 전가하지 못하면 은행 수익성이 악화되고 이를 고객에 전가하면 예금 이탈이 일어납니다. 초저금리가 화폐 유통 속도를 더욱 급격하게 떨어뜨리고 자금이 기업 대출과 가계 대출로 흘러가지 못하면 금융 완화 효과는 쪼그라들 수밖에 없죠. 되레 부실 기업의 구조조정만 지연되고 결국 전 세계가 저금리, 과잉 부채, 저효율의 늪에 빠져들 것입니다.

그렇게 되면 이 살인적인 초저금리에 대응하기 위해 자산 시장에서는 더 높은 수익률을 제시하는 금융 투자 상품이 속속 등장하기 마련인데, 여기에는 필연적으로 파생상품과 레버리지 기법이 장착됩니다. 결국 어느 쪽이든 자산 시장에는 또다시 거품이 만들어질 공산이 커 보입니다. 다음 사이클에서 어느 부문에 버블이 생길지를 진지하게 들여다봐야 합니다. 개인적으로는 주식 시장에서 다시 거품이 만들어질 가능성이 높다고 봅니다. 다만 그게 2020년이 아니라 조금 뒤라는 게 제 생각입니다. 다음에 제시한 그림에서 보듯 연준의 통화 정책 사이클로 보면 금리 인하의 막바지 시점에서 동결 시점 사이에 위험자산(주식, 부동산, 원자재 등)도 대저점이 형성되지 않을까 생각합니다.

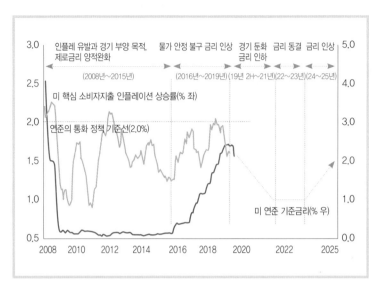

미 연준의 통화 정책과 인플레이션 전망

주 : 핵심물가는 변동성이 큰 에너지와 곡물을 제외한 물가. 2025년까지의 연준 통화 정책 예상 흐름을 임의로 전망한 것임.

연준의 선택은 어디로 향하는가

김동환 저는 생각이 좀 다른데요. 연준의 스탠스가 지금까지 10년 동안 치밀하고 질서정연했기 때문에 오늘날의 미국 금융 시장이 활황이 되었고 여기에 트럼프가 기여한 부분이 크다고 생각합니다. 법인세 인하와 같은 그의 정책이 기업들의 실적에 많은 영향을 줬습니다. 그럼에도 불구하고 오늘날 미국 기업들의 번영을 일군 토대가 된 것은 벤 버냉키, 재닛 옐런^{Janet Louise Yellen}

으로 이어지는 효율적 통화 정책의 구사였다고 생각합니다. 과연 제롬 파월 의장도 이런 평가를 받을 수 있을까요? 특히 선거가 있는 해인 2020년에도 정교한 통화 정책을 구사할 수 있을까요? 물론 금리를 내릴 수 있는 여유가 연준에 있는 건 사실입니다만 현재 트럼프와 제롬 파월의 관계로 추측컨대 내년은 지금보다는 보수적인, 엄밀히 말해 매파적인 스탠스가 강화될 수 있는 시기라고 생각합니다. 적지 않은 연준 의원과 지역 연은 총재들이 트럼프의 재선을 원치 않을 겁니다. 그들 입장에서 트럼프가 수시로 날리는 트윗에 담긴 금리 인하 압력이나 그들의 보스인 연준 의장에 대한 인격 모독적인 언사들은 매우 불쾌했을 겁니다. 물론 트럼프를 지지하는 사람도 있겠지만 정파적 이해를 떠나 연준 위원 한 사람 한 사람에게 트럼프와의 지난 3년은 매우 불편하고도 부끄러운 기간이었을 겁니다.

아마도 2020년 1분기 이후에 미국 경제의 급격한 추락이나 자산 시장의 붕괴를 포함한 위기 국면이 재현되지 않는다면 연준은 무미건조한 대응으로 일관할 가능성이 큽니다. 당연히 금리 정책은 선거판에 철저히 중립적인 방향으로 전개될 것이고요. 그걸 아는 트럼프가 어떻게 해서든 2019년 내에 충분한 금리 인하를 이루기 위해 하루가 멀다 하고 연준을 겁박하고 있는 겁니다. 다만 그의 시도는 연준으로 하여금 금리를 낮추게 압박함과 동시에 이듬해 선거전에 맞닥뜨리게 될 경기 하강과 자산 가격의 하락에 대한 책임 전가를 위한 사전 포석일 수 있습니다. 실제로 트럼프는 본인은 최선의 노력을 했으며 그 결과도 좋을 수 있었는데 제롬 파월을 비롯한 연준의 판단 착오가 경제를 힘들게 하고 있다고 주장하고 있지요.

김한진 저는 연준의 스탠스가 돌아섰다고 봅니다. 트럼프의 압박이나 요구 때문이 아니라 스스로 금리를 내릴 당위성이 커졌다는 겁니다. 통화당국은 아시다시피 적정 금리에 대한 기준을 갖고 대응합니다. 여기에 고려되는 변수는 인플레이션을 유발하는 경기 상황, 고용 사정의 변화 등입니다. 변동성이 낮은 핵심물가가 2020년부터 확실히 아래쪽을 가리킨다면 연준은 당연히 금리 인하 쪽에 무게를 둘 것입니다.

물론 연준은 공식적으로는 아직 금리 인하 사이클에 대해 부정하고 있습니다. 2019년 7월 제롬 파월 연준의장이 금리를 내리면서 '경기 국면 중간에서의 정책 조정mid-cycle adjustment에 불과하다'라고 밝혔습니다. 좀 더 지켜보겠다는 의미죠. 사실은 연준이 지금 기준금리의 실효하한effective lower bound(중앙은행이 금리를 내릴 수 있는 현실적인 한계) 레벨을 고민하고 있기 때문에 이처럼 조심스러운 입장이라고 짐작합니다. 이번에는 금융 위기 직후 1차 금리 인하 사이클 때보다 각국의 금융 완화 부작용이 크다고 봅니다. 물리적·경제적 기준의 금리 하한선이 높아져 있다고 보는 것이죠. 저금리는 은행의 수익성 악화는 물론, 자기자본비율을 떨어뜨리고 자금의 중개나 대출 기능을 위축시킵니다. 금리 인하의

득보다 실이 더 커질 수 있다는 뜻입니다. 자산 시장의 왜곡 가능성도 커졌습니다. 2020년 하반기부터는(한두 차례의 추가 금리 인하 이후) 연준 위원들 간에 상당한 의견 대립이 예상되고 선거도 치러야 하기 때문에 금리 인하는 2021년으로 넘어갈 수 있습니다.

김동환 '경기가 안 좋은 시그널을 보이면 연준이 자발적으로 금리를 낮출 것이다'라는 말씀에는 동의합니다. 다만 제가 걱정하는 것은 금리를 내릴 만큼 경기가 안 좋은 국면에서 과연 벤 버냉키처럼 과감하고도 파괴력이 큰 정책을 내놓을 수 있겠냐는 겁니다. 아무래도 2020년이라는 특수성이 그러한 결정을 조금 지연시킬 가능성이 있다는 생각입니다. 아마 내년 상반기를 지나면 여간해서 금리를 내리긴 어려울 겁니다.

김한진 맞습니다. 여름 이후에는 내리기 어려울 거예요.

김동환 그렇죠. 금리 정책을 구사할 수 있는 기간이라는 게, 실질적으로 2019년은 이미 거의 끝났다고 보고 2020년 상반기 6개월 정도인데, 그 기간 내에 과연 몇 번이나 내릴 수 있을까요? 아마 대선이라는 변수가 상당히 크게 작용할 것입니다. 연준이 두려워하는 것은 자산 시장의 급격한 붕괴죠. 그 지점이 트럼프와 비슷한 입장을 취하는 유일한 대목입니다.

사실 2019년 1월 4일에 있었던 제롬 파월의 연설도 꽝

장히 기민했던 게, 금융 시장이 워낙 크게 무너졌기 때문이지요. 지난번 금리 인하 역시도 아무리 본인의 입을 통해서 보험성이라고 하지만 사실은 금융 시장에서 금리 인하를 하지 않으면 안 되는 환경을 만들었기 때문이죠. 그럼에도 불구하고 2020년에는 우리가 기대하는 것만큼 신속하게 시장에 대응해줄 그런 환경은 분명히 아닐 겁니다.

변질된 중앙은행의 역할

김일구　저는 이 문제를 좀 더 심각하게 봐야 한다고 생각합니다. 사람들이 중앙은행에 대해서 잘못된 생각들을 하고 있어요. 그건 버냉키와 드라기의 잘못이기도 하죠. '중앙은행이 물가를 올리기 위해서 무엇이든 할 것이다'라는 환상을 심어준 것 말입니다. 사실 드라기와 버냉키가 물가를 올리기 위해서 양적완화든 뭐든 하겠다 한 것은 이들이 사람들을 속인 거예요. 물론 중앙은행이 그와 같은 단기적인 처방을 하긴 합니다. 그런데 경제가 좋아지면 바로 말을 바꿔서 인플레이션이 올지 모르니 금리를 올려야겠다고 변절해요. 그러면 사람들이 속았다고 생각하지 않고, '중앙은행이 말을 저렇게 하는 걸 보니 이제 경제가 진짜로 좋아졌구나' 한단 말이죠.

　　헌법이든 의회가 만든 법이든 법에 그 기관의 목적을 명시했습니다. 가령 한국은행법은 1조에 물가를 안정시키라고 되어 있으니까요. 그러면 국가가 망하기 전까지 그 기관은 자신의 사명에 충실해요. 중앙은행은 어떻게 할까요? 나라가 망하기 전에는 계속 통화 정책을 구사해야 합니다. 군인은 전쟁이 나면 총을 쏴야 하잖아요? 그런데 전쟁이 났는데 총알이 다 떨어졌다고 하면요? 말이 안 되는 소리죠. 마찬가지로 경제가 아직 살아나지도 않았는데 금리 낮출 것 다 낮춰서 이제 더 이상 낮출 금리가 남아 있지 않다고 하는 건 말이 안 됩니다. 미국의 GDP 성장률이 2%씩 나오는데 더 이상 낮출 금리가 없다니요. 중앙은행이 성장률 1% 더 올리라고 만든 곳인가요? 국가 경제에 정말 큰 위험이 닥쳤을 때 극복하자고 만든 기관인데, 국가 경제가 정말로 위험해지기도 전에, GDP 성장률이 2%나 되는데 금리를 제로까지 낮춰서 더 이상은 할 수 있는 일이 없다라고 하면 될까요?

저는 감히 그런 생각을 해요. 미래 교과서에 버냉키와 드라기는 정말 바보 같은 사람들로 묘사될 거라고. 이 사람들은 중앙은행 역사에서 지우고 싶은 '흑역사'가 될 거라고 생각합니다. 버냉키 다음 연준의장 옐런이 그런 얘기를 해요. 연준은 어떤 경우에든 충분한 실탄을 갖고 있어야 한다고, 어떤 상황에서든 중앙은행은 세상을 지킬 준비를 해둬야 하기 때문에 함부로 실탄을 쓰지 않는다고요. 2016년쯤 옐런이 이렇게 얘기합니다. 투자자들이, 학자들이 이렇게 경제 좋을 때 빨리 금리 올리라고 하는데 자기는 금리 천천히 올릴 거라고요. 그렇게 느리지만 실탄을 차곡

● 신중한 금리 정책을 구가한 재닛 옐런 전 미국 연방준비제도이사회 의장.

차곡 쌓아서 언제 올지 모르는 새로운 위험에 대비하겠다고 했어요. 앞서 말씀드렸다시피 중앙은행은 단기적인 경기 조절도 합니다. 그렇지만 근간에는 중장기적인 실탄 확보, 그리고 중앙은행밖에는 나설 수 있는 기관이 없을 때 충분한 실탄을 갖고 세상을 구원할 수 있는 그런 능력을 갖고 있어야겠죠. 그래서 버블이 와도 천천히 금리 올리고, 침체가 와도 천천히 금리를 내리죠. 중앙은행은 호들갑 떨어서는 안 됩니다. 물론 트럼프는 이렇게 말하겠죠. "오바마 때는 다 해줬잖아." 그런데 저는 그건 트럼프의 오해라고 생각합니다. 2016년에 미국 경제가 좋기는 했어요. 하지만 글로벌 경제가 워낙 안 좋아서 미 연준으로서는 글로벌 경제가 좋아질 때까지 좀 더 기다릴 필요가 있었죠. 미국 대기업 매출의 거의 40%가 해외에서 나옵니다. 글로벌 경제가 안 좋으면 미국도 오래 못 가요. 그런데 트럼프는 연준이 금리 안 올린 것을 두고 대통령 말대로 움직였다고 성질을 내더라고요. 트럼프도 사람이니 탐욕스럽죠. 대통령 재선이 마지막 목표잖아요? 그 이상은 아무리 원해도 이룰 수 없죠. 대공황과 2차대전 때 루스벨트 대통령 이후로 3연임이 금지되었습니다. 그래서 트럼프는 대통령에 재선되는 것 이외에 더 큰 소원은 없을 것입니다. 그래서 그 목표를 위해서 막말도 하고, 파월을 짜르겠다고도 협박하지만 그것과는 차원이 다른 문제 아닐까요? 트럼프가 평범한 미국 시민이 되고 나서도 유지되어야 할 기관인 연준이 트럼프 말에 따라 이랬다저랬다 할 리가 없습니다. 연준이 금리를 낮추면 세상이 행복해진다고 생각하지도 않을 것이고, 금리를 낮춰 트럼프가 재선되는 것을 도와줄 생각을 하지도 않을 것이고, 지금 미국 경제가 일척간두에 내몰렸다고 생각할 리도 없다고 봐요. 연준이 탐욕스러운 사람들 말에 따라 행동할 정도로 순진하다고 생각하지 않습니다.

김동환 앞서 말씀하신 '뭐든지 할 수 있다'라는 건 원래 전통적 의미의 중앙은행가들이 쓰는 어법은 아니죠. 마리오 드라기 유럽중앙은행 총재가 한 말이긴 하지만 연준의 밴 버냉키 전 의장은 말이 아닌 행동으로 보여준 거죠. 이런 압도적으로 완화적인 기류가 그의 후임 연준의장인 재닛 옐런 때까지도 유산으로 내려왔고 현직인 제롬 파월 의장과 많은 연준 위원들도 그 영향권 안에 있다고 봐야 할 겁니다. 이런 분위기를 더욱 강화하려는 힘이 바로 트럼프죠. 내가 살려낸 경기, 당신들이 다 망쳐놓을 거냐는 협박이 먹힌단 말입니다.

금융 위기를 겪은 지 이제 10년입니다. 대공황 이후에 이런저런 위기가 출현하고 소멸되어 갔습니다만 금융 위기는 9.11테러와 함께 가장 충격적인 사건이었고 아직도 미국 사람들의 삶에 큰 변화를 주고 있죠. 마치 IMF가 우리나라 국민들의 삶과 경제에 지금까지도 많은 영향을 미치고 있듯이 말입니다. 금융 위기 후 연준에 거는 기대는 전에 없이 커져 있는 상태에서 시장은 그 기대를 두 가지로 표출하고 있습니다. 자산 시장의 급격한 하락을 전조로 한 경기 침체를 연준이 용인하지 않을 거라는 강한 믿음과 그 믿음의 구현은 역시 금리 인하라는 확신이죠. 그 결과 장단기 금리 역전이 되는 상황에서 미국 주식 시장은 여전히 강세를 보이는 매우 어색한 동행이 지속되고 있는 겁니다.

저는 바로 이 지점이 향후 자산 시장의 매우 큰 변동성을 잉태하고 있다고 봅니다. 연준에 대한 시장의 왜곡된 기대와 자신의 정치적인 목표를 달성하기 위한 트럼프의 압력이 머지않아 균형을 깨뜨릴 것이라고요. 연준은 언젠가 연준 본연의 임무가 무엇인지 깨닫고 트럼프에 대해서도 미국 국민들과 시장이 대통령 본연의 일이 무엇인가 환기시킬 것이며 시장은 자신들의 탐욕에 대해서 후회할 날이 오겠지요. 사필귀정이라고 할까요? 금융 위기가 배태한 불편한 기대와 대응의 후유증을 피할 수 없을 것이라고 봅니다. 그 불편한 관계 설정의 상징적인 현상이 지난 2019년 7월 FOMC(미국 연방공개시장위원회)에서 0.5%포인트 낮출 것이라는 시장 전망이 공공연히 나오는 것이나 트럼프가 연준을 향해 빠른 시간 내에 1%포인트를 낮추라고 공개적으로 협박을 하는 것들이죠. 아마 이런 상황을 목도하는 적지 않은 연준 의원들은 오히려 그들의 본질적인 책무에 대해서 다시 되짚어보게 될 것입니다.

얼마 전 공개된 FOMC 회의록에서 금리 동결을 주장한 위원이 다수 나왔다는 사실에 시장이 놀라는 것도 시장과 연준의 의사 결정자들 간의 상황 인식의 괴리가 매우 크다는 것을 잘 보여주는 일일 것입니다. 불행히도 이 괴리는 당분간 더욱 커질 것이며 그 과정에서 시장은 매우 큰 변동성을 보일 가능성이 큽니다. 현재도 그 과정이 진행 중이고요.

김한진 시장의 '김칫국 마시기'는 정말 못 말립니다. 시장은 지금, 경기는 그럭저럭 좋고 그럼에도 불구하고 연준이 금리를 50bp씩 내려 단숨에 제로까지 갖다 놓고, 장단기 금리는 왜곡되지 않고(경기 호조를 반영해 장기 금리가 단기 금리 위에서 유지) 주가는 계속 오르는 이상한 조합을 기대합니다. 여기에서 한 가지만 어긋나도 마치 정부나 연준이 자기의 책무를 잘못한 것처럼 몰고 갑니다. 안전 자산(채권 투자)으로도 수익을 내고, 동시에 주식 투자로도 계속 이익을 내야 한다고 믿는 것 같습니다. 탐욕도 이런 탐욕이 없습니다.

김동환 그런 부분까지 모두 고려해봤을 때 2020년에 대한 우리의 기대는 훨씬 더 축소시켜야 된다고 생각합니다. 연준의 통화 정책으로 인한 금융 시장의 지지력, 혹은 추가 상승 여력에 대해서 좀 냉정해져야 할 필요성이 있다는 겁니다.

유동성의 함정에 빠져드는 세계 경제

김한진　맞습니다. 앞서도 주장했지만 금리 인하의 경기나 자산 시장 부양 효과에 대해 저는 다소 회의적인 편입니다. 연준이 앞으로 2021년까지 금리를 추가로 네다섯 번 더 인하한다면 이는 경기가 심각하게 나빠졌다는 뜻일 테니 주식 시장의 반응은 냉랭할 것입니다.

저는 세계 경제가 점점 더 깊은 유동성 함정에 빠져들어가고 있다고 봅니다. 금리를 내리고 돈을 풀어도 그게 실물로 점점 더 적게 흘러가는 이유는 경제 내부에 그럴 만한 구조적인 요인(소비나 투자가 예전보다 금리에 비탄력적으로 반응)들이 광범위하게 존재하기 때문입니다. 미국과 선진국 공히 신용(빚)이 급팽창한 것은 2000년 닷컴 버블로 거슬러 올라갑니다. 금융 위기나 자산 시장의 거품 붕괴에 따른 비용(공적 자금 투입, 금리 인하, 화폐 증발)을 모두 국가가 감당하고 그에 따른 혜택은 또다시 위기와 거품을 만든 주체들에게 돌아가는 모순이 반복되고 있습니다.

각국의 국가 부채는 한계에 이른 것 같습니다. 미래 세대가 번 소득을 계속 가불해서 사용하고 있는 셈이죠. 미 재무부의 2018년 국채 발행 규모는 전년도의 약 두 배에 이르고 이런 추세라면 미국 정부의 순이자 비용은 향후 10년 내 현재의 세 배 규모에 이를 것으로 추정됩니다(미 의회예산국 전망). 달러화와 미 국채 금리의 변동성이 커질 수 있는 요인입니다. 결국 달러에 대한 신뢰가 약해지겠죠. 글로벌 금융과 통화 시스템 전반에 알 수 없는 위험이 스멀스멀 올라오고 있습니다.

고삐 풀린 미국 국가 부채 추이와 전망

출처 : 미 의회예산국

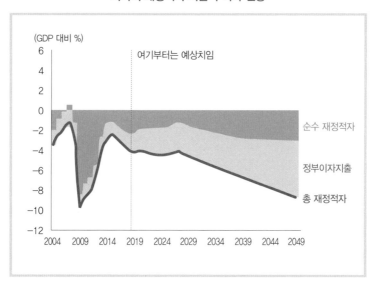

미국의 재정적자 비율 추이와 전망

(GDP 대비 %)

여기부터는 예상치임

순수 재정적자

정부이자지출

총 재정적자

출처 : 미 의회예산국

주 : 적자 비율이 2019년 4.2%에서 2049년 8.7%로 확대돼 정부 순이자비용이 급증할 것으로 예상됨.

    각국의 전통적 통화 정책이 속속 한계를 드러내고 있고 최근 글로벌 신용 사이클(저신용등급 회사채 발행 증가 등 기업 신용 팽창과 금융 시장에서의 위험 선호 정도를 뜻함)도 꽉 차다보니 각국은 저마다 비전통적 통화 정책 수단을 강구합니다. 양적완화나 마이너스 금리 도입이죠. 또한 중앙은행의 매입 자산이 회사채나 상장지수펀드ETF 등 민간 자산으로 확대되고 있는데 이러한 추세는 앞으로도 이어질 것 같습니다. 이처럼 금융 완화 강도가 세질수록 실물 경제와 금융 시장이 중앙은행의 의도와는 다르게 반응하는 일이 더 잦아질 것입니다. 가령 2004년 6월부터 2006년 6월까지 연준이 금리를 425bp 인상하는 동안 10년 만기 국채 금리는 4.6%에서 5.1%까지 고작 40~50bp 오르는 데 그쳤고 심지어 기준금리와의 역전 폭이 커지기까지 했습니다. 이미 탄력을 잃은 고무줄(통화 정책)을 아무리 다시 당기거나 놓아도 별 반응이 없는 것과 같은 이치입니다.

미국 경기 사이클과 신용 사이클, 그리고 GDP 대비 신용 비중

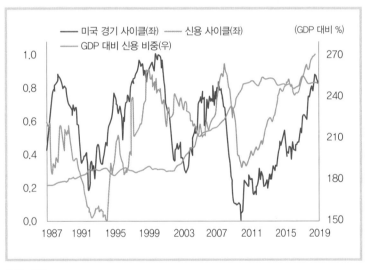

출처 : IMF

김일구 중앙은행은 원래 돈 찍으라고 만든 곳이죠. 찍는 돈만큼 중앙은행이 금이나 은을 갖고 있는 태환지폐든 아무런 뒷받침없이 믿음 하나로 찍는 불태환지폐든 말이죠. 그런데 정부나 정치권, 심지어는 군부에서 중앙은행을 압박해 돈을 찍게 하는 일이 자꾸만 생기자 헌법에서 중앙은행을 독립시켰습니다. 그렇지만 중앙은행이 국민 위에 있는 조직은 아닙니다. 그래서 국민이 '돈 찍겠다'는 사람을 대통령으로 뽑으면 따를 수밖에 없죠. 헌법에 중앙은행의 독립성이 보장된 나라들에서도 통화 정책을 맡고 있는 몇 명의 현명한 사람들(우리나라의 경우 금융통화위원)이 전적으로 결정하는 것은 아니고, 국민의 뜻을 살펴 결정하겠죠.

미국 헌법에는 아예 돈을 찍을 수 있는 권한이 의회에 있다고 규정되어 있어요. 미 연준은 헌법에 나와 있는 기관이 아니라 의회가 만든 기관입니다. 말하자면 국민이 뽑은 의회가 갖고 있는 통화 정책 권한을 미 연준에 맡겨둔 것에 불과합니다. 버냉키 미 연준 의장의 양적완화 정책 이후에 의회에서 청문회가 열렸죠. 의회는 '우리가 연준에게 그런 권한을 주지 않았는데 연준이 월권했다'고 판단했던 것이죠. 결국 2008년에 연준이 모기지증권을 사들인 첫 번째 양적완화는 연준의 월권으로 결론을 내렸고, 이 때문에 버냉키의 재신임이 좌절되지요. 다만 의회도 연준이 국채 산 것은 사후 승인을 했어요. 그래서 버냉키 다음으로 의장을 맡은 옐런이 2016년에 '앞으로 또 양적완화를 해야 할 상황이 오면 민간이 발행한 채권은 제외하고 국채만 사겠다'고 선언했습니다.

제가 드리고 싶은 말씀은 중앙은행을 너무 독립적으로 해석하거나 중앙은행의 금리 정책이 안 먹히니 이제 끝났구나라고 생각할 필요가 없다는 뜻입니다. 중앙은행에게는 남아 있는 아주 강력한 카드가 있어요. 바로 돈 찍는 것입니다. 정부가 의회의 승인을 받아서 국채를 발행하고, 중앙은행이 이 국채를 인수하면서 돈을 찍는 것이죠. 이것이 중앙은행이 오랫동안 해온 원래 그들의 기능입니다. 1970년대 전 세계적인 인플레이션이 이 방식의 통화 정책 때문에 생긴 것이었는데, 지금은 이 정책은 안 쓰면서 통화 정책을 아무리 써봤자 물가는 오르지 않고 경제도 좋아지지 않는다고 푸념하고 있어요.

차현진의 《중앙은행 별곡》이라는 책을 보면 1960년대 베트남 전쟁할 때 미국 대통령이 어떻게 연준을 압박했는지에 대한 일화가 나옵니다. 전쟁을 해야 하니 미국 정부가 돈이 필요했겠죠? 의회가 국채 발행을 승인해주면 되는데 문제는 국채가 시장에 풀리면 금리가 폭등해서 정부의 이자 부담도 커지고 전쟁을 오래 끌기 어려워지죠. 그런 상황에서 당시 대통령이었던 린든 존슨Lyndon Johnson이 윌리엄 멕체스니 마틴William McChesney Martin 연준의장을 자신의 텍사스 목장으로 초대했답니다. 그런데 대통령이 연준의장을 옆에 태우고 직접 운전해서 울퉁불퉁한 산길을 거칠게 달렸대요. 시골에서 자라고 키가 190cm가 넘는 장신의 터프가이 대통령이 거칠게 운전하는 차를 타고 산길을 달려야 했던, 평생 공부만 한 연준의장은 어떤 심정이었겠습니까? 혼비백

산했겠죠? 그후 미 연준이 10년 만기 국채 금리를 2.5%에 고정시켜놓고 정부가 발행한 국채를 사들였죠. 이 돈이 베트남 전쟁에 사용돼 전 세계로 풀려나가면서 1970년대 어마어마한 인플레이션을 낳았습니다. 저금리와 중앙은행의 국채 매입이라는 방식은 버냉키, 드라기, 구로다가 구사한 것과 똑같은데 왜 지금은 그런 효과가 없는가를 따져봐야 합니다. 먼저 버냉키는 보험사나 은행 등 금융기관들이 갖고 있던 국채를 중앙은행이 사고 돈을 찍어줬죠. 그러면 그 돈을 받은 보험사나 은행은 어떻게 했겠습니까? 원래 채권에 투자하던 돈이니 또 채권을 샀죠. 그 돈을 쓰지 않았습니다. 그런데 마틴이 찍은 달러화를 받은 군인들은 그 돈을 썼겠죠? 당연히 실물 경제에 미치는 영향이 너무나도 다를 수밖에 없습니다. 버냉키가 푼 돈은 자산 가격을 올렸고, 마틴이 푼 돈은 소비자 물가를 올렸습니다. 또 버냉키가 돈을 창조한 것은 아니에요. 이미 세상에 존재하던 국채를 현금화시켜준 것밖에 없습니다. 그렇지만 마틴은 미국 정부가 새롭게 찍은 국채를 사면서 돈을 찍어서 줬습니다. 세상에 없던 돈이 새로 생긴 겁니다. 버냉키, 드라기, 구로다가 아무리 돈 풀고 금리 낮춰도 세상은 좋아지지 않았다고요? 그럴 수 있습니다. 그렇지만 아직 중앙은행이 자신의 카드를 다 보여주지 않았어요. 버냉키가 아니라 마틴의 카드가 나오면 세상은 달라질 겁니다.

김한진 근래 중앙은행의 권한과 통화 권력에 대한 의존도는 지나치게 높아졌습니다. 전 세계 언론이 연준위원들의 세밀한 발언을 토씨 하나까지 보도하고 투자자들이 이를 공유하는 시대는 금융 위기 전만 해도 상상할 수 없었죠. 재정 정책은 국회 동의를 받아야 하지만 통화 정책은 소수의 정책위원들이 결정해 바로 집행합니다. 물론 행정부와 입법부의 간접적인 견제는 받지만 통화 정책 결과가 경제에 미치는 힘에 비하면 의사결정 절차는 심플합니다. 여기에 장기간 누적된 통화 팽창으로 중앙은행의 권한은 더욱 커졌고 자산 시장에 대한 영향력과 지위도 바뀌었죠. 이제는 경기와 자산 시장의 운명 자체가 중앙은행에 달려 있는 것처럼 느껴집니다. 통화 정책이 안전 자산 가격 수준과 방향을 결정하고, 이것이 주식과 부동산 등 위험 자산 시장에 영향을 미치고, 위험 자산 가격이 다시 실물 경기를 쥐고 흔드는 형국입니다. 주객이 전도된 상황이지만 '자본 시장이 발달되면 원래 다 그래…'라는 미명 아래 당연시되고 있습니다.

하지만 이 대목에서 저는 지금 자산 시장의 보편적 상식의 오류를 말씀드리고 싶어요. 중앙은행이 금리를 내릴 때 자산 시장이 무조건 좋다고 생각하기 쉽지만 실제로는 그렇지 않습니다. 금융완화기에는 어느 나라나 집값과 주가가 조정을 보이기 일쑤고 안전 자산인 채권 값은 강했고(금리 하락) 안전 통화인 달러도 대체로 강세였습니다. 위험 자산을 피하려는 움직임이 강했던 거죠. 금리를 내려서 위험 자산이 약했던 게 아니라 경기와 기업 환경이 안 좋으니 금리를 내린 것이고 위험 자산은 그런 실물경기의 둔화를 반영한 것이죠. 간혹 금리를 내릴 때 주가가 오르는 경우가 있습니다만 이는 단기적이고 기술적인 반등 성격이거나 곧 도래할 경기 반전(금리 인하가 곧 경기 반등으로 이어지는 경우)을 선先반영해 금리 인하에 탄력을 받아 주가가 오른 것입니다.

적어도 미국의 경우 금리 인하기 때 주가가 추세적으로 강한 적은 드물었습니다. 물론 2008년 금융 위기 이후 워낙 가파르게 금리가 인하됐고 주가는 2009년 초부터, 제로금리를 유지한 2015년까지 계속 올랐지만 이는 특수한 상황이었습니다. 미국 금융 시스템 붕괴 우려로 패닉에 빠진 증시가 그 공포감에서 벗어나자 급반등을 했던 것이죠. 경기 지표 또한 (2008~2009년 경기 붕괴로 인한 기저 효과 가세로) 2010년부터 드라마틱하게 돌아섰고 주가가 이를 놓치지 않고 선반영한 것입니다. 이런 금융 위기나 극단적 패닉 상황을 제외하고는 예외 없이 위험 자산은 금리 인상기 때 강세를 보였습니다. 그 통화 긴축의 배경은 당연히 경기 호조였습니다. 금리 인상과 시장 금리 상승에도 불구하고 경기 자신감이 주가를 끌어올렸다는 얘기입니다. 우리는 이런 주식 강세장을 '실적 장세'라 부릅니다. 미국은 장기간 실적 장세 성향이 뚜렷했습니다.

연준이 경기 둔화에 대응해 금리를 내리면 이때 보통 장단기 스프레드는 벌어집니다. 경기 신호를 품고 있는 장기 금리도 낮아지지만 연준이 초단기 기준 금리 목표를 더 빠르게 내림

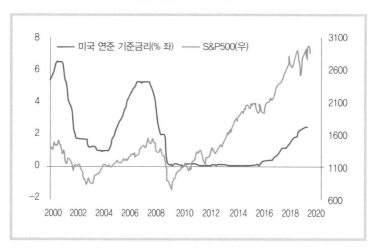

미국 연준의 통화 정책과 주가 추이

주 : 연방기금금리 목표를 편의상 기준 금리로 표현했음.

으로써 장단기 스프레드가 확대되는 것이죠. 장단기 금리차가

확대되는 국면은 대개 연준이 금리를 추세적으로 내리는 국면

과 일치했고 이때 경기는 당연히 약했습니다. 채권 시장에 내재

된 °리세션^{recession} 확률이 높아지니 주가도 약

세였죠. 다만 저는 2020년부터 향후 몇 년간

은 이 장단기 금리차가 크게 벌어지기 어렵다

리세션 경기 후퇴의 초기 국
면에서 경기가 하강 과정으
로 들어서는 전환 단계

고 봅니다. 가령 연준이 금리를 1.50~1.75%(2019년 10월 기준)에서

1.0~1.25%까지 계속 내린다고 가정할 때 장기 금리인 10년 만기

국채 금리 또한 비슷하게 하락할 것으로 보는 겁니다. 연준의 금

리 인하 사이클이 막바지에 달해야(2021년 정도로 추정) 비로소 장

기 금리가 강하게 튀어오르면서 장단기 스프레드도 일거에 정상

미국 경기 사이클과 주가 추이

주 : YoY는 Year on Year의 약자로, 전년 동기 대비 증감율을 의미함.

화될 가능성이 높아 보입니다. 그리고 이 시점을 전후로 증시도 강세 국면으로 접어들고 이후 금리 인상과 함께 다시 장단기 스프레드 축소와 주가 상승, 경기 호조의 정상적인 조합 패턴이 나올 거라 예상합니다. 즉 경기 침체와 채권 시장에서의 리세션 시그널이 예상보다 길어질 가능성이 높다는 의견이죠.

　　제가 이처럼 당분간 장기 금리를 초강세(금리 하락)로 예측하는 이유는 세계 경기의 둔화 지속과 각국 중앙들의 경쟁적 금리 인하, 그리고 채권 시장의 광범위한 투기적 요인 때문입니다. 이미 시장 금리가 낮은 수준임에도 불구하고 여기서 더 강한

미국 증시와 장단기 스프레드

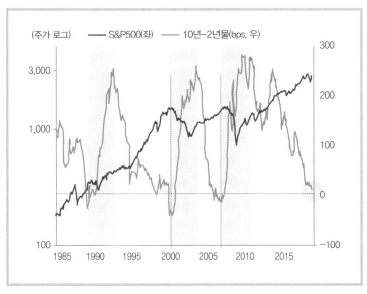

주 : 음영 부분은 스프레드 확장 국면으로 금리 인하 국면과 일치하고 대체로 주식 약세장이 연출됨.

채권 수요가 일어날 것으로 보는 것이죠. 지금보다 금리가 더 낮아지면 자본 이득을 볼 수 있기 때문이기도 하고요, 연기금과 보험사 등 장기 자산 운용 기관의 경우 건전성 비율을 맞추고 자산부채관리ALM를 위해 국채를 보유해야만 하기 때문입니다. 그리고 물가가 더 낮아지면 제로에서 1% 사이의 낮은 명목 금리도 실질금리로는 플러스이므로 투자 가치가 생기는 겁니다. 이는 금융완화에 취한 중앙은행이 조장한 일종의 채권 버블(초저금리나 마이너스 시장 금리) 현상입니다. 이런 채권 거품에도 불구하고 당분간 경기나 증시가 돌아서지 않는 이유는 저금리에서 경기 반등으로

미국 장단기 스프레드와 경제성장률, 그리고 통화 정책

주 : 음영 기간은 금리 스프레드 확대와 리세션 구간임.

연결되는 고리가 약해져 있기 때문입니다. 물론 금리 하락기에도
이따금씩 기술적 금리 반등은 있겠죠. 경제지표의 일시적인 호조
나 무역 분쟁 합의 같은 이벤트, 재정 지출 확대에 따른 국채 공
급 증대 우려 등이 금리 반등 텐트럼Tantrum(발작)을 만들 수 있습
니다. 하지만 경기 기조 약화와 저물가는 다시 금리 레벨을 낮추
는 데 기여할 것입니다. 금리 하락은 주가 같은 위험 자산 가격을
다시 끌어올리는 동인으로 결국 작용할 것입니다. 때가 되면 경
기도 돌아설 수 있겠죠. 그게 초저금리 덕인지는 확실치 않지만
말입니다.

주요국 10년 만기 국채 금리 유통 수익률 추이

미국   독일   이탈리아   스웨덴   오스트리아   일본

3장
유럽 국가들의 선택과 전략

김동환　그럼 이번에는 유럽 쪽 이야기를 해볼까요? 2019년 하반기에 EU 집행위원회 위원장 등 굵직한 자리의 이동이 있었습니다. 이 일이 유럽 경제 전반에 어떠한 변화를 가져올지부터 살펴보지요.

김일구　2019년 10월에 EU 집행위원회 위원장과 ECB(유럽중앙은행) 총재의 임기가 끝이 났습니다. 이 자리를 우르줄라 폰 데어 라이엔Ursula von der Leyen 독일 국방장관과 크리스틴 라가르드 Cristine Lagarde 프랑스 출신 IMF 총재가 맡게 됐습니다. 저는 이 두 사람이 유럽의 현재와 가까운 미래에 대한 많은 것을 얘기해준다고 봅니다. 먼저 EU 집행위원장을 국방장관 출신이 맡았다는 점에 주목해야 합니다. 현재 우리에게 잘 알려져 있는 EU 집행위의 기능은 통상, 난민 문제 등이죠. 2014년부터 룩셈부르크 재무장관 출신인 장클로드 융커^{Jean Claude Juncker}가 집행위원장을 맡아왔습니다. 그런데 국방장관 출신이 위원장이 된다는 것은 28개 EU 회원국들이 통상보다 안보를 더 우선시하게 됐다는 뜻으로 받아들일 수 있습니다. 다시 말해 우크라이나 사태 이후 러시아가 서유럽에 대한 군사적 압박을 강화하고 있는데 EU도 이에 맞대응하기 시작했다고 볼 수 있습니다.

유럽 지도를 놓고 보면 체코, 폴란드, 리투아니아와 같은 국가들은 과거 소련의 영향권에 있었죠. 그런데 소련 붕괴 이후 많은 동유럽 국가들이 서유럽과 가까워졌고, OECD에 가입하거나 EU에 가입하기 위한 절차를 밟고 있습니다. 러시아는 2013년 말부터 시작된 우크라이나 사태를 계기로 유럽 국가들에 대해 군사적인 압박을 시작한 것 같아요. 서유럽이 경제력을 기반으로 러시아의 이익을 침해하고 있다고 판단하고, 러시아는 이에 군사력으로 맞서겠다는 뜻인 것 같습니다. 동시에 칼리닌그라드에 중거리 핵 미사일을 배치했다가 철수하는 훈련을 반복하고 있습니다. 칼리닌그라드는 폴란드와 리투아니아 사이에 있는 러시아 영토로 베를린까지 직선 거리가 750km에 불과합니다. 북한이 시험 발사했던 이스칸데르급 미사일이 충분히 도달하는 거리죠. 독일을 포함한 서유럽이 러시아의 군사적 위협에 노출됐고, 미국

은 러시아의 핵 위협이 1987년 중거리 핵미사일 협정INF을 위반했다면서 이 협정에서 탈퇴했습니다. 2차대전 이후 1980년대까지 시기를 냉전이라고 부르는데 이 냉전의 종식일이 중거리 핵미사일 협정의 체결일인 1987년 12월 8일입니다. 그런데 2019년 8월 2일 미국이 "러시아가 고의로 위반한 조약에 남아 있지 않겠다"며 탈퇴를 선언했고, 러시아도 "1987년 12월 8일 미국 워싱턴에서 옛 소련과 미국 간에 서명됐던 INF 조약의 효력이 미국 측의 주장으로 중단됐다"며 공식 탈퇴했습니다. 신新냉전이 시작된 것이죠. 유럽으로서는 신냉전 시대를 맞아 그동안 등한시했던 안보를 격상시키고, 서유럽 국가들 사이의 결속력을 강화하는 단계에 들어갔습니다. 브렉시트를 차단하고, 이탈리아와 그리스 등 극우, 혹은 극좌 정치 세력들이 권력을 장악해서 EU의 결속력을 해치고 탈퇴 압박을 가하는 국가들을 진정시키는 일이 가장 중요한 과제가 됐습니다. 영국이 EU에서 탈퇴하겠다는 브렉시트는 2016년 국민투표에서 통과되기는 했지만, 지금 영국 사람들을 대상으로 설문조사해보면 투표 결과에 대해 후회한다는 응답이 잘했다는 응답보다 8% 정도 많습니다. 그래서 브렉시트 강경파 보리스 존슨Boris Johnson이 영국 총리가 됐지만 흔히 말하는 노딜 브렉시트, 그러니까 유럽연합이 반대해서 영국이 손해를 봐도 탈퇴하는 일은 없을 것으로 봅니다. 남아 있는 가능성은 소위 '합의 이혼'밖에 없는데, 이것도 영국 내 반대가 심해서 어려운 것 같습니다.

문제는 극좌 세력이 준동하고 있는 그리스와 극우파가 세력을 확장하고 있는 이탈리아입니다. 10년 전 그리스와 이탈리아의 1인당 GDP가 3만 2,000달러와 4만 달러였는데 현재는 2만 달러와 3만 3,000달러로 낮아졌어요. 유로화로 통합되기 전이던 1998년에는 1만 3,000달러와 2만 2,000달러였거든요. 그러니까 유로화로 통합되면서 갑작스럽게 부자가 됐다가 다시 한순간에 물거품이 된 상황이죠. 여전히 유럽 통합, 유로화 도입으로 더 잘 살게 됐다는 여론이 우세이기는 합니다만, 갑작스럽게 부푼 꿈이 물거품이 되니 기존 정치체제에 반감이 들 수밖에 없죠. 이들 불만 세력들이 기존의 중도 우파와 좌파를 배척하고, 대안을 제시하겠다는 극우와 극좌 세력에 끌리게 된 겁니다.

가령 이탈리아에서는 동맹당이 현재 제1당인데 정치 스

펙트럼으로는 극우로 분류됩니다. 이들은 유럽 통합 이후 독일 제조업에 밀린 이탈리아 북부 제조업 지역 사람들과 '아프리카의 봄' 이후 지중해를 건너 밀려든 난민 문제에 시달린 남부 사람들 사이에서 자생적으로 생겨난 이탈리아 우선주의로 EU와 대립하고 있죠. 그리스와 이탈리아는 정부 부채도 많고 국채 금리도 독일이나 프랑스보다 높아요. GDP 대비 정부 부채가 그리스 180%, 이탈리아 160%인데 독일은 80%밖에 안되거든요. 국채 이자를 얼마나 냈을까 알아보기 위해 금리를 보면, 지난 10년간 10년 만기 국채 금리 평균이 독일 1.2%, 이탈리아 3.2%, 그리스 10.2%입니다. 각국의 펀더멘털이 다르니 차이가 나는 것은 당연하겠지만, 어떤 나라는 정부 부채 이자 내느라 연금 지출 줄이고, 어떤 나라는 이자 낼 일 없어 재정에 여유가 많은, 극심한 양극화가 일어나고 있는 것이죠. 이 상황을 방치해서는 유럽 통합은 불가능하지 않겠어요?

김동환 꽤 심각한 상황이군요. 그렇다면 이러한 양극화 속에서 EU는 어떤 태도를 취하게 될까요?

김일구 EU는 바깥으로 러시아의 군사적 위협, 안으로 극우와 극좌 정치 세력이 급부상하고 있는 상황입니다. 이대로 가면 머지않아 EU는 와해될 겁니다. 이런 EU의 위기에 직면해 프랑스와 독일이 힘을 합치는 분위기인데, 프랑스의 마크롱^{Emmanuel}

Macron 대통령은 최근 프랑스 혁명을 기념하는 대규모 군사 퍼레이드를 열고, 통합 유럽군 창설에 불을 지피고 있죠. 마크롱 대통령이 총대를 메고, 독일은 폰 데어 라이엔 국방장관을 차기 EU 집행위원장으로 앉혀 마크롱 지원에 나섰습니다. 또 양극화된 EU 내부의 경제 문제를 해결하기 위해 라가르드 IMF 총재가 유럽중앙은행을 맡게 됐어요.

라가르드는 금융완화론자이지만 그렇다고 금리 인하론자는 아닙니다. IMF 총재 시절부터 이런 얘기를 했어요. '중앙은행들의 금리 인하가 세상을 어떻게 만들어놨는지 봐라. 금리를 낮추고 돈 빌려가라고 하면 누가 많은 돈을 빌려가겠냐? 돈 많은 사람들일 텐데, 이들이 그 돈으로 세 끼 먹던 밥을 네 끼 먹고 1년에 네 번 가던 여행을 다섯 번 가겠느냐? 그 돈으로 주식이나 부동산 사서 자산 가격만 끌어올리지 않았냐? 그러니 저소득층과 고소득층 사이의 격차는 더 커지고, 희망이 없다고 판단한 저소득층이 극우와 극좌로 쪼개지고 있는 것이 보이지 않냐?' 제가 양념을 많이 뿌리기는 했지만 뼈대는 2016년에 라가르드 총재가 실제로 했던 얘기입니다. 라가르드가 유럽중앙은행 총재가 되면, 중앙은행이 그리스와 이탈리아 국채를 사는 양적완화 정책을 펴게 될 것 같아요. 물론 드라기 총재도 양적완화를 했지만, 그때는 독일 중앙은행이 유럽중앙은행에 출자한 자본금과 그리스 중앙은행이 유럽중앙은행에 출자한 자본금을 구분했어요. 독일 돈으로 독일 국채 사고 그리스 돈으로 그리스 국채 샀으니, 돈은 많고 발행한 국채는 적은 독일 금리는 폭락하고 채권 살 돈은 별로 없고 그동안 발행한 국채는 많았던 그리스 금리는 별로 안 낮아졌던 거지요. 이렇게 해서야 어떻게 양극화가 해결되겠어요? 이제는 유럽중앙은행의 돈으로 이탈리아와 그리스의 국채를 사는 거죠. 독일 국채는 그만 사고요. 저는 라가르드 유럽중앙은행 총재가 이 일을 할 적임자라고 봅니다. 아마 독일도 내우외환에 직면한 EU를 살리기 위해 이 방식에 동의했을 것입니다.

김동환 최근에 유럽 쪽 금리를 보다가 깜짝 놀란 게 있어요. 지금 독일이 마이너스 금리잖아요. 그 외 어느 나라들이 마이너스입니까?

김일구 스위스, 스웨덴, 덴마크가 마이너스 금리이지요.

김한진 2019년 6월 기준으로 유럽 투자 등급 국채와 회사채 가운데 약 30%가 마이너스 금리이고 제로에서 1% 사이의 채권이 60%가 넘습니다. 스위스와 독일 10년 만기 선물 국채는 마이너스 1%에 근접하고 있습니다. 중앙은행 기준금리가 마이너스인 국가는 일본, 스웨덴, 덴마크, 스위스 등입니다. 최근 마이너스 금리로 발행된 채권 금액은 17조 달러로 사상 최고인데요. 대부분은 유럽과 일본 국채입니다. 얼마 전 스위스 은행들이 일정 금액 이상 개인 계좌에 보관료를 받기로 했습니다. 금리는 제로

인데 수수료가 붙으니 실질금리가 마이너스인 셈입니다.

끝나지 않은 트럼프와의 전쟁

김동환 지난 2015년 폴란드가 신흥국 최초로 국채를 마이너스 금리로 발행했어요. 폴란드 같은 나라들까지도 국채가 마이너스라는 상황을 어떻게 봐야 할까요? 우리가 채권을 배울 때 신흥국은 성장률이 어느 정도 나오는 나라니까 금리가 높고, 대외적으로 보면 신용도가 좀 낮으니까 신용 스프레드도 붙는 건데 도대체 이해를 못하겠어요. 기본적으로 유럽 내에서 돈이 너무 싸져 있는 상황인데, 그 말인즉 어떤 형태로든 돈을 많이 풀었는데 성장은 하지 않는다는 뜻 아닙니까?

제 생각에 이런 상황은 향후에 있을 트럼프의 압력을 미리 반영하고 있다는 생각이 듭니다. 아마 트럼프는 중국과의 무역 전쟁이 마무리되지 않는 상황에서 독일 자동차에 대해서 수입 관세 물릴 거라고 봅니다. 이를 통해 본인이 공약했던 제조업 부활의 상징인 자동차 산업을 도우려고 할 겁니다. 6개월 관세 부과를 유예해놓았습니다만 더 큰 양보를 얻어내기 위한 레버리지 같은 거겠지요. 독일에 차를 가지고 압박을 한다면 프랑스엔 또 와인 같은 걸 걸고 넘어지겠지요. 어쨌든 지금 트럼프는 중국에 모든 화력을 집중하고 있는 상황이기 때문에 유럽에까지 본격적인 전선을 확대하고 있지는 않습니다만 아마도 대선이 다가오면 올수록 트럼프의 '유럽 때리기'는 본격화할 가능성이 많습니다. 그러한 미래에 대한 두려움이 지금의 유럽의 저금리에 녹아져 있다고 보는 거고요. 유럽의 정치 리더들은 단일 경제공동체인 EU를 유지시키는 동시에 미국에 대항할 만큼의 경제 블록으로서 자리매김해야 하는 어려운 숙제를 안고 있는 상황입니다.

김일구 우리나라에서 소득 주도 성장을 한다, 낙수 효과 없다 같은 얘기들을 많이 했는데, 비단 우리나라에서만 벌어지는 일은 아닙니다. 기업이 성장하면 그 과실이 사회 곳곳에 퍼져 나가는 것을 낙수 효과라고 하는데, 옛날에는 성장의 과실이 방사능 낙진 떨어지듯이 멀리까지 퍼졌다면 지금은 잔디에 물 주는 스프링클러 정도로 극히 제한적인 영역에만 미치는 것 같아요. 제가 볼 때는 양질의 일자리 창출이 안 되고 있다는 것과 같은 얘기입니다.

과거에는 기업이 고소득 일자리를 많이 만들어 젊은이들의 고용을 늘리면 이 사람들이 월급을 사회 곳곳에 퍼트리고 또 대기업에서 배운 기술을 중소기업에 전했죠. 그런데 지금은 어느 나라에서도 기업들이 양질의 일자리를 못 만들고 있어요. 일자리가 많이 늘어나고 있다는 미국과 일본, 중국을 봐도 대부분 도소매나 음식, 숙박업과 같은 저임금 단순 일자리란 말이죠. 우리나라도 1년에 2~30만 명의 신규 고용이 창출되고 있다는데 대부분 임금이 낮고 숙련도도 낮고 근로시간도 짧고 고용 기간도 짧은 일자리란 말이에요. 결국 '낙수 효과 없다', '양질의 일자리 없다'는 건 전 세계적으로 공통된 현상인 것 같습니다.

그렇다면 이 문제를 어떻게 해결해야 할까요? 해법은 다양한 것 같습니다. 우리나라의 소득 주도 성장론자들은 저소득층에게 소득을 늘려주자고 했고, 미국은 자국 우선주의를 내세워 '양질의 일자리를 창출할 제조업체를 미국으로 불러들이자'는 정책을 씁니다. 중국은 지금은 수면 아래 잠복해 있는 상태이지만 '중국 제조 2025'라고 이름 붙인 제조업 국산화에 올인했죠. 제가 보기에 유럽과 일본도 머지않아 이와 비슷한 자국 산업 육성 정책을 쓸 것 같습니다. 국제적인 분업 체제가 국민들을 행복하게 만든다는 경제학 이론만 믿고 글로벌화했다가 선진국은 양질의 일자리를 잃었다고 여깁니다. 그래서 다시 보호무역으로 가는 것 같아요. 이미 트럼프 대통령이 행동으로 보여주고 있고, 일본도 그 뒤를 따라가는 중인 것 같고요.

그동안 유럽과 일본은 금리를 낮추고 돈을 더 많이 빌려주면 경제가 좋아지고 양질의 일자리가 만들어질 수 있다는 환상을 갖고 있었죠. 그런데 양적완화 정책에 마이너스 금리까지 도입해도 양질의 일자리는 만들어지지 않더란 말이죠. 그렇다고 유럽과 일본이 금리를 올리지는 않을 것이고, 예전보다 더 직접적인 완화 정책을 쓸 것 같습니다. 지금까지 완화 정책이 돈 많은 사람들에게 돈을 더 낮은 금리로 더 많이 빌려줬다면, 이제부터

는 돈을 찍어서 전 국민 기본소득을 하든, 그리스와 이탈리아 국
채를 사든 하겠다는 것이죠. 이렇게 소득 수준이 낮은 저소득층
에게 돈을 뿌리면 이들은 소비성향이 높기 때문에 받은 돈 대부
분을 쓸 것이고, 그렇게 하면 소비가 증가하면서 경제도 성장할
수도 있지 않겠냐는 논리입니다. 우리나라 소득 주도 성장론이랑
비슷하죠? 제가 볼 때는 저소득층의 소비 증가를 유도하는 정책
은 뭐라고 이름 붙이든 정부의 공공사업과 크게 다를 것이 없습
니다. 일시적인 성장률 개선 이외에 별 도움이 되지 않아요. 대신
사회 양극화를 줄여 갈등을 완화시키는 데는 긍정적인 효과가 있
겠죠. 대통령 선거를 앞둔 미국, 러시아의 군사적 압력에 직면한
유럽으로서는 성장률은 못 높여도 사회 내 만연한 갈등을 완화시
키는 차원에서라도 이런 정책을 쓰겠죠.

김한진　　두루 지적하셨지만 출범 당시부터 유로존이 안
고 있는 제도적 모순은 재정 통합과 은행 통합이 결여된 오직 화
폐 통합이란 점이죠. 그래서 단일 통화를 사용하는 19개 회원국
은 당초 재정의 자율성을 제한했습니다. 재정 적자를 명목 GDP
의 3% 이내로 축소 유지하고 정부 부채는 명목 GDP의 60% 이
내에서 개선해야 한다는 조건이었습니다. 하지만 이 조건은 점
차 유연해졌고 회원국 간 경제 현황 차이로 경상수지/GDP 비율
이 벌어지게 됐습니다. 단일 통화가 아니라면 환율 조정이나 물
가 임금 조정, 산업과 은행의 구조조정을 통해 경상수지를 개선

할 수 있지만 유로화라는 단일 통화는 이를 원초적으로 불가능하게 만드는 두꺼운 벽으로 작용할 뿐이었습니다.

일부 회원국들의 경상수지 적자와 심각한 국가 부채 증대, 재정 적자와 은행 부실 확대는 결국 2010년 남유럽 재정 위기로 번졌고 개별 회원국의 재정 건전화에 대한 책임의식은 정치적 포퓰리즘으로 점차 더 흐려지고 있습니다. 그리스는 10년 넘게 금융 위기 상황이고 이탈리아는 유로존 탈퇴를 추진하고 있습니다. 재정 건전화와 산업 구조조정, 은행 클린화 등은 각국의 주권 사항이지만 동시에 유로화 가치 유지에 매우 중대 사안이죠. 하지만 회원국 모두가 단일 화폐체제에서 나오는 편익만 누리고 비용은 지불하려 하지 않습니다. 이러한 국가 이기주의와 통화 동맹이 언제까지 공존할 수 있을지 우려됩니다. 수출 비중이 높은 독일은 유로화 약세의 최대 수혜국이지만 역내 수요 전체를 책임질 수는 없습니다. 경제 체력은 각국이 다 다른데 똑같은 환율 옷을 입고 있으니 유로존의 모순과 갈등은 앞으로 더욱 커질 것으로 예상됩니다.

물론 최근까지의 경기 호황은 유로존의 이러한 본질적인 모순을 잠시 덮어줬죠. 2015~2017년 유로존 경제성장률은 2%대였습니다. 하지만 2017년 2.5% 성장을 고점으로 2018년은 1.9%, 그리고 2019년부터 향후 몇 년간은 1% 내외로 떨어질 것이라 예상합니다. 미국과 마찬가지로 유로존도 경기 사이클과 신용 사이클이 더 이상 확장하기는 어려운 한계 상황에 도달했기 때문입니다. 장기간 금융 완화로 기업 대출은 꽉 찼고 신용 팽창도 한계에 이른 것 같습니다(가령 투자 등급 가운데 BBB등급 회사채 비중이 미국과 마찬가지로 50%에 달했으며 동시에 은행 대출도 2005년 5조 유로에서 2018년 11조 유로로 증가했다). 실업률은 사상 최저 수준까지 떨어져 추가 개선 여력이 제한된 반면, 산업 생산은 2018년 초부터 빠르게 둔화돼 전년 대비 마이너스 증가율을 보이고 있습니다. 고정 투자도 2015년부터 빠르게 둔화되고 있어 유로존 성장 엔진이 당장 살아나기는 쉽지 않아 보입니다.

저는 유로존 경제에 대한 눈높이가 최근 너무 높지 않았나 생각합니다. 더욱이 유로존 문제는 이러한 경기 순환 요인뿐 아니라 앞서 말씀드렸던 통합된 환율체제의 모순에서 나오는 구조적 요인에 있다고 생각합니다. 국가별 경제력 차이에서 오는 역내 수요의 단절성과 세계 수요 둔화에 따른 독일 등 제조 중심 국가의 수출 감소 여파는 유로존 경기 전체를 위축시킬 가능성이 높습니다. 순환 요인으로 경기가 침체되면 통합 비용이 더 크게 부각되고 이는 또다시 회원국 간의 갈등과 분열의 인자로 작용할 수 있습니다.

전 세계 저성장의 시발점, 유럽

김동환　프랑스처럼 대통령 중심제를 하는 나라 일부를

제외하면 대부분의 유럽 국가들이 대체로 의회 중심 시스템이 잖아요. 특별히 또 유럽연합에도 의회가 따로 있는 상황에서 지난 10여 년간의 의석 수 분포를 보면 극우 포퓰리스트들의 비율이 상당히 높아지고 있습니다. 다양한 이유가 있겠습니다만 저는 EU라는 단일 경제 체제 내에서의 부가 편제적으로 배분되는 상황 때문이라고 생각합니다. EU 때문에 더 잘 살게 된 나라들은 기존 정치 체제를 유지하는 반면에, 그 시스템 안에서 피해를 보는 나라에서는 극우라든지 반대로 극좌라든지, 아주 양극단의 정치 지형도 생기는 거죠. 그것이 유럽 내에서의 경제의 발전에도 상당히 부담으로 작용할 겁니다. 당연히 브렉시트 같은 분리주의가 부상하지요.

어쩌면 EU는 또 다른 차원의 분리주의입니다. 분열한다는 것 자체가 글로벌의 시각에서 보면 성장의 저하를 의미합니다. 같이 잘 살자고 모인 EU가 다시 분열을 한다면 유럽 내에서의 성장의 한계가 전 세계적으로 영향을 줄 가능성이 있고 그 가능성의 구간에 등장하는 게 마이너스 금리입니다. 또 그 영향으로 미 국채에 대한 급격한 매수세가 들어오고 그것 자체가 다시 글로벌 안전 자산으로의 쏠림을 가져오고 이는 당연히 달러 강세를 야기하고 그러면 또다시 전 세계가 저성장에 빠지는, 악순환의 시발점으로서 유럽이 기능하고 있다는 겁니다. 그런 부분들을 감안했을 때 2020년에도 유럽 경기는 상당히 불안한 모습을 보일 가능성이 크다고 봅니다. 그런데 또 재미있는 게 비교적 주

● 강력한 브랜드 경쟁력을 갖춘 유럽의 소비재 기업들은 경제 불황 속에서도 수익성을 꾸준히 높여가고 있다.

식 시장은 괜찮다는 것입니다. 어떤가요? 주식 시장, 나쁘지 않지요?

김한진　지금까지는 나쁘지 않았죠. 미국과 마찬가지로 통화 팽창과 양적완화가 유로존 실물과 자산 시장에 모두 긍정적인 영향을 미쳤습니다. 환율과 금융통합에 따른 회원국들의 금리 동반 하락과 그에 따른 소비와 자산 시장(주택과 주식) 부양 효과가 주가 성과로 꾸준히 나타났던 것 같습니다.

김동환　그런 거 같아요. 경제성장률은 완전히 꺾여버렸고, 저성장 국면에 접어드는데, 주식이 이렇게 높다는 건 저금리가 가져온 일시적인 현상이라고 봅니다.

매력적인 선진국 기업들

김한진 다만 저는 일부 유로존 기업들의 펀더멘털에 후한 점수를 주고 싶습니다. 주가상승률이 높은 유로존 기업들을 잠깐 살펴보니 마진율(매출액영업이익률)이 15~35%의 분포에서 상당히 양호한 편이고 자기자본이익률도 10~35%의 분포로 괜찮은 모습입니다.

미국처럼 혁신 성장 기업 수효는 많지 않지만 경쟁력이 우월하고 생산성이 높은 제조 기반의 수출 기업들이 많습니다. 이들 수출주들이 지난 10년간 달러 대비 15%나 떨어진 유로화 약세 덕을 적지 않게 본 것 같습니다.

유로 스톡스50 기업들의 최근 10년간 주가와 이익 증가 추이

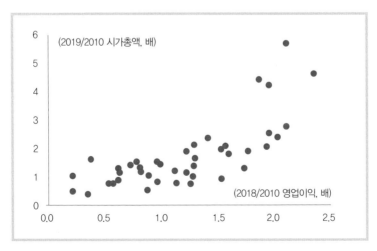

여기에 유럽에는 브랜드 경쟁력이 강한 소비재 기업들이 많은데요, 이들은 특히 세계적으로 규모의 경제나 범위의 경제성을 높이면서 외형은 확장하되 매출 단위당 비용은 줄이는 방식으로 수익성을 꾸준히 높여왔습니다. 유럽 기업들의 강점이 의외로 많다고 봅니다.

김일구 우리나라 기업들은 성장을 못하면 주가가 오르지 못하는 기업들입니다. 호황이냐 불황이냐에 따라 기업 이익이 천당과 지옥을 오가는 것이 우리나라 기업들의 특징 아니겠어요? 글로벌 경제가 좋고 수출이 좋을 때는 꽤 돈을 벌지만, 경제가 나빠지면 순식간에 적자 나고, 또 워낙 자본집약적인 산업에서 기술이 빨리 바뀌다보니 새로운 기계 사느라고 그동안 번 돈 다 투자해야 하는 기업들이 우리나라 주식 시장에는 너무 많아요.

신흥국들에 이런 기업들이 많죠. 경기순환적이고, 제품 생산하는 제조 공정 중심이고요. 선진국 기업들은 경기가 좋을 때 세계 최고 기업 됐다가 경기가 나빠지면 2~3년 이내에 망할 것 같은 그런 시클리컬cyclical(경기 민감) 기업들은 별로 없어요. 이런 산업은 신흥국과의 경쟁에서 벌써 도태됐죠. 아마존, 구글 등 우리가 이름을 알고 있는 소프트웨어 기업들과 유니레버Unilever, 코카콜라Coca-Cola처럼 글로벌 경제에 따른 부침이 크지 않고 꾸준히 소비되는 소비재 기업들의 시가총액이 크죠.

선진국이라서 주가가 안정적이고 신흥국이라서 주가 변동성이 큰 것이 아니라 기업의 성격이 달라서입니다. 그래서 유럽 선진국의 성장률이 낮다고 주가가 떨어져야 하는 것은 아니에요. 그런 논리는 신흥국에 많은 시클리컬 기업들에게 적용되는 것이죠. 거기다가 유럽과 미국 기업들은 많은 경우 글로벌 기업입니다. 자국 내 성장이 없어도 해외에서 성장이 있으면 기업 이익이 나오잖아요. 선진국과 신흥국 주식 시장은 완전히 다르게 봐야 합니다. 주식 시장이 성장을 좋아하는 것은 맞지만, 성장 못하면 주가도 못 오른다고 할 수는 없어요.

김동환 얼마 전에 LVMH 그룹 아르노[Bernard Arnault] 회장이 세계 부호 순위 2위가 되었어요. 1위는 아마존의 제프 베조스[Jeffrey Bezos], 빌 게이츠[Bill gates]가 3위로 떨어지고요. LVMH 그룹 내 소속된 루이비통 주가가 폭등을 했기 때문이지요. 이 기업이 바로 강력한 브랜드를 가진 대표적인 소비재 기업이잖아요. 저는 이 추세는 좀 더 이어질 수 있다고 봅니다. 금융 위기 이후에 보면 미국, 중국, 유럽 할 것 없이 양극화되어 있거든요. 부자들이 훨씬 더 많은 부를 가져가고 있는 상황에서 글로벌 표준, 부자들의 선택을 받는 브랜드들의 약진은 당연한 겁니다.

언젠가 인도네시아의 자카르타에 가보니 시내 쇼핑몰에 입점한 바로 이 LVMH 매장이 우리나라의 롯데 백화점이나 신세계 백화점의 매장에 비해 족히 한 서너 배는 커 보이더군요. 그만큼 인도네시아에 부자이거나 부자로 보이고 싶은 사람이 많다는 겁니다. 그럼 인도네시아 경제가 그만큼 성장했냐? 그건 아니거든요.

특히 신흥국에서 확장된 부자들의 생각이 많이 바뀐 것 같습니다. 부의 절대 규모가 커진 이유도 있습니다만 그 세대가 2, 3대에 걸쳐 내려오면서 자신들의 부가 '지속 가능한 부'라고 생각하기 시작한 거죠. 한 번 부자는 영원한 부자라고 생각해야만 그 소비력이 확대됩니다. 다시 가난해질 수 있다고 걱정하기 시작하면 소비는 그리 크게 늘지 않습니다. 유럽의 이른바 럭셔리 브랜드 중에서 중국이나 동남아 부자들의 선택을 받은 브랜드들 주가를 한 번 보세요. 놀라우리만큼 많이 상승했습니다.

김일구 소비재 분야에서는 글로벌하게 성공한 기업들이 꽤 많습니다. 그런데 금융에서는 2008년 금융 위기 이후 모두 상태가 안 좋아요. 은행이든 증권이든 캐피탈이든 영역을 떠나서 금리가 너무 낮으면 실적을 내기 어려워요. 단순히 어려운 정도가 아니라 생존이 불가능해집니다. 지금까지 해온 것, 연체 증가하고 부도 나기 전까지는 아무도 모릅니다. 2003년 카드채 사태를 떠올려보세요. 신문에 카드채 사태가 어떻다 하며 기사가 나오니까 딱 일주일 만에 카드 신용대출 연체율이 탄도미사일 쏜 것처럼 올라가더군요. 그래서 금융기관에서 대출 담당하는 사람들 사이에서는 그런 얘기를 합니다. 골든타임 딱 일주일이라고요.

유럽 은행, 이대로 무너지나?

김한진　150년 만에 몰아닥친 유로존의 마이너스 금리는 은행과 보험사 수익성에 치명적인 영향을 주고 있습니다. 유럽 대형 은행 네 곳은 당장 사업모델을 재검토할 정도로 수익성 악화에 노출되었습니다. 주로 독일과 프랑스, 스페인의 대형 은행입니다. 2019년 도이치뱅크는 직원 1만 8,000명(20%)을 감원하고 740억 유로의 자산을 매각하는 구조조정 방안을 내놓았습니다. 유럽 은행들이 건전성 문제를 일으킨 이후 10년이 지나도록 이들 은행의 대차대조표에는 막대한 부실이 그대로 남아 있고 부실 청산에 여전히 뾰족한 방법을 찾지 못하고 있습니다. 경기 호조에 묻혀서 한동안 잠잠했던 유럽 은행들의 부실 문제가 2020년에 다시 불거질 듯합니다.

김일구　유럽 은행들, 특히 독일처럼 예금과 대출만 하는 전통적인 방식의 은행들은 더 이상 유지되기 어렵다고 봐요. 도이치 은행이 대규모 구조조정에 들어갔지만, 그 은행만 그런 것은 아니죠. 전통적인 은행은 예금 받고 대출하는 것이 대부분의 업무입니다. 예금 금리보다 대출 금리가 높아 이 예대마진으로 은행이 유지되죠. 은행은 직원도 많고 어마어마한 전산 시스템도 갖고 있어야 하고 지점도 있어야 하기 때문에 고정비용이 많이 듭니다. 예대마진이 1~2%는 돼야 은행이 유지되는데, 유럽의 예금 금리가 거의 제로에 가깝습니다. 거기다 경제 성장시킨다고 대출 금리도 계속 낮추라고 하고, 양적완화하면서 채권 금리도 제로, 심지어는 마이너스가 됐으니 은행이 먹고살 수가 없어요.

보험사도 마찬가지입니다. 손해보험은 보통 1년 단위로 보험사의 수지 계산을 다시 하니까 괜찮은데, 장기 저축성 보험, 연금 같은 상품들은 오래전 금리 높을 때 만들어진 것이 많거든요. 보험사가 약속한 수익률이 당시에는 별로 높지 않았지만 지금은 아무리 열심히 해도 달성하기가 불가능한 수준이죠. 그래서 도이치 은행의 구조조정을 보면서 사람들은 유럽의 대형 보험사도 걱정의 눈빛으로 바라보고 있죠.

김한진 일본 보험사들은 1980년대 확정 고금리 상품을 대량 판매하며 양적 경쟁을 벌이다가 1990년대 대규모 연쇄 도산을 겪었습니다. 1997년 닛산日産생명을 시작으로 2000년대 후반까지 여덟 개 생명보험사와 두 개의 손해보험사가 도산 처리됐습니다. 마이너스 금리로 치닫는 이번 저금리 시대에 전 세계 보험사들의 어려움이 커질 것 같습니다.

김일구 한때는 보험사 주식이 최고였죠. 2차대전 이후 20세기 중후반은 보험주의 시대였습니다. 서점에 가보면 주식으로 떼돈을 벌었다는 미국과 유럽의 주식 투자 대가들의 책들이 아직도 많은데, 잘 읽어보시면 이들을 성공시킨 핵심은 다들 보험주였습니다. 왜 보험이 20세기 중후반의 황제주였을까요? 사망 보험을 생각해보면 간단합니다. 예전에는 보험 하면 '죽으면 얼마 준다'는 종신보험 개념이었잖아요. 자신이 70세쯤 되면 죽을 것 같으니 남아 있을 가족들을 위해 보험료를 냈죠. 보험사는 고객이 사망하면 일정 금액을 주겠다고 약속했습니다. 그런데 기대 수명이 70세에서 80세로 늘어나게 되면서 보험사 입장에서는 갖고 있던 돈을 10년이나 더 운용하게 됐습니다. 그 10년간 투자를 통해 더 많은 수익을 거뒀고요. 이 초과 수익은 당연히 보험사의 몫이죠. 또 20세기 중후반은 인플레이션의 시대였습니다. 가령 70세에 1,000만 원을 돌려주겠다고 계약을 맺을 때는 1,000만 원이 큰돈이었는데, 막상 보험사가 돌려줄 때가 되니 별것 아닌 돈이 됐어요. 보험 계약자에게 약속한 보험금을 돌려주기 위해서는 매년 7%의 수익을 올려야 했는데, 인플레이션 때문에 금리가 20%까지 올랐으니까요. 그러니 짧은 만기의 채권으로 재투자만 계속하면 큰돈을 벌 수 있는 것이 당시 보험업이었습니다.

가치투자의 원조라고 하는 《현명한 투자자》를 쓴 벤자민 그레이엄Benjamin Graham 아시나요? 죽기 전에 본인이 남겨놓은 글에 따르면 가치주에 분산 투자하는 것이 자신의 투자 철학이었다고 해요. 그리고 대부분의 시기에 이 원칙을 철저히 지켰다고 합니다. 그렇지만 번 돈의 대부분을 딱 한 종목에 소위 '몰빵'해서 벌었다고 고백했는데 그게 2차대전 직후 보험주였다고 해요.

워런 버핏Warren Buffett의 투자 플랫폼인 버크셔해서웨이의 본업도 재보험입니다. 뮌헨리, 스위스리에 이어 전 세계에서 세 번째로 큰 재보험사가 버크셔해서웨이죠. 이렇듯 보험업이 주식 투자 대가들의 성지이다보니 너도나도 보험업에 뛰어들었죠. 그렇지만 2000년 IT 버블 붕괴 이후 저금리, 이제는 마이너스 금리까지 오면서 보험업의 명성은 간 곳 없고 반대로 어마어마한 손실의 위험에 직면했습니다. 예전에 빨리 죽을 것을 걱정해서 사망보험을 들던 사람들이 이제는 오래 살 것을 걱정해서 연금을 들고, 금리가 마이너스가 될 지경까지 돈의 실질 가치가 올라갔으니 정말 이런 상전벽해도 없죠? 보험사 문제는 더 지켜봐야 합니다.

미국 보험사들은 2006년부터 보험 계약에서 발생하는 자산과 부채를 시가 평가했어요. 2001년과 2002년 엔론, 월드컴과 같은 대기업들에서 회계 부정이 연이어 터져나오니 미국 의회가 회계 시스템에 어떤 문제가 있나 살피게 됩니다. 이때 의회가 보험 계약이 장부가로 평가되고 있다는 사실을 알게 된 거죠. 보험사가 계약자에게 미래에 지급해야 할 돈은 보험사 입장에서 부채이고, 시간이 지나면 이자가 붙어 일정한 속도로 계속 증가하게 돼 있어요. 가령 계약자에게 연 3%씩 이자를 쳐서 나중에 연금이나 사망보험금을 주겠다고 했을 거잖아요. 그런데 보험사의 자산을 보니 금리가 낮아지고 주가가 떨어져서 자산 증식은 못하고 있었던 거죠. 특히 2000~2001년에 주가가 폭락했으니 보험사의 자산 가치도 많이 떨어지지 않았겠어요? 그런데 보험 회계에는 아무 일도 없었던 것처럼 자산가치를 매년 가령 5%씩 증식하고 있는 것처럼 기록하고 있었던 것이죠. 투자한 기업이 부도가 났거나 자산 가치가 현저히 하락했다고 객관적으로 인정되는 경우에는 손상차손을 적용했지만, 단순히 금리가 낮아졌다거나 주가가 떨어졌다는 시장 요인에 대해서는 전혀 계산을 하지 않고 처음에 계약할 때 금리가 5%였고 주식의 기대수익률이 7%였으면 그걸 그대로 계속 적용하고 있었죠. 쉽게 말해 금리는 3%로 낮아지고 주가는 30% 떨어졌는데도 회계장부에는 금리가 매년 5%씩 붙고 주가도 매년 7%씩 오르는 것으로 기록되고 있었던 것이죠.

보험의 회계장부 기록 방식을 바꾸기 시작한 것이 미국의 경우 2006년인데, 2008년 금융 위기 때도 이 회계가 문제가 됐죠. 기업이 근로자들에게 퇴직 연금을 주겠다고 한 금액이 있는데 갖고 있는 자산이 턱없이 모자라서 GM 같은 거대 자동차 기업을 잠깐 파산 처리하는 편법을 동원하기도 했습니다. 그 이후 미국뿐만 아니라 전 세계적으로 보험과 연금의 회계 처리에 주목했고, 어떤 사람들은 '다음 금융 위기는 보험과 연금에서 터진다'고 공언할 정도로 회계 문제가 큰 이슈가 되기 시작했죠. 미국과 유럽은 원래 회계 시스템이 꽤 많이 달랐어요. 미국 회계는 GAAP Generally Accepted Accounting Principles(일반 회계 기준)라고 불렀고, 우리나라는 IMF 외환 위기 이후 이 시스템을 도입했습니다. 그런데 미국이 금융 위기 이후 유럽이 만든 IFRS International Financial Reporting Standards(국제 회계 기준)와 회계 시스템을 통일시키기로 하면서 우리나라도 회계 원칙이 GAAP에서 IFRS로 바뀌게 됐죠. 두 제도의 가장 큰 차이는 GAAP가 개별 재무제표 중심인데 반해 IFRS는 실질적으로 지배 관계에 있는 모든 기업을 하나의 기업으로 보는 연결 재무제표가 중심이라는 점, 그리고 GAAP가 사안마다 어떻게 회계 처리할 것인지 정해둔 두툼한 책이라면 IFRS는 회계 담당자가 합리적으로 회계 처리를 할 수 있도록 원칙만 정해둔 얇은 책입니다. 그리고 보험, 연금과 관련해서 GAAP와 IFRS의 가장 중요한 차이는 GAAP가 자산과 부채를 취득 원가로 장부에 기록하는 데 비해 IFRS는 시장 가격이나 공정 가격으로 기록한다는 점입니다. 미국이 웬만해서는 유럽의 시스템을 따르지 않는데, 보험의 장부가 회계 문제를 알고 나서는 자신들의 회계 방식을 버리더군요. 합리적인 사람들인 것은 확실합니다.

금리가 낮아지면 미래에 받을 돈의 현재 가치가 올라갑니다. 금리가 내려가면 채권 가격이 올라간다는 말이 이 뜻이죠. 미래가 멀면 멀수록 금리가 낮아질 때 현재 가치가 더 많이 올라갑니다. 만기가 긴 채권일수록 금리 하락으로 인한 가격 상승 효과가 크죠. 장기 계약인 연금을 시장 가격으로 평가하면, 금리가 내려갈 때 보험사가 지급해야 할 미래 부채가 증가합니다. 만기가 아주 길기 때문에 부채가 굉장히 크게 증가하겠죠. 물론 보험사가 계약할 때 장기 채권을 그만큼 많이 샀다면 보험사의 부채도 자산도 같이 증가하기 때문에 괜찮습니다. 그렇지만 대부분의 보험사들이 장기 보험과 연금을 많이 팔아서 줘야 할 돈은 많

● 금리 인하로 인해 보험사의 수익성이 악화되면서 글로벌 금융 위기에 대한 위험성이 고개를 들고 있다.

은데, 그만큼 장기 채권을 많이 사지는 못했거든요. 장기 채권이 시장에 그렇게 많지도 않고요. 이런 상황인데 시가 평가를 하라고 하면 전 세계 수많은 보험사들의 부채가 크게 증가하고 자산은 얼마 증가하지 못해서 자본금이 줄어들 수밖에 없겠죠. 미국은 GAAP 회계 제도를 적용하던 2006년에 먼저 연금 시가 평가를 시작해서 보험사들이 금리 높을 때 채권을 많이 샀어요. 그런데 유럽은 IFRS를 만들고도 시행 시기를 늦춰놨는데, 그 사이에 금융 위기 터지면서 금리가 폭락해서 보험사들이 대비할 시간적 여유가 없었습니다.

우리나라도 2010년 이후에 이 문제를 들여다보기 시작했으니 유럽과 상황은 비슷합니다. 그래서 유럽을 중심으로 보험 회계의 시가 평가 적용인 IFRS 17의 시행 시기를 원래 계획했던

2022년 1월에서 더 늦추는 문제가 활발히 논의되고 있고, 늦추자는 데 공감대가 형성되어 있는 것으로 알고 있어요. 물론 보험사가 시장 신뢰를 회복하기 위해서는 단순히 회계 기준의 적용을 늦춘다고 될 문제는 아니겠죠.

계속 말씀드리지만 저는 금리 인하가 이제 우리를 죽이는 길이라고 생각합니다. 금리 낮춘다고 경제는 좋아지지 않고 대신 돈 많다고 자산 가격만 오르니 글로벌 금융 위기를 또 잉태하겠죠. 거기다가 부익부빈익빈으로 극우와 극좌를 낳죠.

또 있습니다. 금리가 낮으니 은행, 보험사의 수익성이 나빠지고 금융기관들 망하면서 금융 시스템 무너지겠죠. 일본이 경제 체질적인 문제 때문이 아니라 1990년대 은행, 보험이 줄줄이 무너지면서 '잃어버린 20년'이 도래했다고 보는 시각도 있습니다.

끝이 아닙니다. 가장 심각한 문제인데, 금리가 낮으니 망해야 할 기업들이 안 망하고 오히려 낮은 금리에 돈 더 빌려서 자기 세력을 확장해 모두 좀비로 만들어버리는 이른바 '좀비 경제'가 되는 거죠. 이런 좀비 기업들이 늘어나면 나라 경제는 더 이상 희망이 없습니다. 금융 시장에서는 당장 주가 올라가고 채권 가격 올라가니 금리 인하를 요구하고 있지만, 그러다가 결국 일본처럼 됩니다.

일본화japanization라는 용어가 있어요. 경제가 안 좋아서 금리 인하하고, 금리 인하했더니 경제가 더 안 좋아지고, 그래서 금리 인하하고 경제는 더 나빠지는 악순환이죠. 그래서 결국 좀비 기업들이 만든 저성장의 늪에서 모두 다 허우적거리는 악몽같은 경제 현상이 일본화입니다. 다행스럽게도 20년간 일본화됐던 일본은 강력한 개혁 정책으로 그 늪에서 벗어나기 직전인 것 같지만 말이죠. 제 생각으로는 이제 금리 인하 대신 돈 찍어야 하는 상황인 것 같은데, 그게 쉽지는 않아요. 돈을 찍는다고 경제가 갑자기 성장하는 것도 아니니까요. 그렇지만 선수 교체의 의미는 있습니다. 인플레이션이 새로운 물건을 만들어내거나 경제성장률을 높이는 것은 아니지만, 기존 부의 질서를 무너뜨리고 새로운 질서를 만들었죠. 기존 부자들이 경제를 좋게 할 능력이 없으면 인플레이션이 새로운 부자들을 만들어 그들에게 기회를 주는 것입니다. 금리 인하는 기존 부자를 더 부자로 만들 뿐이니까요.

보험사의 회계 기준 변화

2022년부터 보험사의 회계 기준이 바뀐다. 국제회계기준위원회IASB에서 만들어 공표한 국제회계기준IFRS에서 보험사와 관련된 부분은 IFRS 4에서 IFRS 17으로 바뀐다. IFRS 4는 부채를 장부가로 평가하는 방식이었는데, IFRS 17으로 이행하면서 부채를 시가로 평가해야 한다. IASB는 2010년 처음으로 부채를 시가 평가하는 안을 내놓았고, 2013년 보완을 거쳐 2017년에 회계 기준을 공표했다. 당초 일정은 2021년 1월부터 보험 회계에 시가 평가를 적용하는 것이었으나 2018년에 2022년 1월 시행으로 일정을 1년 늦췄다.

보험 부채를 장부가로 평가한다는 것과 시가로 평가한다는 것은 무슨 의미일까? 기존에 보험사들은 매년 보험 계약자들이 내는 보험료를 수입으로 잡고 지급하는 보험금을 지출로 잡았다. 그래서 지급하는 보험금보다 받는 보험료가 많으면 흑자, 보험료보다 보험금이 많으면 적자로 기록했다. 그런데 이 방식은 인구와 금리에 구조적인 변화가 생기면 문제가 발생한다.

연금을 생각해보자. 사망률과 출생률에 큰 변화가 없다면 인구 구조에 변화가 없을 것이다. 이 경우 보험사가 노인층에게 지급하는 연금은 매년 일정할 것이고, 젊은 사람들이 매년 일정하게 연금에 가입해서 저축을 할 것이다. 세월이 흘러도 연금 지급액과 연금 저축액 사이에 구조적인 변화는 없을 것이다. 그러나 출생률이 낮아지면서 젊은 인구는 줄고 노년 인구는 증가하게 되면 젊은 사람들이 내는 연금 저축으로 노인층에게 지급할 연금액을 충당하기 어려워진다.

IFRS 4 회계를 쓰면 현재는 연금 지급액보다 연금 저축액이 많아 보험사가 흑자를 내겠지만, 시간이 지나면서 보험사 손익이 적자로 돌아설 것이다. 그리고 이 적자는 인구 구조가 다시 바뀔 때까지 계속될 것인데, 그때까지 보험사가 계속 적자를 감내하며 생존하기는 어려울 것이다.

반면 IFRS 17 회계는 현재의 연금 지급액이 아니라 미래에 지급해야 할 연금 지급 예상액을 계산한다. 보험사들이 각자 몇 가지 그럴듯한 시나리오를 만들어서 미래에 지급해야 할 연금액을 예상하는데, 이것의 현재 가치가 보험사의 부채가 된다. 수명이 길어지면 보험사가 지급해야 할 연금액이 증가하니 부채도 늘어나게 되고, 또 금리가 낮아져도 부채의 현금 가치가 올라간다. 재무적으로 보면, 1년 후에 갚아야 할 부채 100만 원은 금리가 10%일 때는 현재 가치가 약 90만 9,000원이지만, 금리가 1%일 때는 99만 원이 되는 이치 때문이다.

보험 부채가 증가하면 보험사의 부채 비율이 증가하고 재무 건전성이 악화된다. 재무 건전성을 다시 높이려면 증자를 해야 하는데, 보험사와 주식 시장 모두에 큰 부담이 아닐 수 없다. 일부에서는 보험사의 재무 건전성과 투명성을 높이기 위해 도입하는 IFRS 17이 오히려 투자자 불신과 공포 심리를 조성해 금융 위기를 불러올 수 있다고 우려하기도 한다.

단순히 시장 금리가 하락한 것을 가지고 보험사의 재무 건전성이 악화됐다고 평가해야 하는가에 대해서도 여전히 논란이 많다. 물론 시장 금리 하락이 돌이킬 수 없는 현상이라면 부채가 증가했다고 보는 것이 맞지만, 시장 금리는 하락했다가 나중에 다시 상승할 수도 있다. 이 경우라면 부채의 시가 평가가 재무 상태를 파악하는 데 걸림돌이 될 수도 있다.

보험사가 금리 하락에 따른 보험 부채의 증가 부담에서 벗어나기 위해서는 자산과 부채의 만기를 같게 하면 된다. 그러면 금리 하락으로 부채가 증가하는 만큼 투자한 채권의 값어치도 증가할 것이다. 그러나 보험사가 충분히 살 정도로 장기 채권의 수가 많지 않다. 각국 정부가 재정 건전성을 해치지 않기 위해 만기가 긴 국채 발행을 늘리지 않고 있기 때문이다. 최근 미국과 유럽 등에서 100년 만기 국채와 같은 초장기 국채 발행이 논의되고 있는데, 이것 역시 보험 부채의 시가 평가 문제와 연결되어 있다.

달콤하고 편한 길

김동환 재정을 통해 즉 정부 지출을 늘려서 경기를 살리는 데는 한계가 있습니다. 정부 지출은 행정부 마음대로 못 늘립니다. 의회를 통과해야 하죠. 그런 측면에서 돈을 풀기에는 통화 정책이 훨씬 더 빠른 방법이죠?

예를 들어 우리 정부의 재정 정책을 더 확장적으로 가져간다고 하더라도 500조 쓰다가 갑자기 1,000조로 늘릴 수 있는 건 아니니까요. 아마 정도에 따라 다르긴 해도 각국이 다 마찬가지 상황일 것입니다. 그러한 의미에서 보면 통화 정책보다 더 차별적인 재정 정책을 구사할 수 있는 나라를 주목할 필요가 있겠습니다. 의회에 비해 정부가 압도적인 파워를 갖고 있는 나라 중에 규모가 제법 있는 곳, 이를 테면 러시아 같은 나라이지요. 우리나라는 고작 추경 5조 8,000억 하는 데도 합의가 안 돼서 질질 끌다가 결국 일본이 경제 보복을 하고 나온 다음에야 국회 통과가 되는 형국이잖습니까?

김한진 돈을 찍어서 인플레이션을 만드는 일은 결국 비용을 수반합니다. 좋은 인플레이션 정책은 디플레이션을 잠시 극복하는 지렛대 수단으로서의 통화 정책입니다. 하지만 전 세계로 활용되고 있는 인플레이션 정책의 문제는 과잉 공급과 과소 수요의 근원적인 저성장 문제를 통화 정책에만 의존해 해결하려는 데 있습니다. 돈 푸는 게 정치적으로 가장 편하니까요. 게다가 통화 정책은 환율 방어 수단이므로 어느 중앙은행도 이 완화적인 통화 정책 기조에서 먼저 이탈하기를 주저하고 있습니다. 일단 인플레이션 걱정이 없어 이 '달콤하고 편한 길'을 갈 수 있는 거겠죠.

금융 위기 이후 중앙은행이 그렇게 많은 돈(시중은행에 공급하는 본원통화)을 찍었지만 통화승수(본원통화가 창출하는 통화량 배수)가 낮아 이들 돈은 시중으로 모두 가지 않고 중앙은행으로 되돌아와 쌓이고 있습니다. 대부분 국가의 화폐 유통 속도(한 단위 재화를 생산하는 데 광의의 통화량이 몇 번 사용됐는지를 나타내는 지표)가 둔화 추세인 것을 보면 이를 이해할 수 있습니다. 화폐 수량설에 따르면 물가 상승률은 실질 성장률을 초과하는 화폐 공급 증가율로 설명됩니다. 여기에는 화폐 유통 속도가 일정하다는 기본 가정이 들어갑니다. 문제는 돈이 예전만큼 돌지 않아 풀린 돈이 재화나 서비스의 거래에 모두 사용되지 않으니 인플레이션이 발생하지 않는 거죠. 하지만 시중은행이 중앙은행에 묻어둔 초과 지급 준비금이 시장으로 다시 흘러들어오면 물가는 크게 오를 것입니다. 물론 가시적 기간 내에 그럴 일은 없어 보입니다. 엄청난 수요가 새로 형성돼 구조적으로 떨어져온 화폐 유통 속도를 일거에 끌어올릴 만한 조짐이 안 보이기 때문입니다.

문제는 선진국들이 이처럼 돈을 마구 푸는 과정에서 신흥국들의 부담은 더욱 커졌다는 데 있습니다. 글로벌 수요 둔화와 보호무역주의는 신흥국 경상수지와 외환 보유고를 약화시키고, 이는 신흥국의 환율 절하 압력으로 작용할 것입니다. 금융 위기 이후 지난 수년간 그랬듯이 신흥국은 달러 구하기가 더욱 어려워질 것입니다. 하지만 이는 동시에 선진국 국채 수요의 둔화를 의미합니다. 이미 대규모 국채 발행 잔고로 이자 비용이 급격히 늘어나고 있는 선진국은 빚을 갚기 위해 더 많은 빚을 질 수밖에 없죠. 금융 완화를 지속하고 국채 발행을 늘리는 방식으로 대응할수록 선진국 국가 부채와 재정 수지는 되돌릴 수 없는 위험 수준에 이를 것입니다.

통화 가치 역시 하락 압력에 노출됩니다. 선진국(미국)은 신흥국 통화 약세를 환율 조작 탓으로 몰아붙이고 이따금씩 인위적으로 달러 약세를 유인할 것입니다. 특히 미 달러 패권의 모순이 극에 달해가는 과정에서 수출 경쟁력이 약한 신흥국의 피해가 가장 클 것 같아요. 외환 체력이 약한 국가는 국제 투기꾼들의 먹잇감이 될 것입니다. 외환 사정이 불안하고 정치 불안성이 내재된 국가는 금리가 아무리 높더라도 투자 전 다시 한 번 깊게 생각해봐야 합니다.

중앙은행의 화폐 증발

인플레이션은 화폐적 현상인가, 실물적 현상인가? 다르게 말해 돈이 많이 풀리면 물가가 올라가는가, 아니면 수요가 늘어야 물가가 올라가는가?

경제학에서 많이 쓰이는 화폐수량설에 따르면, 화폐량이 증가하면 물가가 올라가야 한다. GDP는 1년에 한 나라 안에서 생산된 모든 재화와 서비스의 거래 합계를 뜻하는데, 이는 재화와 서비스의 양과 그 각각의 가격으로 나눌 수 있다. 이 재화와 서비스가 모두 거래되려면 그만큼의 돈이 필요할 것이다. 그런데 돈이 여러 사람 손을 거치면서 수차례 거래될 수 있으니 필요한 돈의 규모도 화폐량과 연간 회전율로 나눠볼 수 있다.

화폐수량설은 이 네 가지 변수, 즉 재화와 서비스의 양과 가격, 그리고 화폐량과 회전율 사이의 관계를 말한다. 즉 재화와 서비스의 양에 가격을 곱한 것은 화폐량과 회전율을 곱한 것과 같게 된다. 여기서 첫 번째 변수인 생산되는 재화와 서비스의 양에 큰 변화가 없고, 돈이 1년에 회전되는 속도에 큰 변화가 없다고 가정하면, 화폐량이 많아지면 재화와 서비스의 가격, 즉 소비자 물가가 올라간다는 관계가 성립한다. 화폐수량설에 따르면 중앙은행이 저금리 정책을 써서 사람들이 돈을 더 많이 빌려가게 하고, 또 양적완화를 해서 시중에 돈을 풀면 소비자 물가가 올라가야 한다.

그러나 현실에서는 이론과 달리 물가 상승이 나타나지 않고 있다. 2008년 금융 위기 이후 주요국 금리는 제로, 심지어는 마이너스가 되기도 했지만 물가상승률은 올라가지 않고 있으며, 심지어 낮아지는 것을 간신히 막고 있는 실정이다.

화폐수량설에 따르면 돈이 많이 풀렸으면 물가가 올라가야 하는데, 도대체 왜 그러지 못하는 것일까? 돈이 풀리기는 했지만 그 돈이 소비자 대신 자산 가격을 올리는 데만 쓰였기 때문이다. 돈이 풀리고 가격이 올라간 것은 맞다. 다만 재화와 서비스가 아니고 주식, 채권과 부동산 등 자산 가격이 오른 것이다.

중앙은행이 금리를 낮춰 돈을 더 많이 빌려줬는데, 이 돈을 누가 빌려갔을까? 돈을 많이 빌릴 수 있는 재무 상태를 갖춘 기업과 부자들일 것이다. 또 양적완화로 돈을 풀었다고 하지만, 연기금, 보험, 은행 등이 갖고 있는 채권을 중앙은행이 사주고 그

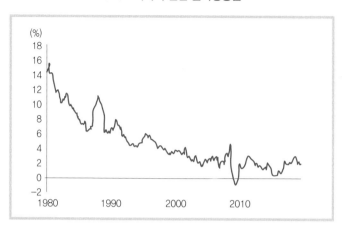

OECD 국가의 연간 물가상승률

(%)

18
16
14
12
10
8
6
4
2
0
−2

1980　　　1990　　　2000　　　2010

출처 : OECD

들에게 현금을 준 것이다. 이 돈을 받은 연기금, 보험, 은행 등은 그 돈으로 다시 채권이나 주식, 부동산을 샀을 것이다. 그래서 돈은 많이 풀렸지만, 재화와 서비스를 사는 데 그 돈이 쓰이지 않았으니 소비자 물가가 올라가지 못하고 있는 것이다.

　물가상승률을 높이려고 하면 풀린 돈이 소비에 쓰여야 한다. 고소득층이나 포트폴리오 투자를 할 수밖에 없는 금융기관들에게 돈을 더 풀어봤자 물가상승률을 높일 수 없다. 이 때문에 중앙은행의 통화 정책에 한계가 왔다는 주장이 힘을 얻어가고 있다. 중앙은행은 소비 성향이 높고, 돈이 생기면 소비를 하는 저소득층을 겨냥해서 돈을 풀 수 없기 때문이다. 따라서 정부가 국채를 발행하고 중앙은행은 이 국채를 사주면서 돈을 풀고, 정부는 그 돈으로 재정 지출을 해서 저소득층에게 돈을 풀자는 주장, 재정을 통한 통화 증발 주장이 최근 여러 나라에서 확산되고 있다.

4장
동아시아 경제를 말하다

김동환 지난 2019년 7월에 한국은행이 금리를 미국보다 먼저 내렸습니다. 물론 며칠 뒤에 연준이 금리를 인하할 것을 예측했기 때문이기도 하지만 선제적 금리 인하를 한 것은 우리 중앙은행인 한국은행도 전 세계적인 완화적인 통화 정책에 결국 편승할 수밖에 없는 상황이었을 가능성도 큽니다. 10월에 추가 금리 인하를 한 것도 그런 분석을 뒷받침하는 것이라고 생각합니다. 이대로 두었다가 그야말로 경기가 더 악화된다면 그 책임은 상당 부분 정부가 아니라 중앙은행에서 져야 할지도 모른다는 생각을 미국이나 유럽을 보면서 했을 수 있습니다. 그동안 매우 보수적인 자세를 견지해오던 한국은행의 입장에서는 상당히 고무적인 변화라고 할 수도 있을 겁니다. 물론 추후에 추가적인 금리 인하를 얼마나 더 빨리 많이 하느냐를 지켜봐야겠습니다만 말입니다.

거기다가 아까 말씀드린 것처럼, 절대 금액이야 늘 수 있지만 정부 재정의 증가 폭이 비율적으로 보면 줄어들 수밖에 없습니다. 지금 정치권의 지형도를 봤을 때 더 늘리기는 힘들어 보입니다. 그렇다면 그 부분에 대한 압력이 강해질 가능성도 있겠지요.

김일구 일본도 비슷한 맥락이라고 생각합니다. 미국이 대통령 선거 과정에서 저소득층 표를 얻기 위해 MMT를 할 수 있고, 유럽도 군사적 통합을 위해 돈 찍는 것처럼, 일본도 돈 찍어서 엔화 강세를 막겠다고 나설 수 있어요. 제가 볼 때는 일본 경제가 최근 몇 년 동안 상당히 많이 변했습니다. 고령화와 저성장, 제로 금리는 일본이 먼저 시작했고 유럽에 이어 한국도 따라가고 있잖아요? 인구의 고령화와 제조업의 성장 저력 약화가 사회를 어떻게 만드는지를 일본을 통해 봐왔는데, 이제 일본은 그 긴 터널에서 벗어나고 있습니다.

일본이 헌법을 바꾸는 것을 '정상 국가'가 되는 길이라고 얘기하는데, 경제 측면에서 보면 일본은 거의 30년 만에 정상 국가가 됐어요. 경제적인 측면에서 고령화가 무서운 것은 국가가 써야 할 돈이 계속 늘어나기 때문이잖아요? 그런데 일본은 2012년에 국가가 제공하는 복지 혜택, 의료비 지원을 줄이고, 우리로 따지면 국민연금과 공무원 연금도 통합시켰어요. 이렇게 해서 정부 지출을 줄이고 소비세도 인상하기로 법으로 정해 세수도 늘려놨죠.

민주당을 지지한 사람들은 아마 복지와 의료비 혜택 늘리고, 그 재원을 누진적인 소득세와 법인세 인상으로 조달하기를 기대했을 겁니다. 그런데 집권 민주당이 지지층의 바람과는 정반대로 복지 지출을 줄이고 소득 역진적인 소비세 인상까지 했단 말이죠. 야당이었던 자민당은 당연히 동의했고요. 왜 그랬을까요? 당시 민주당 출신의 노다 총리가 그런 말을 했어요. "일본은 세계 최고속의 고령화로 매년 증가하는 사회보장비를 대증요법으로 해결하는 데 한계에 도달했다. 미래 세대에 부담을 넘기지 않고 삶의 보람을 느끼고 온기 가득한 사회를 만들기 위해서는 이 방법밖에 없다." 우리가 역사 속에서 많이 봐왔던 일본인들의 공동체 우선주의가 다시 한 번 드러나고 있는지 모릅니다.

저는 지금 일본이 재산업화라는 경제 목표를 향해 달려가고 있다고 보는데, 이를 위해 마지막으로 한 가지 더 필요한 것이 엔화 강세를 막는 것입니다. 정부가 세제 혜택을 주고 한국과 같은 경쟁국을 백색국가에서 제외해서 국내 기업에 유리한 경쟁 환경을 만들어준다고 해도 예전처럼 엔화 강세가 다시 시작되면 일본에서 기업을 운영하기 힘들죠. 그래서 저는 아베 정부가 엔화 강세를 막을 수 있는 능력을 보여줘야 하는데, 이것 역시 돈 찍는 능력이라고 생각합니다. 엔화가 달러화보다 많으면 엔화가 달러화에 대해 약세가 될 테니까요.

아베 총리 집권 초기인 2014년과 2015년에 걸쳐 일어난 엔화 약세에 주목할 필요가 있어요. 이때 미국 달러에 대한 엔화 환율이 80엔에서 120엔까지 올라갔는데, 방법은 돈 찍는 것이었죠. 일본 정부가 발행한 국채를 연기금, 은행을 포함한 금융기관들이 갖고 있었거든요. 이걸 일본은행이 당시 유행하던 양적완화 정책이라며 사들입니다. 일본은행이 갖고 있던 일본 국채는 전체 발행량의 10%에 불과했는데 이때 45%로 증가하죠. 갖고 있던 일본 국채를 팔았으니 금융기관들의 손에 엔화 현금이 생겼겠죠? 때마침 아베 정부가 연기금의 해외 투자 비중을 확 늘려서 외환시장에서 엔화 매도, 달러화 매수가 폭발적으로 증가하도록 했습니다. °환헤지도 안 하게 하고요. 잘못되면 누가 책임질 거냐, 일본은행 총재도 자신의 권한 밖이라고 한 발 물러섰는데 아베 총리가 자신이 역사 앞에 책임을 지겠다며 통과시켰죠.

환헤지 해외 통화를 이용한 거래에서 기준 통화와 해외 통화 간 환율 변동으로 인해 발생할 수 있는 환위험을 극복하기 위해 환율을 미리 고정해두는 거래 방식.

그때 아베 총리가 한 유명한 말이 있습니다. "윤전기를 씽씽 돌려서 일본은행이 돈을 무제한으로 찍어내게 하겠다." 앞으로 일본의 재산업화 과정에서 엔화 강세를 막기 위해 다시 윤전기를 돌릴 것 같습니다. 지금은 윤전기에 기름칠을 하고 있는 시기일 테고요.

3종 늪에 빠진 일본 경제

김동환 아베노믹스에 대한 평가가 조금 갈립니다만 본질적으로 아베노믹스는 엔저低를 전제로 합니다. 1985년 플라자합의 이후에 형성된 버블과 그 붕괴로 시작된 이른바 '잃어버린 20년' 기간마저도 엔화의 향배에 따라 일본 경제는 조금 나아졌다 또다시 어려워지는 일을 반복했습니다. 물론 개선되는 기간은 짧았고 악화되는 기간은 상대적으로 길었습니다. 아베노믹스 이후에 일본 경제의 변화는 여전히 엔화의 방향성과 매우 밀접한 관련이 있습니다. 적어도 경제 지표로만 놓고 보면 일본 경제는 2017년 단기 정점을 찍습니다. 엔화 약세의 바닥을 보는 시기죠. 물론 일본 경제에서 수출이 차지하는 비중은 우리나라와 비교하면 매우 제한적입니다. 그러나 워낙 저성장인 나라에서 수출의 진폭은 그 영향이 고성장 국가에 비해 클 수밖에 없습니다. 이미 일본의 수출은 2018년 하반기 이후에 크게 줄고 있습니다. 우리나라나 싱가포르와 거의 흡사한 모양새지요.

우리의 경우 반도체 가격의 하락세로 인한 영향을 더 차별적으로 받고 있습니다만 사실 전 세계 교역량의 감소라는 측면에서 공통적으로 겪고 있는 상황이라고 봐야 합니다.

그럼 과연 다가오는 2020년도에 다시 한 번 엔저가 가능하겠냐가 중요한데 지금으로서는 기대하기 힘든 상황입니다. 일단 트럼프가 그런 환경을 만들지 않으려고 할 테고 글로벌 금융 시장의 변동성이 커지면 커질수록 엔화에 대한 수요는 훨씬 늘어날 가능성이 크기 때문입니다.

　　김한진　동의합니다. 일본은 결국 더 깊은 저성장의 늪, 돌아올 수 없는 국가 부채의 늪, 고령화에 발목 잡힌 소비 부진의 늪, 이 3종 세트의 늪에 더 깊이 빠질 가능성이 높다고 봅니다. 일본의 저성장은 새로운 성장 산업의 부재와 소비 부진이라는 구조적 요인 때문입니다. 최근 2.4%까지 낮아진 실업률과 취업자 수의 증가, 높아진 구인배율(구직자 한 명당 일자리 수) 등은 아베노믹스의 엔화 약세 화살이 마침 세계 경기 호조라는 과녁에 꽂히면서 나타난 현상이라 봅니다.

　　2013년 아베 총리의 집권 이후로만 엔화가 달러당 80엔에서 120엔 대로 50% 올랐고 이에 힘입어 수출증가율은 2016년 7월 마이너스 14%에서 2017년 8월부터 2018년 1월까지 6개월간 전년 동기 대비 평균 14%로 급증했습니다. 하지만 일본의 수출과 기업 이익은 이후 빠르게 식어가고 있습니다.

　　문제는 최근 경기 호황 국면에서도 실질 임금 오름세가 제한적이었고 고용의 질적 개선도 크지 않았다는 사실입니다. 성장의 지속성에 대한 의문이 커지는 이유입니다. 아니나 다를까 엔화가 강세로 돌아서면서 일본의 경제성장률은 2017년 1.9%를 피크로 2018년 0.8%로 낮아졌고 향후 세계 경기 둔화에 따라 0.6% 아래로 내려갈 전망입니다(세계은행 2019년 6월 예측).

엔화 가치와 일본 수출증가율

한편 일본의 국가 부채는 2018년 말 기준, 약 1,100조 엔으로 GDP 대비 240%에 달합니다. 물론 일본 국채의 46%를 일본 중앙은행이 갖고 있고 나머지 대부분도 일본 금융기관들이 보유하고 있죠. 외국인의 일본 국채 보유 비중은 6.4%에 불과합니다. 더욱이 일본 국채는 모두 엔화 표시이고 330조 엔에 달하는 세계 최대의 대외 순자산도 있으니 사실상 부채 문제로 일본이 환율 하락(엔화 약세)이나 금융 위기를 겪을 가능성은 거의 없습니다. 다만 막대한 국가 부채와 초저금리의 국채 수익률, 중앙은행의 자산 매입(양적완화) 지속과 재정 확충을 위한 주기적인 소비세 인상의 필요성, 그리고 고령층에 대한 복지 예산의 증가(연금과 의료비 등 사회보장비용이 2018년 121조 엔에서 2040년 190조 엔으로 57% 증가할 것으로 예상) 등은 일본이 저성장 디플레이션을 쉽게 탈피하기 어려운 구조의 국가임을 시사합니다. 결국 일본이 세계 경기 확장 국면에서 세계 최대의 채권국 지위와 엔화 패권을 십분 활용해 경기 부양에 성공한 점은 인정하나 앞으로의 한계성은 확실히 있다고 봅니다

다만 아베노믹스를 바라보면서 우리가 배울 점은 분명 있는 것 같아요. 최저 임금제와 소득 주도 성장, 성장 잠재력 확충 정책에 대한 깊은 고민과 치밀한 준비성이 그것입니다. 물론 엔화 약세 정책은 일본이 갖고 있는 특수성에서 나온 것이고 소득 주도 성장 정책의 경우 그 단기적 효과에 아쉬움이 남지만요.

정상 국가로의 도약을 꿈꾸며

김일구   저는 일본 경제를 다시 봐야 한다고 생각합니다. 제가 대학을 졸업하고 연구소에 취직해서 제일 처음 맡은 일이 일본 경제와 엔화 환율 연구였어요. 2년 동안 그것만 팠죠. 한자 사전을 옆에 끼고 일본에서 나오는 책을 읽었죠. 그때가 1995~96년이었는데, 일본에서 《복합불황》이란 책이 베스트셀러였어요. 1990년에 시작된 불황이 과거처럼 1, 2년에 그치지 않고 5년 이상 지속되는 데다가 한두 가지가 아닌 여러 요인들이 복합적으로 작용한 불황이라고 하던 시절이죠. 그 이후로 일본 경제

는 안 봤습니다. 한 나라 경제로 분석하기에는 너무 비정상적이 더라고요. 고령화와 저성장 때문에 정부 지출은 복지와 경기 부양을 위해 계속 늘어나고, 세금을 더 걷으려고 하면 기업들이 해외로 빠져나가면서 산업의 공동화 현상은 심해지고, 도저히 회복 불가능한 모습이었죠.

그런데 2012년 개혁 이후에 일본 경제가 정상적인 모습을 갖추기 시작했어요. 복지 지출을 줄이고 소비세를 인상하면서 이제는 분석을 해볼 만한 그런 모양이 나오더란 말입니다. 일본의 정부 부채가 많아서 곧 망할 것이라고 주장하시는 분들도 계시던데, 그건 정말 현실을 모르는 말씀입니다. 빚이 많아서 망하는 기업도 개인도 국가도 없어요. 빚은 어찌 보면 그냥 장부에 써 놓은 숫자에 불과합니다. 빚이 많아서 망하는 것이 아니라 이자나 원금을 갚아야 하는데 그걸 낼 돈이 없어서 망하는 것이죠. 그런데 채권자가 이자도 원금도 갚으라고 하지 않으면 어떻게 될까요? 아무 문제 없습니다. 일본 정부가 발행한 국채의 45%를 중앙은행인 일본은행이 갖고 있습니다. 거기다 국채 금리는 마이너스죠. 전 세계에서 마이너스 채권이 가장 많은 나라가 일본입니다. 예전에 금리가 플러스일 때 발행한 국채가 아직 많이 남아 있어서 일본 정부가 이자를 내고 있기는 합니다. 평균 금리가 약 0.6% 쯤 되더군요. 정부 부채가 GDP의 230%인데 0.6% 이자를 내면 정부의 연간 이자 지출이 GDP의 1.4%쯤 됩니다. 우리나라 정부 부채가 GDP의 40%인데 조달할 때 평균 금리가 3%라고 하면 정부의 연간 이자 지출이 GDP의 1.2%쯤 됩니다. 일본이나 우리나라나 정부 부채로 연간 지출해야 하는 이자 부담은 비슷해요.

그리고 2019년 10월에 인상한 소비세로 인해 재정에 여력이 생겼습니다. 물론 소비세를 인상하면 소비가 줄어들면서 경제 성장률이 또 마이너스로 떨어지겠죠. 그런데 2020년에 도쿄 올림픽이 있어요. 소비세 인상의 부정적 효과가 올림픽 개최의 긍정적 효과와 맞물려서 상쇄되지 않겠나 싶어요. 예전 소비세 인상 시기, 특히 2014년에 5%에서 8%로 올렸던 시기를 보면 소비세 인상으로 인한 소비 감소 효과가 1년을 가더라고요. 이번에는 올림픽 특수가 그 자리를 메꿔줄 수 있다고 판단한 것 같아요. 그래서 소비세 인상 시기를 2019년 10월로 잡은 것이겠죠.

● 일본은 2020년 개최 예정인 도쿄 올림픽을 통해 경제 부양 효과를 기대하고 있다.

그러면 일본 정부는 소비세 인상으로 확보된 세수를 가지고 적극적인 경기 부양에 나서겠죠. 아마 소비세 인상으로 경기가 안 좋아진 것을 계기로 삼거나 아니면 도쿄 올림픽이 끝나고 경기가 다시 둔화되는 것을 계기로 경기 부양책을 내놓을 것 같습니다. 구체적인 시기로 보자면 2020년 초나 2020년 가을이 되겠죠. 소비세 인상으로 재정 여력이 생겼으니 법인세 인하와 특정 산업 지원 정책이 핵심이 되지 않을까 생각합니다. 미국의 오바마 행정부 때 했던 리쇼어링reshoring, 그러니까 해외로 나간 기업들을 다시 불러들이는 정책이나 트럼프 대통령이 하고 있는 제조업 부흥 정책, 또는 중국 정부가 추진하고 있던 '중국 제조 2025'와 비슷한 정책이 나오지 않겠나 예상합니다.

김동환　이제 우리에게 중요한 중국 경제 전망을 좀 해봐야겠습니다.

날개가 꺾인 중국 경제

김한진　아시다시피 중국 경제는 탈공업화와 산업의 성숙화, 인건비 상승에 따른 대외 경쟁력 약화, 소득 불평등과 기업 부채 증가, 과잉 설비와 부실 좀비 기업, 산업 구조 조정과 부채 조정 지연 등 여러 구조적인 문제들로 인해 어려움을 겪고 있습니다. 어쩌면 이런 문제들은 경제 발전 과정에서 당연히 겪는 성장통이고 선진국 진입을 위한 통과 의례입니다.

　　문제는 세계 경제와 우리 경제 입장에서 이 명목 GDP 14조 달러인 거대 국가의 성장 진통이 가져오는 영향이 너무 가혹하다는 데 있습니다. 이러한 중국의 경제 구조 개선, 즉 안정 성장 기조를 정착시키고 산업의 부가가치를 높이고 대외 환경 변화에 따른 경기 변동성을 줄이고 도농 간, 계층 간 소득 불평등을 축소해 사회를 안정시켜 나간다는 정책 어젠다는 2013년 집권한 시진핑의 신창타이新常態(새로운 상태, New Normal)에 잘 나타나 있습니다. 인민일보가 분석한 신창타이의 특징은 중속 안정 성장, 경제 구조 고도화, 성장 동력의 전환과 다원화 등인데요. 이로 인해 중국이 더 많은 도전에 직면하게 될 것이란 예측입니다. 그림자 금융, 지방정부 부채, 부동산 공급 과잉과 침체 등 중국 스스로 예상한 불확실성에 미국과의 무역 분쟁이 추가되었죠.

　　저는 중국 경제가 결국 지금 의도하는 바대로, 비록 느리지만 안정적이고 지속 가능한 뉴노멀로 갈 것으로 봅니다. 이 같은 중국의 행보는 어렵긴 하지만 전 세계에 반드시 필요한 일이기도 합니다. 문제는 그 과정에서 중국이 직면할 적지 않은 도전과 주변국의 진통입니다. 실제로 IMF는 2016년 보고서를 통해 중국 경제가 수출 및 투자에서 내수 소비 쪽으로 전환하면서 향후 중국과 교역 규모가 큰 아시아 국가들이 가장 큰 부정적 영향을 받을 수 있다고 지적했습니다.

저는 2020년 중국의 가장 큰 대외적 도전은 앞서 다뤘던 무역 분쟁이고 대내적 도전은 부채 조정이라 봅니다. 이 부채 조정은 실물과 금융 시장의 뇌관이므로 자칫 무질서하게 터질 경우 중국의 경착륙이 현실화될 수 있습니다. 2020년 중국 경제를 최악의 조합만 상정해보면 이렇습니다.

'미국을 비롯한 글로벌 경기 조정 폭이 예상보다 커지고 무역 분쟁 합의도 지연되면서 수출 위축으로 인민은행은 위안화 조정 폭을 키운다. 이에 따라 달러 부채 차환에 어려움이 가중되고 베이징 등 1선도시들과 그 이하 도시들의 아파트 가격이 떨어지고 숨겨진 그림자 금융 부실과 지방 부채 부실이 드러나는 동시에 기업 부도율이 급증하며 신용이 경색된다. 이런 여파로 경기 부양에도 불구 소비가 급랭하고 성장률은 일시적으로 5%대 초중반까지 둔화된다'.

얘기가 나온 김에 다가오는 글로벌 경기 둔화 국면에서 '세계 어느 곳에서도 자산 거품이 하나도 터지지 않고 잘 지나갈 수 있을까?'에 대한 고민이 깊어집니다. 집값 불패론이 중국인들의 깊은 민간신앙으로 자리잡는 사이에 중국 부동산 관련 대출의 GDP 대비 비중은 1990년대 일본 집값 버블 붕괴 직전의 세 배 수준을 넘어섰습니다. 특히 지난 2~3년간 가계 부채 증가 속도가 기업 부채를 2.5배나 웃도는 가운데 전체 가계 대출의 56%가 부동산 대출일 정도로 '빚 내서 집 사는 열풍'이 한국 저리 가라입니다. 시중은행의 모기지 부실 채권 비율이 빠르게 늘어나고 있는 것은 뭔가 심상치 않은 위험 신호입니다. 게다가 4,000억 달러 규모의 부동산 개발업체의 부채 상환 압력이 계속 높아지고 있습니다. 역내 규제로 인해 이들의 해외 차입이 급증하는 가운데 달러 표시 회사채 발행 금리가 치솟고 동시에 채권 만기 금액도 늘고 있어 2020년 중국 부동산 리스크는 한층 커질 전망입니다.

김동환 말씀만 들어도 상당히 심각한 상황임을 짐작할 수 있겠네요. 제 생각에는 문제가 부동산에만 있는 것은 아닌 것 같은데요. 중국 경제의 또 다른 문제로 어떤 점을 꼽을 수 있을까요?

김한진 맞습니다. 기업 부채라는 큰 벽도 있습니다. 2008년 GDP 대비 135%였던 중국의 전체 부채는 불과 10년 만에 253%로 급증했는데(2018년 6월 말 기준) BIS(국제결제은행)는 2022년에 이 비율이 300%에 달할 것으로 전망하고 있습니다. 중국의 높은 기업 부채/GDP 비율(155%)은 1990년 초반 일본 부동산 거품 붕괴 당시 수준(141.6%)를 넘어섰고 전 세계(93%) 및 신흥국(97%) 평균을 크게 상회하는 수준입니다.

더욱이 중국 지방정부의 부채 규모는 공식 통계(16.5조 위안)보다 최대 세 배 이상 많은 55조 위안까지 추정되고 있습니다(IMF, S&P, 중국사회과학원 추정치). 이러한 중국의 부채는 고도성장기에는 큰 문제가 아니었죠. 달리는 자전거가 쓰러지는 일은 흔치 않습니다. 하지만 양적 성장이 한풀 꺾이는 상황에서는 부채 위험은 증폭될 수밖에 없습니다. 설혹 극단적인 거품 붕괴나 파열음은 없다 하더라도 과도한 부채는 성장의 발목을 잡고 이는 다시 부채의 원활한 조정을 방해할 수 있습니다. 과잉 부채로 인한 정부의 경기 대응력 약화는 경기 선순환을 위협할 수 있습니다.

중국의 부문별 GDP 대비 부채 비율

출처 : BIS, POSRI
주 : 2018년은 2분기 기준임. 2018년 말 및 2019년은 이보다 부채가 늘었을 것으로 추정됨.

자산 시장에 거품이 있다면 어디일까?

자산 시장의 거품은 늘 터진 다음에야 비로소 거품이었음을 알게 된다. 자산 시장의 비이성적 버블은 인류 역사상 늘 반복되어 왔다. 어느 시대나 자산 가격이 거품을 만드는 데는 세 가지 요소가 지원됐다. 탄탄한 스토리, 풍부한 유동성, 그리고 사람들 마음속 탐욕이란 재료다. 그렇다면 지금의 자산 시장은 어떠한가? 지난 10년간 글로벌 자산 시장을 이끌어온 재료는 세계 경기 호황이라는 기본 스토리, 세계 중앙은행이 공급한 광대한 유동성, 그리고 자산 수익률에 대한 지나친 눈높이다. 세계 자산 시장 곳곳에 과도한 움직임이 포착되고는 있으나 여기서는 미국 중심의 글로벌 주식, 신용파생 상품, 그리고 중국 도시 집값 등 세 가지 자산군에서 거품 여부를 살펴보기로 하자.

첫 번째는 글로벌 증시에 대한 거품 논란이다. 미국 S&P500과 나스닥 시장의 12개월 예상 이익을 적용한 주가수익비율^{PER}은 2019년 중반 기준 각각 18배와 24배이고 주가순자산비율^{PBR}은 3.2배와 4.5배이다. 그러나 이들 시장의 자기자본이익률은 19%와 29%로 현재의 높은 주가 프리미엄을 어느 정도 정당화시켜주고 있다. 기업 실적이 꺾이면 현재 밸류에이션(애널리스트가 기업의 현재 가치를 판단하여 적정한 주가를 산정하는 일)이 얼마든지 훼손될 수는 있지만 그렇다고 이 정도의 주가를 버블이라고 단정하기는 어렵다. 물론 2013년 노벨경제학상을 수상한 로

버트 실러Robert Shiller 예일대 교수가 계산한 경기조정주가수익

비율CAPE, Cyclically-Adjusted Price Earnings Ratio(S&P500지수와 EPS 10년

치의 평균값으로 산출)로 보면 현재 미국 주가는 고평가 논란의 여

지가 있다. 이른바 실러 PER는 2019년 8월 말 기준 29.3배로 장

기 평균 16.7배보다 높고 2000년 IT 버블 당시(44배)보다는 낮지

만 1929년 대공황 직전과는 비슷한 수준이다. 기업의 장기 평균

이익과 물가로 환산한 실질주가로 볼 때 미국 주가가 결코 저렴

하지는 않다는 얘기다. 결론적으로 말해 미국 증시는 현재 단기

적인 이익 기준으로는 적정한 수준이나 장기 평균 이익으로는

고평가된 수준이다.

미국 주식 시장 장기 주가수익비율 추이(실러 PER)

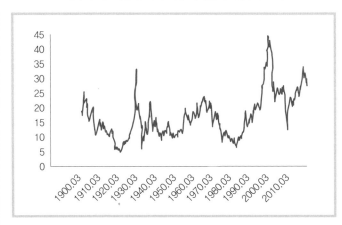

주 : S&P500 인플레이션 조정 실질가격/실질 확정주당순이익 10년 평균 값임.

미국 CLO 신규 발행 규모

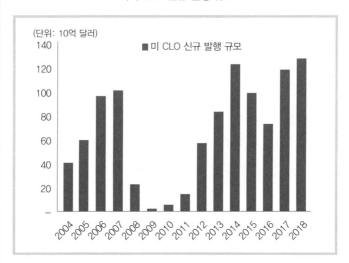

출처 : 국제금융센터, S&P Leveraged Commentary & Data

두 번째는 최근 미국과 유럽을 중심으로 팽창해온 신용파생 상품 시장에 대한 거품 논란이다. 10년 전에는 주택 담보 대출을 묶어서 만든 '부채담보부증권CDO : Collateralized Debt Obligations'이 문제가 됐다면 지금은 은행이 신용도가 낮은 기업들에 제공한 대출채권을 묶어 이를 담보로 발행한 '대출채권담보부증권CLO : Collateralized Loan Obligations'이 위험 신호를 보이고 있다.

2018년 말 글로벌 CLO 시장은 7,000억 달러로 2016년보다 25% 증가했다. 2018년 중 미국에서만 최고 규모인 1,281억 달러의 CLO가 발행되었다. CLO의 기초 자산이 되는 재무 구조 취약 기업에 대한 레버리지드 론Leveraged Loan(BB+ 이하 등급의 선순

순위 담보부 은행대출 또는 가산 금리가 °**리보/유리보**^{Libor/Euribor} 대비 125bp 이상이고 1,2순위 담보대출인 것)

잔액은 미국만 2018년 말 1.3조 달러로 2007년 금융 위기 직전의 5,600억 달러 대비 2.1배 증가했다. 미국과 유럽에서만 투기 등급 회사채가 두 배

Libor 영국 런던에서 우량 은행끼리 단기자금을 거래할 때 적용하는 금리.
Euribor 유로화를 사용하는 유럽연합 내 12개국의 시중 은행 간 금리.

증가했고 BBB를 포함한 최하위 투자 등급 회사채 물량은 네 배나 증가했다. 장기간 저금리 환경에서 필사적으로 고금리 상품을 찾는 기관 투자가들의 욕구가 우량 회사채와 국채 금리 대비 수백bp 높은 이 신용파생상품의 수요를 끌어올린 것이다. 10년 전 CDO가 재무제표상 위험을 가려주고 그 영향으로 불량 주택 대출이 급증해 결국 주택 시장의 붕괴를 불러왔듯이 지금 CLO도 마찬가지 모습이다. CLO는 채권의 위험성이 낮은 것처럼 보여 그 판매가 급증했고 CLO의 인기와 발행 물량 증대는 부실 기업에 대한 대출을 계속 증가시켰다. 이미 한계선을 넘은 CLO와 레버리지드 론이 경기 둔화기에 어떤 위험으로 나타날지 주목된다.

끝으로 글로벌 자산 시장 가운데 가장 거품이 의심되는 곳은 바로 일부 국제 도시들의 집값이다. IMF에 따르면 과거 크고 작은 금융 위기의 3분의 2 가량은 주택 버블 붕괴와 맞물렸다. 스위스 투자은행 UBS는 2018년 보고서에서 주택 가격 거품 가능성이 가장 높은 도시를 홍콩으로 꼽았고 뮌헨, 토론토, 벤쿠버,

암스테르담, 런던 등도 집값 거품의 위험이 높은 도시로 지목됐다. 각국의 주택 가격을 가구당 연소득과 비교한 PIR^Price to Income Ratio는 주택 가격과 소득 산출 방식에 따라 조사기관마다 차이가 크다. 하지만 전 세계 주요 도시의 절반 이상의 PIR가 2008년보다 높아졌고 홍콩과 베이징, 상하이, 시드니, 벤쿠버, 서울 등이 글로벌 주요도시 PIR 상위도시에 위치하고 있는 것은 명백한 사실이다.

10년 전 자산 거품이 미국 서브프라임 대출과 주택 가격에 있었다면 지금은 몇몇 선진국 국제 도시와 중국 1선 주요 도시들이 집값 거품의 징후를 보이고 있다. 특히 현재 중국 은행권에는 28조 위안의 가계 주택 담보 대출이 있다. 중국의 가계 부채는 GDP의 50%에 이르는데 이는 2008년 대비 두 배 이상 증가한 수치이고 가처분소득 대비로는 100%를 넘어섰다. 중국의 집값은 중국이 고도 성장할 때는 아무 문제가 없었다. 지방 정부의 대규모 부동산 개발과 토지 판매 대금 재정 수입 증대, 363개 대도시 주택의 30%인 6,500만 채가 빈 집으로 방치되어도 될 정도로 상승한 집값, 단기로 맡겨도 연 5% 안팎의 금리를 받을 수 있는 원금 불不보장형 자산관리상품^Wealth-Management Product이 존재했다. 이런 연결고리가 앞으로 어디서 끊기고 또 무엇이 뇌관이 되어 심각한 문제를 일으킬지 사실 아무도 모른다. 하지만 이 가운데 단 하나만 끊어져도 문제는 심각해진다. 부채와 자산 거품이 만든 거대한 플라이 휠^Fly wheel이 거꾸로 돌아가기 때문이다. 특히 최근 4,000억 달러의 부채를 안고 있는 중국 부동산 개발업체들의 신용등급이 하락하고 조달 금리가 치솟고 있는 점은 중대한 위험 신호다. 왜냐하면 이들의 신용 추락이나 파산 우려는 투자자들의 조기 상환 압력을 증대시키고 신탁 회사 등 그림자 금융 전체를 흔들 뿐만 아니라 다시 주택 매물을 불러일으키고 지방 정부의 재정난과 지방 정부 부채 문제를 표면화시키는 등 악순환을 유발할 수 있기 때문이다.

주요 도시 가구 평균 소득 대비 주택 가격 비율 Price to Income

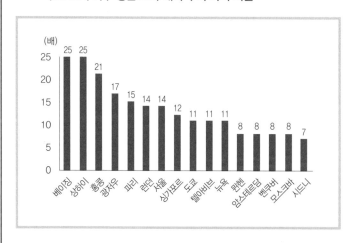

출처 : KB(2019년 6월, 가구소득 3분위 기준), UBS(2019)
중국 출처 : Shanghai Yiju Real Estate Research institute(2019년 상반기 기준)
주 : 숙련된 노동자가 도심 부근 60㎡(약 18평) 아파트를 구매하기 위해서 일해야 하는 연수를 뜻함.

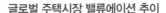

글로벌 주택시장 밸류에이션 추이

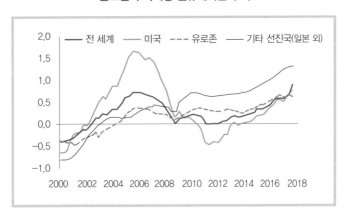

출처 : IMF
주 : 평균 표준 점수, 주택가격/소득비율(PIR), 주택가격/임대비용비율(PRR), 모기지금리
등을 평가 항목으로 사용했음.

김동환　저는 몇 달째 계속된 홍콩 소요 사태를 심각하게 보고 있습니다. 중국이 홍콩에 일국양제^{一國兩制}한 지 꽤 됐는데 이번 사태를 기점으로 과연 일국양제라는 게 가능한가에 대해 서로 많은 생각을 하게 됐을 겁니다.

시장이 두려움을 갖게 되는 건 당연합니다. 미중 무역 협상에서도 중국 측의 분명한 입장 변화가 감지됩니다. 매우 강경해졌다는 것이지요. 이른바 넘을 수 없는 선을 지키겠다는 결연한 의지가 보여요. 그 결연함의 뒤에 무엇이 있을까요? 개혁과 개방이라는 슬로건하에 일궈낸 경제적 번영마저도 희생할 만큼 그들 스스로의 전체주의 국가 경영 시스템을 지켜내야 한다는 겁니다. 어찌 보면 당연한 얘기입니다. 중국의 개방은 역사적으로 볼 때 매우 짧은 기간에 일어났습니다. 중국은 미국과 대결하면서 그들의 체제를 지키기 위해 극단적으로 희생을 택할 가능성도 있습니다. 그런 선택이 실행될 경우 가장 불안한 건 일국양제의 혜택을 보아온 홍콩입니다. 양제가 더 이상 유효하지 않을 가능성이 있기 때문이죠.

홍콩 시위의 빌미는 범죄인 송환법에 대한 반대로 시작되었지만 결국 중국 정부의 이러한 움직임에 공포를 느낀 홍콩 사람들의 대응이라고 봐야 할 겁니다. 시위 현장에 성조기가 자주 눈에 띄는 건 미국에게 중국의 이러한 변화를 알리려는 의미가 담겨 있는 거고요. 당연히 미국은 이 사태를 무역 협상에 있어서 레버리지로 쓰려고 할 것인데 그 지점에서 중국은 일절 양보를 할 수 없는 상황이 되는 겁니다. 미국이 홍콩의 인권 문제 등을 언급하면 언급할수록 미중 협상은 교착 상태에 빠지고 중국 정부로부터 의외의 강수를 보게 될 가능성이 큽니다. 홍콩 문제는 미중 간의 관계 악화가 패권의 문제, 더 나아가 자유민주주의라는 서양의 가치와 전체주의적 국가주의라는 중국적 가치가 충돌하는 지점이 될 겁니다. 아마 2019년 말로 갈수록, 또 미국 대선이 다가올수록 이 문제는 트럼프에게 골치 아픈 뜨거운 감자가 될 것입니다. 대선 전략으로만 보면 트럼프는 가급적 이른 시간 내에 중국으로부터 일정한 양보를 받아내고 국민들에게 일종의 승전보를 알려야 할 상황입니다. 그러려면 이 홍콩 문제를 더 키우면 안됩니다. 중국의 입장에서는 내정의 간섭이라고 느끼기 때문입니다. 그런데 홍콩은 미국의 입장에서도 외면할 수가 없는 지역입니다. 바로 중국으로 들고나는 자본의 허브 역할을 하는 곳이면서 그 자본의 흐름을 주도하는 것이 바로 미국의 월가 자본가들이기 때문입니다.

김한진 맞습니다. 홍콩의 허브 기능은 중요하죠. GDP 14조 달러(미국 20조 달러)의 중국 경제가 높은 수출 의존도에 의지해서 연 6~7%씩 계속 성장한다고 예측하는 사람은 없을 것입니다. 이 거대한 경제권의 프레임이 바뀌는 과정에서 필요한 것은 국제화된 자본 시장과 효율적인 금융 시스템입니다. 이런 배경에서 홍콩은 중국 본토(상해)와 뉴욕, 런던 등을 잇는 금융 허브 역할을 감당해야 합니다. 솔직히 말해 저는 중국 경제성장률이 둔화되면서 우리가 겪을 위험과 기회가 더 고민됩니다만.

중국 경제 악화가 한국에 미치는 영향

김일구 중국의 성장률이 낮아지는 건 어쩔 수 없는 일입니다. 현재 중국 정부가 가진 가장 큰 과제는 매년 750만 명씩 쏟아져 나오는 대졸자들에게 일자리를 주는 것이죠. 중국의 경제 정책에 대한 평가는 GDP 성장률이 아니라 청년 일자리 창출에 달렸다고 봅니다. 또 이것만 잘하면 A⁻ 정도의 성적표는 줄 수 있다고 생각해요. 아마 중국 정부도 더 이상 6%니 5%니 하는 GDP 성장률에 신경 쓰지 않을 겁니다. GDP 성장률을 높이려면 중화학 공업, 석유 화학, 철강, 기계, 컴퓨터 등을 키워야겠지만 이런 산업이 고용 창출 효과는 약해요. 반면 소비는 GDP 성장률을 끌어올리는 힘은 없지만 고용 창출에는 효과적입니다. 우리나라 통계이기는 하지만 대표적인 소비 산업인 도소매, 음식, 숙박업은 10억 원 매출이 발생할 때 스무 명 정도 일자리를 만들어요. 그런데 중화학 공업은 똑같은 10억 원 매출에 적게는 다섯, 많게는 여덟 명의 일자리를 만들 뿐입니다. 그래서 일자리를 우선시한다면 제조업 육성보다는 소비 중심 경제 정책을 쓰게 되죠.

성장률이 떨어지는 것 자체보다는 중국 사람들이 성장률 떨어지는 것을 감당할 수 있을지가 더 큰 걱정입니다. 성장할 때는 사람들이 꿈을 꾸고 내일은 오늘과 달라질 것이라 생각하면서 희망에 차 있는데, 성장이 멈추면 '여기가 끝이야?' 같은 느낌을 받거든요. 우리나라도 현재 그런 상태인 것 같은데 중국도 성장률이 낮아지면서 그런 실망감이 커져갈 것 같아 걱정이에요.

최근 실시한 어느 설문조사 결과를 보면 한국 사람들은 스스로를 불행하다고 느낀다고 합니다. 원인은 여러가지이겠지만, 경제적인 측면에서 이유를 찾는다면 성장에 대한 기대가 사라지면서가 아닐까 싶습니다. 저도 사회생활하면서 여러 회사를 다녀봤는데, 회사가 고속 성장하다가 성장이 멈추는 순간 여기저기서 문제가 터져나오더군요. 반면 처음부터 성장에 대한 기대가 없던 회사에서는 사람들이 그렇게 절망할 일도 없죠. 애초에 더 나아질 것이라는 기대를 하지 않았기 때문입니다. 추락하는 것은 날개가 있다고 하잖아요. 애초에 날개가 없었으면 추락할 만큼 날아오르지도 못했겠죠.

저는 중국에 대해서는 그 점이 가장 걱정스럽습니다. 성장률이 높았으니 사람들이 기대를 갖고 성공해보겠다고 부채를 조달해서 일을 벌여놓았는데 성장률이 낮아지면 돌아오는 빚 돌려막아야 하니까요. 중국은 국가가 나서서 웬만한 부도는 관리가 가능한 상황이잖아요. 사회주의 국가니까요. 그래서 아직까지는 중국 경제가 무너진다거나 그런 심각한 상황은 아닌데, 어쨌든 레버리지가 높은 기업들이 하나씩 무너져가고 사람들의 기대도 조금씩 꺾여가는 것이 포착되고 있어 걱정입니다. 그러면 중국 사람들이 우리가 예전에 했던 것처럼 금 모아 빚 갚고 허리띠 졸라매고 악착같이 일해서 '잘 살아보세' 할까요? 저는 중국인들의 중화사상, 민족주의가 고양되면서 경제 문제는 뒷전으로 밀려나고 정치가 전면에 나서지 않을까 상당히 우려됩니다.

중국의 성장률 하락은 우리나라 경제에도 부정적인 영향을 끼칩니다. 우리가 중국에 자본재와 중간재 등 기업 투자와 관련된 수출을 많이 하고 있기 때문에, 중국의 투자 위축은 곧바로 우리 경제에도 악영향을 미치게 되죠. 중국과 한국 두 나라가 글로벌 경제의 현재 국면에서 가장 불리한 위치인 것 같아요.

● 중국의 성장률 하락, 투자 위축은 수출 중심인 우리나라 경제에도 악영향을 미치게 된다.

김동환　트럼프의 등장이라는 것도 어떻게 보면 국제 분업 체계 속에서 더 이상 미국의 희생을 두고볼 수 없다는 미국 내 반성에 근거한 겁니다. 미국을 중심으로 한 선진국과 신흥국 간의 역할 분담이라는 구조 속에서 중국과 한국도 상당히 우호적인 관계를 유지해온 게 사실이죠. 우리나라가 중간에 IMF를 겪긴 했으나 이 정도까지 성장할 수 있었던 배경에도 중국이 한몫하고 있으니까요. 중국과 미국의 관계가 훼손되고 중국 내부로도 성장의 한계가 분명해지는 상황에서 우리가 주목해야 할 것은 중국의 고용 사정입니다. 고용의 부진이 야기할 소득의 저하와 사회적 불안정성의 고양이야말로 중국 공산당이 가장 두려워하는 것이지요. 정치적 불만은 결국 경제에서 나오는 건데 고용 악화가 가장 치명적인 원인이 됩니다. 그 상황을 타개할 수 있는 방법은 어쩔 수 없는 일부를 제외한 나머지 부분을 우리가 생산하고 우리가 소비하는 거예요. 그런 측면에서 중국 정부는 무엇을 할 수 있을지를 생각하게 될 거고요.

또 하나는 중국과 미국의 관계가 훼손되면서 가장 빨리 방향을 트는 게 중국에 진출해 있는 외국 자본들이란 말이에요. 당장 우리나라 기업들 상당수가 중국에서 빠져나오고 있습니다. 인건비 등 비용의 증가가 직접적인 원인입니다만 사실 그 이면에는 중국 체제의 한계가 자리잡고 있기도 합니다.

이러한 인식을 가지고서는 해외 직접 투자가 늘지를 않습니다. 아무리 큰 시장과 생산성이 있다 하더라도 그 자본을 지킬 수 없을지도 모른다는 불안감을 감내하면서 들어가는 자본은 이른바 투기 자본일 수밖에 없겠지요. 거기다가 영토 문제에 관해서 중국은 오히려 굉장히 호전적으로 바뀔 가능성이 많다고 봅니다. 내부적인 모순을 돌파할 필요가 있을 때 영토와 같은 매우 민감한 주권의 문제를 부각시키는 것이야말로 상당한 효과를 봅니다. 트럼프마저도 임기 내에 경제 상황이 악화되면 지정학적 리스크를 고양시킬 것이라는 전망이 나오는 시점에서 중국 역시 내부의 부진함을 대외적으로 해소하려고 들 가능성이 많습니다. 당연히 중국의 태도의 변화는 중국 기업들의 재정 상태를 악화시키게 될 것이고 그 영향권에 있는 국가들을 힘들게 할 것입니다.

최근 들어 싱가포르 경제성장률이 추락하는 것도 그 영향이라고 생각합니다. 중국 기업들이 주로 펀딩을 해간 통로의 역할을 한 데다가 전 세계 교역량이 줄면서 싱가포르 경제는 더 어려워질 가능성이 많아 보입니다.

위기의 싱가포르 경제

2019년 8월, 골드만삭스는 싱가포르의 경제성장률 전망치를 기존의 1.1%에서 0.4%로 낮췄다. 같은 날 한국 역시 2.2%에서 1.9%로, 대만은 2.4%에서 2.3% 그리고 홍콩은 1.5%에서 0.2%로 각각 낮췄다. 성장률 하향 조정의 원인은 역시 미중 무역 분쟁 등으로 인한 국제 교역량의 축소다.

실제로 싱가포르 경제의 추락은 심각하다. 2019년 2분기 성장률은 마이너스 3.3%로 7년 만에 최저치고 2019년 6월 비석유수출은 전년 동기 대비 17% 이상 줄었다. 소매 판매가 8.9%나 줄면서 5개월 연속 감소세를 보였고 특히 자동차 32%, 가구와 가정용품 15%, 컴퓨터와 정보통신기기가 7% 이상 줄어서 내구재 소비가 얼어붙었다는 걸 수치로 보여주었다. 불황의 여파는 기업들에까지 빠르게 전달돼 실제로 회사채 상황을 중단하는 사례들이 나오고 있다. 전례가 없는 불황의 그늘이 싱가포르를 덮치고 있는 것이다.

싱가포르는 아시아에서 가장 잘 사는 나라다. 550만 인구의 도시 국가지만 세계 20위권의 경제 규모를 자랑한다. 인도양과 태평양을 잇는 지정학적 위치를 활용한 중계 무역의 중심으로서 상하이항에 추월되기 전까지 싱가포르항은 세계 1위의 무역항이었으며 지금도 세계 1위의 환적항으로서 전 세계 환적 화물의 20%를 책임지고 있을 정도다.

우리가 수출로 먹고산다고 하지만 싱가포르는 그야말로 수출과 수입이 전부인 경제라고도 할 수 있다. 싱가포르의 수출입 규모는 국내 총생산의 200%가 넘는다. 그만큼 전 세계 교역의 변화에 밀접한 영향을 받는 경제라는 얘기다.

이러한 싱가포르 경제가 2019년 들어 확연히 하락세를 보이고 있다. 싱가포르의 최대 무역국은 중국이다. 중국 경제의 하락세와 미중 무역 분쟁의 여파가 싱가포르에 직격탄을 날리고 있는 것이다. 싱가포르는 또한 금융 허브로서 중국 기업에 대한 투자의 창구 역할을 해왔다. 실제로 많은 수의 중국 부동산 개발업체들이 싱가포르 은행에서 막대한 자금 조달을 해왔으며 그중 몇몇이 현재 디폴트 상태인 것도 싱가포르 경제 성장에 발목을 잡는 요소다.

싱가포르는 우리 경제와 유사점과 차별점을 함께 갖고 있다. 리콴유와 박정희로 상징되는 개발 독재를 통해 성장했으며 미국의 전략적 우방으로서의 위치를 최대한 활용했던 점도 유사하다. 지난 40여 년간 지속된 세계화와 중국의 개방이라는 호재를 백분 활용해 성공한 경제이기도 하다. 다만 한국 경제는 자동차, 조선, 철강, 전기전자와 반도체에 이르기까지 괄목할 만한 산업적인 도약을 이뤄낸 반면 싱가포르는 금융과 서비스, 소프트웨어 위주로 발전 전략을 구사하고 있다. 또한 근자에 한국은 최저 임금의 인상 등 성장보다는 분배에 방점을 둔 정책으로의 선회가 있었던 반면 싱가포르는 여전히 최저 임금제를 실시하지 않는 등 노동 시장의 유연성을 기반으로 한 생산성을 추구하고 있다. 두 나라 모두 고급 인력에 대한 투자가 발전의 밑거름이었으며 대외 개방이라는 측면에서 동일한 발전 전략을 구사한 바 있다.

세계화의 퇴조와 미국과 중국의 무역 분쟁으로 인한 전 세계 교역량의 감소가 과연 싱가포르와 한국 경제에 어떤 악영향을 미칠지 우려되는 가운데 두 나라의 경제 정책 결정자들의 대처가 차별적인 대응을 만들어낼 수 있을지도 관심거리다.

김한진 지난 중국의 고도성장기에 한국 경제가 부가가치를 좀 더 높이고 차세대 먹거리를 좀 더 견고하게 만들고 안정된 내수 성장을 위한 부채 조정과 소득 주도 성장을 위한 기본 환경도 다져놓았으면 좋았겠죠. 그러지 못한 상태에서 중국의 성장 둔화와 자유무역기조 퇴조, 글로벌 불균형의 심화는 우리 경제에 몇 배의 부담으로 다가오는 것 같습니다.

김동환　글로벌 경제가 하락 국면에 접어들고 그 기울기가 더 가팔라질 수 있는 구간이 2020년이라고 정의할 수 있을 것 같습니다. 여기에 미 연준의 적극적 통화 정책에 대한 기대가 제한되면서 미국에 대한 시진핑의 중국의 대응도 거칠어질 가능성이 높습니다. 국제적 공조가 나올 가능성도 있으나 공조는 위기를 목전에 두고 나오는 것이죠. 또한 공조는 기존의 정치 리더십들에게 유리한 상황이 연출될 때에만 가능합니다. 2020년을 과연 선제적 국제 공조가 실현될 구간으로 보는가 그렇지 않은가는 내년 금융 시장과 자산 가격을 보는 가장 중요한 잣대가 될 것입니다.

2019년에 펼쳐진 미국을 중심으로 한 선진국의 강세와 신흥국 약세라는 국면의 전환이 가능하려면 공조가 필요하고 그 공조의 의미는 중국으로 대표되는 신흥국 위기가 촉발되지 않도록 하자는 합의가 있어야 할 것입니다. 하지만 과연 선거 국면의 미국, 그것도 기득권을 지켜내고자 하는 트럼프 대통령이 그런 합의를 할지에 대해서는 회의적입니다.

선진국 내에서 초저금리와 그로부터 유지된 위험 자산과 무위험 자산의 동반 강세가 과연 언제까지 지속될지도 글로벌 금융 시장에서 주목해야 할 변수입니다. 장단기 금리 역전 현상을 목도하며 경기 침체를 우려하지만 위험 자산 가격에 대한 미련을 못 버리게 만드는 것도 역시 초저금리 현상입니다. 과연 금리가 낮은 상태를 유지하면서 다시금 장단기 금리가 질서정연하게 배열되면서 모든 자산 가격이 동시에 강한, 이 불편한 동거 상태를 유지할 수 있을까요? 그 가능성보다는 실제로 경기 침체가 오거나 오히려 금리 상품에 쏠린 자금이 일시적으로 탈출하면서 모든 자산 가격이 동시에 하락하는 정반대의 상황이 연출될 가능성이 더 커 보이기도 합니다. 자, 그러면 이러한 인식하에서 과연 우리는 어떤 준비를 해야 할지 좀 더 얘기를 나눠보도록 하죠.

3부

숨겨진 투자의
기회를 찾아서

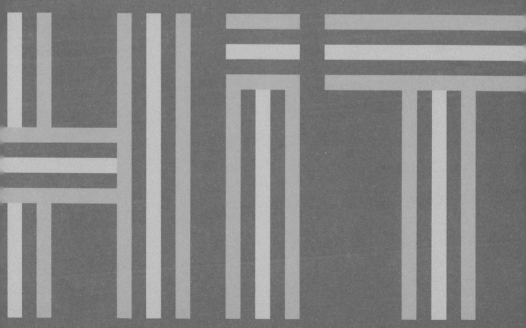

1장

대한민국 금융 시장
믿어도 좋을까?

김동환 이번 장에서는 갈수록 어려워지는 경제 환경 속에 과연 우리는 어떻게 대처해야 하는가에 대해 대화를 나눠보겠습니다. 최근 투자 심리가 위축되어 있는 데다가 약세 시장관이 우리나라 금융 시장을 거의 장악하고 있는 상태다 보니까 그쪽으로 경도될 가능성이 많아요. 쉽지 않은 일이겠지만 소신 있게 발언해주시기를 부탁드립니다.

김한진 최근 1년간(2018년 7월~2019년 8월) 투자 수익이 돋보였던 자산은 브라질 등 일부 국가의 주식과 글로벌 불확실성의 최대 수혜 대상이라 할 수 있는 금, 그리고 저금리 시대의 효

자상품 °리츠REITs 등이었습니다. 물론 금리 하락으로 각국의 장기

리츠 'Real Estate Investment Trusts'의 약자로 부동산 투자를 전문으로 하는 무추얼 펀드.

국채와 하이일드(고수익, 고위험) 채권도 대단한 수익률을 안겨줬죠. 금융 위기의 충격에서 벗어난 지난 2009년부터 위험 자산(주식)과 안전 자산(채권)이 동시에 강세였고, 특히 미국 증시가 독보적이었습니다. 또한 달러 강세(신흥국 통화 가치 약세) 구도 아래 원유와 금, 부동산이 가장 높은 수익률을 기록했습니다. 하지만 똑같은 자산임에도 주변에 돈을 벌었다는 분과 손해를 봤다는 분이 동시에 존재합니다. 투자 시점과 매도 시점에 따라 수익률 차이가 큰 시대인 것 같습니다.

글로벌 자산 시장 수익률 비교(2009년 이후와 2016년 이후 장기수익률)

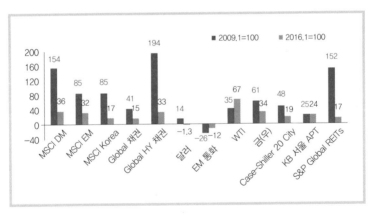

출처 : 블룸버그

주 : DM은 선진국(developed market), EM은 신흥국(emerging market) 주가지수, HY는 하이일드채권, EM통화지수는 MSCI 신흥국 통화지수 사용. REITs는 부동산투자신탁(Real Estate Investment Trust) 이며 수익률은 기준 시점(2009년 초와 2016년 초) 대비 2019년 8월의 상승률임.

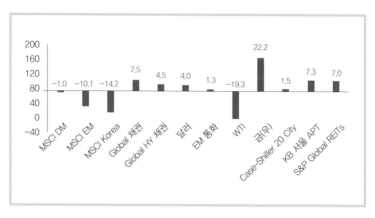

글로벌 자산 시장 수익률 비교(최근 1년간 수익률)

주 : 수익률은 2018년 7월 대비 2019년 8월의 상승률임.

이와 같은 자산 시장의 높은 변동성은 2020년에도 비슷하게 이어질 것 같아요. 변동성은 곧 단기적으로는 도저히 이해할 수 없는 불규칙한 가격 흐름을 뜻합니다. 요컨대 원칙 없이 단기 재료나 작은 변화에 연연해 쫓아가는 투자 방식은 손실만 키울 수 있다는 겁니다. 사고팔고(트레이딩)를 귀신같이 하면 모를까, 저를 비롯한 보통의 투자자들은 자산 시장의 추세를 추종하는 정석 투자가 옳습니다. 이런 관점에서 저는 2020년 자산 시장에 다음 세 가지 예상 추세와 특징을 제시해드리고 싶습니다.

첫째는 위험 자산 비중을 낮게 가져가기를 권합니다. 주식에 적극적으로 나설 때가 아직 아니란 뜻이죠. 각국의 장기 금리는 더 깊이 하락하고 마이너스 금리는 확산 전염될 것입니다.

사상 유례없는 채권 강세 국면입니다. 기본적인 글로벌 증시 환경은 경기와 기업 실적 둔화 속에 금리가 계속 하향 안정되는 역실적 장세(위험 회피, 안전 자산 선호) 성향이 짙을 것으로 봅니다. 특히 중국과의 경기 연관성이 높은 국가나 공급 과잉 기미가 있는 중후장대重厚長大형 설비 산업, 하이일드를 포함한 저등급 회사채, 재정 부실 유럽 국채, 부실 채권이나 과열된 상업용 부동산을 기초 자산으로 한 대체 자산 등은 피하는 게 좋겠습니다.

2020년 많은 국가들이 자국 경제에 대해 '침체 내지 둔화 국면'을 공식 선언하고 앞다퉈 부양책도 내놓을 것 같습니다. 하지만 그럼에도 불구하고 세계 경기가 곧바로 회복세로 들어서지는 않을 것으로 보입니다. 약효가 떨어진 재정 정책과 금융 정책, 민간의 수요 위축 등 장애 요인들이 많기 때문입니다. 저는 무엇보다도 글로벌 과소 수요와 과잉 공급이 주식이나 원유와 같은 위험 자산 가격을 계속 억누를 것으로 전망합니다. 이런 역실적 장세가 금융장세(낮은 이자율에 힘입어 경기 둔화에도 불구하고 주가가 오르는 장세)로 바뀌는shift 데는 시간과 진통이 더 필요하다고 봅니다.

다만 혹시라도 금리와 주가가 동시에 너무 많이 빠지는 경우 주가 반등 시점이 앞당겨질 수 있다는 데 적극 동의합니다. 경기에 대한 공포와 불확실성이 위험 자산 가격에 조기에, 그것도 과도하게 반영되면 주식 전략을 사자bull mind로 과감히 바꿔야 합니다.

실제로 경기 둔화기에 위험 자산은 원래의 예상보다 가격에 빨리 반영(주가 하락)되고 이후 경기가 지지부진해도 오히려 주가는 오르는 성향이 있죠. 주가의 경기선행성과 과매도 후 반발 수요, 그리고 저금리가 주는 밸류에이션 매력 때문입니다. 이렇듯 주가는 경기가 돌아서기 전 올라가기 일쑤입니다. 반대로 경기 둔화 국면에서도 주가의 경기 선행성은 뚜렷합니다. 참고로 미국 증시에서 1948년부터 최근까지 70년간 주가 정점은 경기 정점에 평균 6개월 앞섰고 경기 정점에서 주가는 이미 고점 대비 평균 8%, 최대 30% 하락했습니다(Jeremy J. Siegel 2014 참조). 미국을 제외한 많은 글로벌 증시가 2017년부터 2019년 사이에 이미 피크를 찍고 의미 있게 떨어진 상태입니다. 경기 둔화의 시작을 의심해봐야 합니다. 투자자가 통상 경기 저점이나 꼭지점을 인지할 수 있는 시점은 경기의 실제 변곡점보다 뒤쪽이기 때문에 위든 아래든 경기에 대한 확신을 갖고 주식 포지션을 조절하는 행위는 실전에서는 무의미한 경우가 많습니다. 연준이 미국 경기의 하강 가능성을 공식 인정한 것은 지난 2019년 3월 회의에서였습니다. 통계 기관의 공식적인 경기 둔화 선언은 아직 없지만요.

둘째, 높은 변동성 위험을 피하는 게 좋겠습니다. 당분간 모든 자산 가격에는 범위의 위험range risk (자산 가격이 예상 범위를 벗어나 손실을 키울 위험)이 상당히 존재할 것 같습니다. 금리, 환율, 유가, 주가 모두 상식적인 범위를 벗어날 개연성이 매우 높은 시기죠. 우선 2020년은 글로벌 경제 상황이 매우 불안정한 시기입니다. 마치 저기압과 고기압이 만나 불안정한 대기를 형성하는 것처럼요. 여기에 시중 유동성이 너무 많이 풀려 있고 저금리를 극복하기 위한 유혹적인 파생상품이 다량 출시된 데다 될성부른 자산에는 극도의 쏠림이 커져 있는 상태입니다.

최근 독일 국채 금리와 영미 이자율스와프^{CMS} 금리가 급락하면서 파생결합증권^{DLS : derivative linked securities}의 원금 손실 이슈가 불거졌는데요. 경기 변곡점에서 투자자들이 쉽게 빠지는 함정은 자산 가격이 이제까지의 익숙했던 범위 안에서 움직일 거란 막연한 생각입니다. 전문가들의 보편적인 전망 범위를 벗어난 금리와 환율, 유가 움직임은 경기 확장기 때 설계, 판매해놓은 각종 파생상품(DLS, ELS도 같은 성격임)의 손실을 키웁니다. 신용도가 낮은 대출 채권이나 고평가된 기초 자산을 담보로 한 모든 증권은 경기 확장기 때는 멀쩡한 중위험·중수익 상품이지만 경기가 덜컹거릴 때는 골칫덩이로 변하죠. 애널리스트들의 합리적인 예측 레인지를 훌쩍 벗어난 주가 변동은 경기의 상승 반전이나 하락 반전 변곡점 부근에서 늘 빈번하게 일어나는 일입니다. 특히나 지금처럼 구조적 요인과 순환적 요인이 겹치는 경기 둔화 국면에서는 더욱 흔한 일이지요. 만약 이번 경기 조정 기간이 의외로 짧고 자산 가격이 펀더멘털을 조기에 즉각 반영한다고 가정해보죠. 그러면 자산 가격의 변동성(급락 후 급등)은 단기에 상상하는 것 이상으로 확대될 것입니다. 금리든 주가든 연초에 예측했던 가격

● 지난 2019년 3월, 미국 경기의 하강 가능성을 공식 인정하고 있는 미 연준의 제롬 파월 의
장의 모습.

레인지는 대부분 빗나가고 오직 변동성만 무성한 한 해로 기록될
수 있습니다.

　　셋째, 2020년부터 자산 시장은 한쪽에서 의외로 탐욕적
인 본성을 드러낼 것입니다. 자산 시장의 패턴이 확실히 예전과
달라진 점이 하나 있다면 그것은 위험 자산의 전반적인 약세 속
에서도 소수의 특정 자산만큼은 항상 전체와 동떨어져 강한 모습
을 보인다는 겁니다. 글로벌 증시에서 몇몇만 강세를 보이는 최
근 현상이나, '되는 자산'은 주변 환경이 아무리 난리 중이라도 승
승장구하는 현상인데요. 자산 시장의 다양성이나 차별성, 풍부
한 유동성으로 인해 나타나는 현상입니다. 가령 가상 화폐와 같
은 대체 자산은 오히려 세계 증시 조정 국면에서 상승합니다. 일
종의 대체 효과나 풍선 효과입니다. 증시 안에서도 차별화는 더

커질 것입니다. 전체 주가 지수의 게걸음 속에서도 5G나 바이오, 인공지능^AI, 빅데이터 가운데 한두 테마만 콕 찍어서 올라갈 수도 있습니다. 게릴라성 시장 흐름인데요, 지수보다는 테마, 섹터, 종목에 투자해야 하는 이유입니다.

　또한 앞서 말씀드렸듯이 당장은 자산 시장의 조정 위험이 남아 있지만, 약세장이 한바탕 훑고 지나가고 나면 또 언제 그랬냐는 듯이 곧바로 강세장이 연출될 것 같아요. 이른바 숨 고르기 국면이 짧아지거나 없어지는 추세입니다. 저는 주가 반등의 배경과 방아쇠로 금리를 꼽고 싶어요. 지금 진행되는 채권 시장의 과열, 광범위한 채권 투기는 또다시 위험 자산을 끌어올리는 촉매제가 될 가능성이 높습니다. 이번 금융 완화와 금리 하락은 10년 전 금융 위기 직후 만들어진 거대한 1차 유동성 풀^pool에 또다시 물(유동성)을 쏟아붓는 격입니다. 10년 만기 국채 금리가 1% 부근으로 내려앉으면 주가가 현 수준에서 10%만 조정을 보여도 (엄청난 기업 감익이 없다는 가정하에) 안전 자산 대비 주식 자산의 매력도는 거의 금융 위기 직후 수준으로 높아집니다. 비록 기업 실적이 당장 개선되지는 않더라도 최소한 더 나빠지지 않는다는 안도감만으로 이 정도의 금리 수준에서는 주가가 튈 수 있습니다. 물론 이 역시 유동성 쇼일 수 있죠. 저금리 충격에 따른 화폐적 반응이자 초저금리에 대한 반항적 성격의 수익률 추구^reach for yield나 머니게임은 금리가 많이 빠진 뒤라면 언제라도 나올 수 있습니다.

미국 증시 밸류에이션 추이

주 : 주식기대수익률(P/E역수)과 안전자산수익률(국채10년물) 차이로 마켓을 평가하며 이 수치가 클수록 주가 매력이 높음.

　　마지막으로 좀 더 관심을 둬야 할 자산군을 말씀드리고 싶어요. 경기의 맥박이 약해지고 자산 가격의 방향성도 어정쩡할 때는 헤지펀드ʰᵉᵈᵍᵉ ᶠᵘⁿᵈ 수익률이 돋보일 것입니다. 액티브 운용이나 전체 지수를 추종하는 패시브 운용보다는 멀티에셋 운용(글로벌 매크로) 등 중위험·중수익 펀드가 유리할 수 있습니다. 또한 지역별로는 외환 시장이 안정되고 경제 체력이 상대적으로 강한 일부 신흥국 증시나 베트남, 아프리카와 같은 프론티어 이머징 증시가 유망해 보입니다. 한편 2020년은 특히 한국 증시의 경우, 대형주보다는 중소형주 장세가 펼쳐지지 않을까 예상해봅니다. 중국의 성장 둔화와 대외 교역 환경 악화로 대형주의 운신 폭이 제한적인 반면, 시장의 하방 위험만 어느 정도 제어되면 전체 장세와는 무관한 종목들이 증시 주변의 풍부한 유동성과 정부 정책에 힘입어 안정된 랠리를 펼칠 수 있다고 봐요. 내용상으로는 답답한 저성장을 극복할 수 있는 한국형 혁신 성장주, 작지만 강한 글로벌 챔피온, 그리고 수입 대체나 육성이 불가피한 소재 부품주들이 이에 해당될 것 같습니다. 이는 시장 흐름상 2019년까지 코스닥 시장의 대폭락에 따른 반발 매수세가 되겠죠. 매년 그 전해 혐오 업종이나 소외된 종목(다시는 거들떠보지 않을 정도로 시장 관심이 약해진 업종이나 종목)이 이듬해 효자로 변신했다는 점을 늘 상기할 필요가 있습니다.

더 이상 글로벌은 없다

김일구 2020년 금융 시장을 전망할 때 글로벌 경기 사이클에 너무 매몰되어서는 안 될 것 같습니다. 이제는 '글로벌'이라는 단어는 가급적 사용을 지양하고 다원적으로 각 나라를 살펴보는 것이 중요합니다. 여기에 패권 전쟁, 미국의 대통령 선거, 신냉전, 통화 정책, 환율 전쟁 등 글로벌 단위에서 벌어질 복잡한 역학 관계를 가미해야겠죠.

1980년대 냉전이 끝난 이후 자유무역과 글로벌화가 꽃을 피웠고, 우리를 포함한 몇몇 무역에 집중했던 나라들이 이 기회를 잘 이용해 신흥국에서 최소한 중진국, 혹은 선진국 문턱까지 도약할 수 있었습니다. 한국, 대만, 홍콩, 싱가포르를 '아시아의 네 마리 용'이라고 불렀죠. 흔히 냉전이 끝난 시점을 1985년 11월에서 1987년 12월 사이로 잡는데, 스위스 제네바에서 고르바초프Mikhail Gorbachev 공산당 서기장과 레이건Ronald Reagan 대통령이 첫 만남을 가진 시점과 뉴욕에서 두 정상이 중거리핵전략조약INF에 서명한 시점입니다. 그런데 지난 2019년 8월 미국이 INF에서 탈퇴했고 신냉전이 시작됐죠. 따라서 금융 시장 분석 방법론에도 변화가 필요합니다.

　　그래서 저는 이제 '순진하게' 펀더멘털이 어떻고 하는 분석에 머물지 않고, 각국의 외교 및 안보 전략, 주요국 지도자들의 성향, 각국의 경제 정책 지향 등 전략적인 문제를 현재의 경제 지표보다 더 중요하게 생각하려 합니다. 생각의 기본 단위는 선진 시장에서 미국과 유럽, 일본을 각각 봐야 하고, 신흥 시장에서는 공산품 수출국인 한국과 중국을 하나로 보고, 커머더티 수출국인 러시아와 브라질을 또 다른 하나, 그리고 한국과 중국을 위협하고 있는 인도, 베트남, 멕시코를 하나로 볼 수 있습니다.

　　먼저 미국은 내년에 대통령 선거가 있습니다. 미국 사람들은 경제가 아주 나쁘지 않으면 대통령이 재선되는 것을 당연하게 여긴다는데, 트럼프 대통령은 변수가 많습니다. 미국 경제는 좋지만 워낙 지지율이 낮아요. 민주당에서 조 바이든이나 버니 샌더스, 엘리자베스 워렌 중에서 누가 나오더라도 10% 이상의 격차로 트럼프 대통령이 진다는 여론조사 결과도 있습니다. 트럼프 대통령은 이를 가짜 뉴스라고 했는데, 폭스 뉴스까지 이 기사를 다루는 것을 보면 마냥 흘려들을 이야기는 아닌 것 같습니다. 트럼프 지지자들은 자신이 트럼프를 지지한다는 것을 공개적으로 밝히지 않는다고 합니다. 그래서 어찌보면 지지율이 낮은 것이 당연할 수도 있는데, 이 때문에 내년 대통령 선거 막판까지 미국 주식 시장이 혼란에 빠질 위험이 있습니다. 현재 설문조사는 트럼프 낙선으로 나오지만 2016년 설문조사 결과가 빗나갔던 터라 이를 마냥 신뢰할 수도 없고요.

2016년 선거에서 트럼프가 막판 저소득층의 몰표를 얻어내며 당선됐는데, 트럼프가 이들에게 '양질의 일자리를 만들어주겠다'고 약속했기 때문이었죠. 그러나 지금까지 양질의 일자리는 창출되지 않고 있습니다. 경제성장률은 높고 고용 상황도 40년 만에 최고지만, 소비 중심의 성장이다보니 전부 저임금, 임시직 일자리죠. 솔직히 말해 그 어떤 사람이 대통령이 된들 이런 시대에 고임금 일자리를 만들 수 있겠어요?

그래서 트럼프 대통령은 재선 전략으로 아마도 '이 모든 문제가 남 탓'이라는 블레임 게임blame game을 하게 될 것 같습니다. 중국과의 무역 갈등을 심화시키고 있고, 연준이 금리를 많이 내리지 않아서 경제가 성장하지 못한다며 파월 의장을 맹비난하고 있잖아요. 아마도 본격적으로 내년 선거전에 들어가면 유럽과 한국 등 우방 국가들에 대해서도 환율을 조작해서 미국의 일자

240

리를 뺏어갔다고 공격할 것 같습니다. 환율 조작을 바로잡는다고 미국 재무부가 직접 외환 시장에 개입해서 달러화 매도 개입도 할 것 같아요. 그래서 미국 경제가 좋고 다른 나라들의 경제는 나빠도 달러화 강세로 가지 못할 것으로 봅니다.

　　미국 경제가 나빠지면 중국과 싸우기는 더욱 어려워집니다. 민주주의 사회 사람들은 경제가 좋을 때 외부와 싸움을 선택하지만 경제가 나빠지면 내부에서 갈등을 빚는 경향이 강하거든요. 미국이라고 다르지 않고요. 그래서 트럼프 대통령은 내년에 여러 나라와 싸우기 위해 실탄을 마련하고 있는데, 지금 한창 진행되고 있는 모기지 리파이낸싱Refinancing(기존의 높은 금리의 모기지를 낮은 금리의 모기지로 갈아타는 일)이 그것입니다. 장기 금리가 사상 최저 수준으로 떨어지면 집 산다고 돈 빌렸던 사람들의 주머니에 현금이 두둑하게 쌓이는 마법이 일어납니다.

　　우리나라 주택 담보대출은 거의 90%가 이자만 내다가 언제일지 모르겠지만 나중에 원금을 한꺼번에 갚겠다는 방식인데, 미국의 모기지는 가장 보편적인 방식이 장기간 고정금리로 원리금을 균등 분할 상환하는 것이죠. 또 모기지 차입자에게 고정금리를 자신에게 유리할 때 바꿀 수 있는 옵션이 주어집니다. 그래서 금리가 하락하면 차입자들이 은행에 찾아가 금리를 낮추거나 현금을 받아옵니다. 30년 만기 모기지 금리가 사상 최저지로 하락했기 때문에 지금부터 소비자들 주머니에 현금이 쌓이기 시작할 텐데, 연말 소비 시즌까지 금리를 계속 낮게 유지하면 아

● 매년 11월 넷째주 금요일, 블랙 프라이데이를 맞아 길게 상점에 줄을 선 미국 사람들의 모습. 11월 중순부터 12월 중순까지 소비는 평소의 거의 두 배에 이르는 것으로 알려져 있다.

마 소비가 크게 증가할 겁니다. 미국에서 11월 중순에서 12월 중순까지 약 한 달간 소비는 평소의 거의 두 배에 이르지 않습니까? 만약 중국산 수입품에 관세가 인상되면 가격 인상 전에 미리 사두려고 하는 가수요까지 가세할 겁니다. 이렇게 되면 소비 급증으로 기업 재고가 바닥날 테지요. 과거 데이터를 보면 연말 소비가 좋으면 그 다음해 상반기까지 경제는 기업의 생산과 투자로 호황을 유지합니다.

　　그래서 저는 미국 경제가 내년에도 현재와 같은 2%대 초반 성장률이 나오겠다 예상합니다. 나쁘지 않은 수치이지요. 이를 기반으로 중국에 대한 개방 압박을 이어가고 여세를 몰아 유럽과 한국 등에는 환율 공격을 할 것 같아요. 지금 트럼프 대통령은 파월을 압박해서 장기 금리를 낮추고 있는데, 내년에는 달러화 값을 낮추려고 할 겁니다. 당연히 미국 주식 시장은 나쁘지 않겠죠? 경제가 유지되는 상황에서 올해는 트럼프가 금리를 잡았고, 여기에 내년에 달러화를 잡겠다고 나설 테니 미국 기업들이야 환영하겠죠. 따라서 주가지수의 사상 최고치 행진이 2020년 여름까지 이어지지 않을까 싶습니다. 물론 하락 조정은 반드시 올 것인데, 고점 대비 10% 하락한 시점에서 저점 매수하는 것이 좋을 것 같습니다. 여름 이후 선거전이 본격화되면 그때부터 미국 주식 시장이 본격적인 조정에 들어가지 않을까 합니다. 내년 미국 주식 시장을 상고하저^{上高下低}로 보는 것이죠.

돈 푸는 여러 나라들

김동환 저와 비슷한 생각이시네요. 그렇다면 유럽과 일본 쪽은 어떻게 예상하십니까?

김일구 트럼프 대통령이 달러화 약세를 원하는 것은 확실합니다. 대통령 선거를 앞두고 달러화 약세에 모든 노력을 기울일 것 같기는 한데, 환율은 상대적이잖아요? 달러화가 약세를 보이려면 유로화, 엔화가 강세여야 하지 않겠어요? 그런데 유럽도 일본도 트럼프의 의도를 잘 알고 있거든요. 이들이 유로화와 엔화의 강세를 방치할 것 같지는 않습니다. 그래서 미국의 달러화 약세 정책이 환율이 아닌 다른 변수에 의해 의외의 결과를 낳을 수도 있다고 봅니다.

트럼프 대통령이 달러화 약세를 위해서 금리를 낮추라고 하니 유럽이 당장 반응했죠. 유럽중앙은행 드라기 총재가 2019년 10월에 8년 임기가 끝납니다. 2019년 초만 해도 후임에 바이트만Jens Weidmann 독일중앙은행 총재가 유력시됐죠. 이 사람은 금리 인상론자인데, '금리가 너무 낮아서 금융기관들이 다 망하게 생겼다, 금리를 정상화해서 금융을 안정화시켜야 경제 성장도 도모할 수 있다'는 주장을 하는 사람이었죠. 그런데 트럼프가 노골적으로 달러화 약세로 가니 유럽중앙은행 총재 후임을 당초 예상과 달리 프랑스의 라가르드, 현재 IMF 총재로 바꿉니다. 라가르드 총재를 금리 인하론자라고 할 수는 없지만, 중앙은행이 돈을 풀어서 그리스와 이탈리아와 같이 경제가 어려워진 나라들을 도와줘야 한다는 주장을 강하게 펴는 사람입니다.

현재 유로존은 화폐만 통합된 상태입니다. 정부 재정은 통합되지 않았죠. 이것 때문에 유럽중앙은행이 만들어지고 유로화가 처음 유통되기 시작할 때부터 프랑스와 독일의 갈등이 계속됐습니다. 독일은 재정 통합이 아니니 여전히 각국 재정은 따로 관리돼야 하고 유럽중앙은행은 각국의 기여도에 맞춰 화폐 공급을 해야 한다고 했지만, 프랑스는 어차피 재정의 통합으로 갈 테니 유럽중앙은행이 스스로의 판단으로 돈을 찍어서 필요한 지역에 배분할 수 있어야 한다고 맞섰죠. 지금까지는 독일의 뜻에 따라 유럽중앙은행이 유지됐습니다. 그래서 2015년에 드라기 총재가 양적완화를 내놓고 유럽중앙은행이 18개 회원국의 국채를 매수할 때도 독일이 낸 돈으로 독일 국채 사고, 그리스가 낸 돈으로 그리스 국채 사는 수준이었죠. 그러니 독일 국채 금리는 쓸데없이 많이 떨어지고, 그리스 국채 금리는 별로 떨어지지 않았죠.

그런데 이번에 유럽중앙은행 차기 총재가 바이트만에서 라가르드로 바뀐 과정을 보면 독일이 프랑스의 의견을 따르기로 한 것 같아요. 사실 차기 총재는 독일 자리였는데, 독일이 이 자리를 포기하고 EU 집행위원장에 자기 나라 국방장관을 보내는 것으로 맞바꿨어요. 독일이 러시아의 군사적 위협에 맞서 안보를 강화하기 위해 돈 문제는 프랑스에게 맡긴 것 아닐까 유추해 봅니다.

정리하자면, 유럽도 돈 풀 것 같습니다. 라가르드는 유럽중앙은행이 돈을 찍어서 그리스, 이탈리아와 같이 돈이 필요한 나라에 퍼붓는 정책을 쓸 것 같아요. 라가르드가 차기 총재가 된다니까 트럼프가 고민에 빠졌습니다. 미국이 돈을 푼다고 달러화 약세될 수 있는 상황이 아닌 거죠? 유럽도 만만찮게 돈을 풀 테니까요. 그래서 트럼프 대통령이 재무부를 압박해서 다른 나라들을 환율조작국으로 지정하고 재무부가 외환시장에 개입해서 달러화를 매각할 가능성이 높아졌습니다.

일본 역시 돈을 풀 것 같습니다. 아베 정부는 '정상 국가'

에 올인하고 있는데, 최종 목표는 헌법 개정이겠죠. 그렇지만 정부 재정이 안정되면서 기업을 일본으로 다시 불러들이고 첨단 산업에 투자를 촉진하는 경제 정책은 벌써 시작됐다고 봐야 합니다. 경제적으로는 정상 국가인 셈이죠. 저는 이를 일본의 재산업화라고 부르고 싶은데, 이 정책이 성공하기 위해서는 반드시 필요한 것이 엔화 강세를 막는 것입니다. 1990년대와 2000년대처럼 엔화가 계속 강세로 가면 기업들이 일본을 떠날 수밖에 없으니까요.

아베 총리가 2012년 12월에 취임할 때 얘기했던 세 개의 화살이 재정과 성장 전략, 그리고 중앙은행의 돈 풀기죠. 그동안 재정 안정에는 성공했어요. 2012년 이후 지금까지 GDP 대비 정부 부채는 230% 수준에서 더 이상 증가하지 않고 있거든요. 돈 풀기는 2014~15년에 일본은행이 국채를 사들이면서 돈을 찍어서 엔화 환율이 80엔에서 120엔까지 올라가기도 했죠. 현재 일본은행이 갖고 있는 정부 부채가 전체의 거의 절반입니다. 아베 정부는 국채를 판 연기금과 은행에게 해외 투자를 독려해서 엔화 약세에 성공했죠.

내년에 미국과 유럽이 모두 돈 풀고 있을 때 일본이라고 가만히 있을 것 같지는 않습니다. 이렇게 모두 돈을 풀면 어떻게 될까요? 한 군데서 돈을 풀어야 환율이 움직일 텐데, 모두 돈을 풀면 달러화, 유로화, 엔화는 크게 보면 박스권이 나올 수도 있겠다 싶습니다. 그 과정에서 돈만 풀려 나오고요. 결국 환율 전쟁을 시작했는데, 나중에 가서 보니 돈 풀기와 인플레이션 정책이더라는 상황이 될 수도 있겠네요. 금값이 오르기 시작한 것도 환율 전쟁의 불길이 인플레이션으로 번질 가능성을 반영하기 시작한 것 아닌가 싶습니다.

'몰빵'은 금물

김동환 저는 2020년은 특별히 편중된 자산 배분에 주의해야 한다는 생각입니다. 즉 굉장히 좋아 보이는 채권, 굉장히 좋아 보이는 금, 굉장히 좋아 보이는 미국 주식, 이런 쪽에 자산을 편중되게 가져가면 어려움에 빠질 가능성이 많다고 봅니다. 그래서 가급적 기대 수익률을 낮추고 각 자산별, 지역별로 포트폴리오를 따로 쌓는 게 전체적인 투자 수익률을 높이는 길이라고 생각합니다. 사실은 원래 이것이 투자의 정석인데 양극화의 시대를 몇 년 동안 거치다 보니까 자산 배분에 대한 철학이 매우 옅어져 있는 상황입니다. '지금이라도 되는 쪽으로 줄을 서야 한다'는 의식이 팽배해져 있는 셈이죠. 신흥국 주식을 버리고 미국 주식으로, 비수도권 부동산을 버리고 강남 4구로, 위험 자산을 버리고 금으로 향하는 것처럼 편중된 자산 배분이 이루어지고 있는 상황인데, 거기에 굉장히 큰 함정이 있을 거라고 봅니다.

가장 큰 걱정이 미중 관계인데요, 미국과 중국이 근본

적으로 화해하지 않고 2019년을 넘어갈 가능성이 커 보입니다. 2020년은 말할 것도 없고요. 미중 갈등이 우리나라 경제에 좋은 영향을 미칠 리 만무하겠지요.

그럼에도 불구하고 우리 주식 시장에서 상당히 저평가된 종목들이 나오고 있습니다. 지난 8월 큰 폭의 하락 장세에서도 전혀 미동도 안 하는 주식들이 생기기 시작했어요. 금리가 바닥권을 향해 가면서 동시에 위험 자산의 변동성이 커지고 있는데 그 안을 보면 금리가 내려가면서 가격 측면에서 비교 우위에 있는 자산들이 보인단 말이에요. 그게 요즘 배당주 같은 것들이죠. 제가 모니터링하고 있는 몇몇 주식들을 보면 오히려 올라버렸어요. 그 회사들이 하는 비즈니스는 대체로 안정적인 현금 흐름을 창출하고 있고 특별히 배당 쇼크를 줄 것 같지도 않은 모습입니다. 다만 상대적으로 금리가 크게 하락하게 되면 그 회사들의 투자 매력은 훨씬 더 커지는 겁니다. 이처럼 내년 역시 변동성이 커지는 상황에서도 주식 시장 내부에서 차별화된 투자 대안을 발견할 수 있을 것입니다. 금리와 환율이 경제 전체에 주는 부정적인 측면이야 당연히 있을 테고 그 안에서 기회를 주는 종목군들은 매우 차별적인 랠리가 있을 수 있습니다. 시장이 좋지 않은 상황에서도 어쩔 수 없이 투자되어야 하는 돈들은 있거든요. 특히 기관 투자가들 입장에서 말입니다.

부동산도 마찬가지입니다. 저금리가 주는 부동산 버블의 가능성은 더러 있으나 자꾸만 신문에서 세계 경제가 안 좋다는

● 미중 무역 분쟁은 우리나라 경제를 강하게 만드는 데 가장 큰 걸림돌이 되고 있다.

얘기가 들려오는데, 우리만 올라갈 수 없어요. 약간의 시간차가 있을 뿐이죠. 결국 부동산 가격도 세계 경제의 흐름에 따라 반응할 텐데 너무 잦은 정부 정책의 변화가 오히려 시장의 가격 흐름을 왜곡할 가능성도 있는 상황입니다.

이른바 부동자금이라는 단기 유동성이 늘고 있는데 그중에 일부 스마트한 자금의 경우 우리 경제가 더는 나빠지지 않을 것이라는 징후가 나오는 시점에 주식 시장으로 이동할 가능성이 있습니다. 현재 우리 주식 시장에 팽배해 있는 굉장히 부정적인 정서를 보면서 오히려 조금은 역발상으로 기회를 찾아보고 반대로 굉장한 랠리를 하고 있는 자산 쪽에서는 리스크를 찾는 자세가 필요하다고 봅니다.

김한진 동감합니다. 균형 감각이 중요합니다. 최근 시장 분위기에 너무 매몰되어서도 안 되고 또 상황을 너무 역발상 contrarian적으로만 봐서도 안 되겠죠. 객관성과 냉정함이 필요합니다. 예년까지 부진했다는 이유만으로 앞으로 무조건 가격이 오르거나, 예전까지 좋았다는 이유만으로 부진하지는 않을 겁니다. 톱다운top down 관점에서 저는 신흥국의 공급 과잉 이슈가 있는 제조업, 글로벌 저금리 추세에서 불리한 은행·보험 업종 등은 앞으로 전체 지수가 반등하더라도 주가 상승에 한계가 있을 것으로 봅니다. 경기 둔화에 수익이 나빠질 수 있는 배당주 펀드도 주의하는 게 좋겠습니다.

반면 최근까지 수년간 높은 이익 창출로 주가가 오른 성장 기업 중 상당수는 앞으로도 약진할 여지가 높다는 생각입니다. 성장 헤게모니를 한 번 움켜쥔 강한 기업은 지금까지의 성장 과정에서 벌어놓은 현금을 성장동력에 재투자함으로써 앞으로의 경쟁에서도 이길 확률이 높습니다. 글로벌 공급체인 변화에 따른 수혜와 피해도 일시적인 재료가 아닌 만큼 계속 주목해야 합니다. 물론 이러한 견해는 장기 시각입니다. 말씀하셨듯이 100엔당 1,200원 부근에서는 한국 수출제조업 주가가 한 번쯤 반등할 수 있습니다. 신흥국 주식이나 환율도 얼마든지 반등할 수는 있겠습니다만 그게 2020년에 대세는 아닐 거라 판단합니다.

신흥국에 기회가 있을까?

선진국이 아닌 나라들을 예전에는 개발도상국(개도국)이라고 불렀다. 그러나 1970년대 말과 1980년대 초반 개도국들 대부분에서 외환 위기가 발생하자 투자자들 사이에서 개도국 투자를 꺼리는 현상이 생겨났고, 개도국이라는 이름을 달고 출시됐던 상품들이 모두 참담한 실패를 겪어야 했다. 그래서 선진국처럼 잘 사는 것도 아니고 그렇다고 아주 가난하지도 않으며 국제금융자본에 대한 접근이 쉽지 않은 나라들을 부르는 새로운 이름이 필요했는데, 세계은행에서 설립한 국제금융공사IFC의 이코노미스트였던 앙트완 반 아그마엘Antoine van Agtmael이 신흥국emerging countries이라는 용어를 처음 사용했다. 그리고 이때부터 개도국에 대한 투자를 꺼리던 투자자들도 신흥국에 대한 투자에는 적극적으로 바뀌었다고 한다.

프론티어 국가frontier countries는 1992년 IFC의 파리다 캄바타Farida Chambata가 만든 용어라고 알려져 있는데, 일반적인 신흥국보다 아직 경제가 덜 발달되어 주식 시장 유동성이 낮고 투자 위험도 높은 나라들을 일컫는다.

MSCI 분류에 따르면 아시아-태평양 지역에서 선진 시장은 호주, 뉴질랜드, 홍콩, 싱가포르, 일본이고, 신흥 시장은 중국, 인도, 인도네시아, 한국, 말레이시아, 파키스탄, 필리핀, 대만, 태국이며, 프론티어 시장은 방글라데시, 스리랑카, 베트남이다.

베트남의 GDP는 미국 달러화 기준 약 2,600억 달러로 우리나라 GDP의 16%에 불과하다. 1인당 GDP는 2,500달러로 막강한 임금 경쟁력을 갖고 있다. 최근 5년 GDP 성장률이 6~7%로 빠르게 성장하고 있고 실업률은 2%로 완전 고용에 가깝다. GDP에서 농업 비중이 18%에서 14%로 낮아지고 제조업 비중이 15%에서 18%로 높아지면서 경제구조도 산업화되고 있으며 이로 인해 높은 GDP 성장률이 기대된다. 반면 물가상승률은 2~3%로 안정되어 있다. 경상수지는 흑자, 정부 부채는 GDP의 57%로 지속 유지 가능한 수준이다. 중앙은행의 기준금리는 9%로 아주 높은 편이지만, 필요할 때 돈을 빌릴 수 있는 것이 아니라 정부에 의해 신용이 할당되기 때문에 큰 의미가 없다.

높은 경제 성장이 지속될 수 있는 환경이지만, 주식 투자를 할 때 경제성장률에 너무 집중하는 것은 위험하다. 첫째, 높은 경제 성장을 위해 통화 가치를 절하시킬 수 있기 때문이다. 베트남 동화는 미국 달러화에 대한 환율이 2만 3,000이다. 2008년 이후 2015년까지 연평균 5%에 가까운 환율 상승이 있었다. 제조업을 육성하고 수출을 늘리기 위한 통화 가치 절하 정책이 지속적으로 사용되고 있는 국가이다. 2016년 이후 환율이 안정되어 있지만, 앞으로 경제 성장이 위축되면 언제든 환율을 끌어올리는 외환 정책을 쓸 수 있다는 점에 주의해야 한다.

둘째, 베트남과 같은 프론티어 시장에 투자할 때 그 국가에 지나치게 주목하는 것 또한 좋지 않다. 외국인 투자자들이 글로벌 경제의 큰 흐름에 따라 투자하기 때문에, 베트남의 펀더멘털에 따라 주가가 결정되는 것은 아니다.

5년 단위 주가지수 수익률

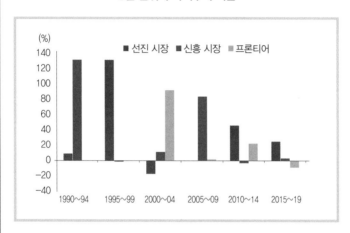

출처 : MSCI

위의 그림은 1990년부터 5년 단위의 주가지수 수익률(미국 달러화 기준)을 나타낸 것인데, 선진 시장과 신흥 시장이 모두 좋은 시기는 없다. 1990년대 초반 5년간 신흥 시장이 130% 오르는 동안 선진 시장은 9% 상승에 그쳤고, 1990년대 후반 5년간 신흥 시장이 1% 하락하는 동안 선진 시장이 130% 상승했다. 2000년대 후반 5년간 신흥 시장이 83% 올랐고 선진 시장은 1% 하락했고, 2010년대에는 신흥 시장이 오르지 못하고 대신 선진 시장이 오르고 있다. 글로벌 경제가 좋을 때 선진 시장이든 신흥 시장이든 주가가 같이 오르는 것이 아니다. 경제가 좋아도 더 좋은 곳이 있고 덜 좋은 곳이 있을 것인데, 글로벌 투자 자금은 더 좋은 곳으로 쏠리기 마련이다. 따라서 선진 시장과 신흥 시장이 모두 오르는 것이 아니라 한쪽이 오르면 다른 쪽은 오르지 못하는 경우가 많다.

베트남과 같은 프론티어 시장은 신흥 시장의 대체재 역할을 한다. 그림에서도 알 수 있듯이 신흥 시장과 프론티어 시장이 모두 좋은 시기는 없다. 선진 시장과 신흥 시장이 모두 좋은 시기가 없는 것과 같은 이치이다. 따라서 베트남 경제가 앞으로도 높은 성장을 할 것이라는 기대감만 가지고 베트남 주식에 장기 투자하는 것은 좋은 선택이 아닐 수 있다. 현재로서는 한국과 중국의 제조업이 불리하고 베트남과 인도의 제조업이 저임금을 무기로 약진하고 있기에 글로벌 투자자들의 관심도 집중될 수밖에 없다.

2장

신흥국 투자, 아직 유효한가

김일구　신흥국에 투자할 때 가장 조심해야 할 지표가 PBR입니다. 회계장부에 자본이 1조 원 있는데 주식 시장 시가총액은 6,000억 원밖에 안될 때 PBR을 0.6배라고 하잖아요? 코스피는 오랫동안 PBR 1.0배가 거의 바닥이었고, 2008년 금융 위기 때도 0.85배였거든요. 지금은 0.7배까지 떨어졌는데, 그렇다면 현재 코스피는 역사적으로 가장 싼 상황인가요? 저는 싸다, 비싸다를 PBR로 평가하면 안 된다고 생각합니다. 예를 들어보겠습니다. 공장에 기계가 있는데 수요가 없어서 그 기계가 놀고 있으면 고철덩어리에 불과하겠지요. 회계장부에는 기계값을 적어놓지만 주식 시장에서는 고철값밖에 안 쳐줍니다. PBR 낮은 것을 '저평가

됐다'고 생각하지 마시고 '자산이 돈을 못 번다'고 생각하시면 될 것 같습니다.

1960년대 미국에서 중화학공업이 사양화되면서 미국 주식 시장의 PBR도 1.0배 밑으로 떨어진 적이 있죠. 물론 그때도 너무 싸다, 저평가됐다는 얘기들이 많았습니다만, 미국의 경제학자 제임스 토빈James Tobin은 장부 가치란 의미없는 숫자에 불과하다고 했죠. 그는 장부 가치가 아니라 대체 가치에 주목했습니다. '그 회사를 지금 새로 만든다면 얼마가 들까'라는 질문이죠. 그래서 PBR의 분자는 시가총액이고 분모는 장부 가치인데, 토빈의 분자는 시가총액으로 같고 분모가 '대체 가치'입니다. 단순히 PBR가 1보다 낮으면 싼 것이 아니라 토빈의 계산법으로 했을 때 1보다 낮아야 싸다고 할 수 있습니다.

세상이 조용하고 변화가 없으면 설비를 많이 깔아놓은 쪽이 이깁니다. '공룡'의 시대죠. 그러나 세상이 급변하면 유연하게 언제든 바뀔 수 있는 쪽이 이깁니다. '설치류'의 시대죠. 그래서 지금처럼 세상이 빠른 속도로 발전하고 소비 트렌드도 바뀌고 국가 간 동맹관계도 변화하는 시대에는 자산 많고 고정비용 많이 드는 기업보다 자산 적고 고정비용 적게 드는 기업이 무조건 유리합니다. 하늘에서 운석이 떨어지는 대급변기에 공룡은 한순간에 멸종할 수 있습니다. 설비 많은 큰 기업들 조심하십시오. 공룡 범주에 들어가는 대표적인 산업이 중화학공업, 은행, 대형마트 등이고, 설치류에 해당되는 산업들은 소프트웨어, 인터넷 전문은행,

이커머스 등이겠죠. 너무나 당연한 얘기지만 주식 시장도 저처럼 판단하기 때문에 전자는 PBR 낮고, 후자는 PBR 높습니다. 한국과 중국에는 공룡 범주에 해당하는 기업들이 많고, 미국에는 설치류에 해당하는 기업들이 많습니다. 전자는 반등시 매도, 후자는 조정시 매수로 대응하는 것이 옳겠죠.

그래서 저는 신흥국 중에서 한국과 중국에 대한 투자 비중을 낮추는 것이 현명한 방법이라고 생각합니다. 세상의 변화에 맞춰 산업 구조를 바꿀 수 없기 때문에 그렇고, 또 미국과 중국 사이의 갈등이 쉽게 해소될 것 같지 않아서도 그렇고, 자유무역과 글로벌화가 후퇴할 것 같아서도 그렇습니다. 한국은 중국 경제에 너무 의존적이기도 하고요.

신흥국 중에서는 두 부류에 주목하는데, 먼저 한국과 중국보다 소득 수준이 낮지만 교육 수준은 빠르게 높아지고 있는 인도, 베트남, 멕시코 등 새로운 공업국들입니다. 현재 한국과 중국의 1인당 GDP가 각각 3만 달러와 9,000달러인데, 인도와 베트남은 2,000달러이고 멕시코는 9,000달러입니다. 인도와 베트남은 농업 비중이 커서 소득 수준이 낮아요. 물론 이들이 한국과 중국을 위협할 수 있는 경제력은 결코 아니지만, 미중 갈등 때문에 중국에서 빠져나가는 기업들이 이들 나라로 옮겨가게 될 겁니다. 신흥국들 중에서 기업하기 괜찮은 산업 정책이 마련되고 있고, 산업단지도 꽤 크게 조성되고 있는 나라들이니까요.

신흥국 중에서 눈여겨볼 필요가 있는 두 번째 국가들은

● 원유, 철광석과 같은 커머더티의 가격 상승에 따라 러시아와 브라질에 대한 투자가 관심을 끌고 있다.

커머더티 수출 국가들, 대표적으로 러시아와 브라질입니다. 러시아는 원유, 브라질은 철광석 의존도가 높죠. 물론 원유나 철광석 같은 커머더티의 가격이 올라가야 이 나라들에 좋을 텐데, 글로벌 경기 사이클이 크게 나아지지 않으면 별로 기대할 것 없겠다 생각할 수도 있습니다. 그렇지만 저는 글로벌 수요에 기대를 거는 것이 아니라 자국 우선주의와 자유무역의 약화, 인플레이션 환경의 조성에 주목하려 합니다. 수요가 늘어나서 커머더티 가격이 올라갈 것을 기대하는 것이 아니라 공급 쪽 여러 요인들에 의해 가격이 올라갈 수 있겠다 판단하는 것이지요.

　　미국과 중국 사이의 패권 경쟁이 쉽게 끝날 것 같지 않은 것도 커머더티 가격을 결국 끌어올릴 것 같아요. 트럼프 대통령은 재선을 위해서 중국을 때리고, 재선되면 역사상 위대한 대통령으로 기록되려고 또 중국을 때릴 것 같아요. 인류 최초의 패권전쟁이 기원전 431년에서 404년까지 스파르타와 아테네가 싸웠던 펠레폰네소스 전쟁입니다. 투키디데스Thukyolides가 이 전쟁에 대해 기록을 남겨놨죠. 2,500년이나 지난 일인데, 지금도 우리는 그때 얘기를 하고 교훈을 얻으려 노력하고 있습니다. 그만큼 패권전쟁은 역사를 결정하는 중요한 사건이고, 그 사건의 주역들의 이름은 수천 년이 지나도 대대손손 회자되기 마련이죠. 트럼프 대통령도 아마 역사책에 승리한 지도자로 남고 싶어 할 것 같아요. 특히 재선되면 모든 것을 걸고 중국을 압박할 가능성도 크다고 봅니다. 지금이야 재선에 성공하려고 경제도 챙기고 이것저것 신경 씁니다만, 재선되면 진짜 속내를 드러내겠죠. 그래서 저는 사실 트럼프 대통령의 재선 이후를 가장 크게 걱정합니다.

커머더티 투자

커머더티는 보통 원자재나 상품이라고 부르기도 한다. 농축산물, 에너지, 금속이 모두 커머더티에 해당되는데, 이들의 특징은 일정한 품질 이상만 만족되면 생산된 지역이나 회사에 아무도 관심을 갖지 않는다는 데 있다. 생산한 회사나 브랜드에 따라 소비자의 선호와 가격이 달라지는 일반 소비재와는 매우 다르다.

농축산물과 에너지, 금속은 모두 각각 수요와 공급을 결정하는 요인들이 다르고 생산 시기와 지역에서도 차이가 많아, 가격이 서로 다르게 움직이는 경우가 많다. 따라서 모든 커머더티에 대해 관심을 가질 필요는 없지만, 주식 투자를 하고자 한다면 금속의 가격 움직임은 자주 살펴볼 필요가 있다.

금속에서도 금과 같은 귀금속과 철광석, 알루미늄, 구리와 같은 산업용 금속의 가격은 투자자들의 위험에 대한 태도, 글로벌 경제 흐름과 중앙은행들의 통화 정책에 대한 시장 전망 등이 반영된다.

금은 대표적인 안전자산으로 경기 침체로 금리가 낮아질 때, 인플레이션이 있거나 달러화 약세가 생길 때 가격이 오르는 특성이 있다. 금의 채굴량은 극히 제한적이기 때문에 공급은 중앙은행의 금 매각을 제외하면 무시해도 된다. 금의 경쟁 상대는 미국 달러화이고, 금을 갖는 것이 유리한지 미국 달러화를 갖는 것이 유리한지는 상황에 따라 다르다. 만약 미국 달러화가 약세이거나 인플레이션이 생겨 미국 달러화의 값어치가 떨어지면 금을 갖는 것이 좋을 것이다. 또 금은 보유하는 데 보관 비용이 들어가지만 미국 달러화는 갖고 있으면 이자를 준다. 따라서 미국의 금리가 낮아지면 금 수요가 증가하고 금리가 올라가면 금 수요가 줄어든다.

금과 구리의 가격(금/구리)

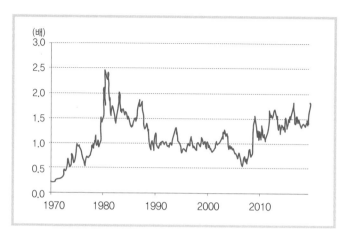

출처 : 미국 세인트루이스 연준
주 : 1990년대 구리 대비 금의 가격비평균을 1로 함.

구리 가격도 금과 비슷한 특성을 갖고 있다. 달러화가 약세이거나 인플레이션에서는 가격이 오른다. 다만 금과 달리 공급이 제한적이지 못하다. 따라서 경제가 좋아서 산업용이나 건설용 구리 수요가 많으면 가격이 오르겠지만, 글로벌 경제가 좋지 않으면 공급은 늘어나는데 수요가 뒷받침되지 못해 가격이 하락한다.

그래서 금과 구리 사이의 가격비를 구하면 달러화 약세와 인플레이션 등 화폐적인 요인을 제외한 순수하게 실물적인 요인을 구분해낼 수 있다. 구리 가격에 비해 금 가격이 상승하면 실물 경제가 나빠진다는 뜻이 되고 반대로 하락하면 실물 경제가 좋아진다는 뜻이 된다.

1970년 이후 금과 구리 사이의 가격비를 보면, 1970년대 폭등했다가 2008년 금융 위기 직전까지 꾸준히 하락했고, 금융 위기 이후 상승했다. 1970년대 중동전쟁과 유가 폭등으로 글로벌 경제가 붕괴됐던 적이 있는데, 2008년 금융 위기 이후에도 글로벌 경제에 위험이 크게 높아졌다는 뜻이다. 지금 금과 구리 사이의 가격비는 1980년대 미국과 소련 사이의 냉전 때와 비슷한 수준이다.

단기적으로 보면 금과 구리 사이의 가격비는 2012년과 2016년, 그리고 2019년에 높아졌는데, 경기 사이클 측면에서 침체 위험이 높아진 시기와 일치한다. 그러나 2012년과 2016년에는 글로벌 경제가 침체에 빠지지는 않았다. 금과 구리의 가격비를 보면 현재와 비슷한 수준에서 2012년과 2016년에는 가격 상승이 멈췄고, 이후 금 가격의 상대적 하락과 구리 가격의 상대적 상승이 나타나서 가격비가 낮아졌다. 그렇지만 2008년 금융 위기 이전처럼 낮아지지는 않았는데, 그때와 같은 글로벌 경제 환경으로 돌아갈 수 없다는 것을 시사하고 있다.

현재 가격비는 경기 침체에 대한 두려움 때문에 2016년 초수준까지 높아졌는데, 오를 만큼 올랐다고 판단한다. 주요국들의 적극적인 경기 부양으로 글로벌 경제가 침체 위험에서 벗어나면 금과 구리 사이의 가격비도 차츰 낮아질 것으로 예상한다.

김동환 주의해야 할 투자 몇 가지를 더 말씀드리면, 이른바 중위험·중수익이라고 선전하는 상품들, 예를 들어 ELS 같은 상품은 가급적 보수적으로 접근해야 합니다. 금리 하락 속도 역시 제한될 가능성이 커 보입니다. 2019년에 추가 금리 인하를 하기는 어려울 것이고 2020년 1분기에 한 번 정도 더 하면 그 이후엔 사실 금리를 더 적극적으로 내리기 힘들 것이기 때문에 금리에 대한 기대 심리가 너무 많은 곳도 경계하는 것이 좋습니다.

과연 이런 환경 속에서 어떤 주식이 의미 있는 반등을 할 것인지 살펴보면, 바이오 같은 성장주에 대한 모멘텀은 좀 이른 것 같습니다. 저금리가 급격하게 이뤄지면서 성장주의 메리트가 그만큼 커 보였던 건데 금리가 바닥권에 왔다라는 생각이 들거나 조금이라도 반등한다는 소식이 들리면 여타의 성장주에도 브레이크가 걸릴 가능성이 큽니다.

인덱스 투자를 하면 안 되는 유형

주식 투자를 간편하게 할 수 있는 방법으로 인덱스(주가지수) 투자를 꼽는다. 한국의 경우 코스피, 코스닥이 대표적인 주가지수인데, 이외에도 미국의 S&P500, 다우존스 산업평균지수, 나스닥, 일본의 닛케이225, 중국의 상하이종합지수 등 펀드나 ETF로 투자할 수 있는 주가지수는 많이 있다. 주가지수는 모든 종목을 담고 있기 때문에 어떤 기업을 사야 할까 고민하지 않아도 된다. 또 주가지수는 시간이 흐르면 결국 올라가게 되어 있으니 그냥 묻어두기만 하면 수익을 낼 수 있다고 주장하는 사람들도 많다. 과연 그럴까?

인덱스 투자가 많은 종목에 분산해서 투자하는 것은 맞다. 그렇지만 주가지수가 장기적으로 보면 반드시 올라간다는 주장은 대부분의 경우 맞지만 몇 가지 유형에서는 틀린 말이다. 지금까지 주가지수에 20~30년씩 장기투자해도 손실을 본 경우가 여러 번 있었는데, 이들을 유형화해보면 세 가지로 나눌 수 있다.

먼저 그 나라 주가지수의 상승보다 통화 가치의 하락폭이 더 컸던 중남미 국가들이다. 현재 아르헨티나 페소화 환율은 1달러에 60페소인데, 1992년에 화폐개혁을 할 때 환율을 1:1로 정한 이후 페소화 값어치가 계속 떨어지고 말았다. 이 기간 메르발 주가지수는 800에서 2만 4,000까지 30배 올랐지만, 달러화에 대한 페소화의 값이 1/60로 하락해서 달러화 기준 수익률은 27년 동안 반토막 났다. 정부가 재정을 마구 쓰고 중앙은행이 이를 화폐화시켜줘 극심한 인플레이션에 시달렸기 때문이다. 일반적으로 주식은 인플레이션 헤지 기능이 있다고 한다. 물가가 오르면 기업이 생산한 제품의 가격도 올라갈 테니 기업 이익과 주가도 최소한 물가상승률 이상 오를 것이라는 주장이다. 그러나 물가가 너무 오르면 소비가 위축되면서 경제가 악화되고, 이 때문에 많은 기업들이 부도가 나서 사라진다. 그래서 극심한 인플레이션에 시달리는 나라에서는 통화 가치가 떨어지고, 주가지수는 오르지만 이를 상쇄할 만큼은 아니라 장기 투자자도 손실을 볼 수 있는 것이다.

둘째, 주식 시장에 투자되거나 기업 이익이 증가해서 돈이 늘어나는데, 이 돈이 새로운 기업들의 상장이나 기존 기업들의 유상 증자에 흡수돼 주가지수의 상승은 없는 경우다. 배당을 논외로 하면, 주식에 투자해서 돈을 벌려면 한 주의 가격인 '주가'가 올라야 한다. 주가지수도 한 주의 가격과 동일한 개념이다. 한 나라 주식 시장의 시가총액을 발행된 모든 주식의 수로 나눈 값이 주가지수이기 때문이다. 그래서 주식 수의 증가가 없다면 시가총액이 증가하는 만큼 주가지수가 오르지만, 시가총액이 아무리 증가해도 분모인 주식 수가 더 많이 증가하면 주가지수는 오르지 못한다. 이렇게 신규 상장이든 유상 증자를 통해 주식 수가 늘어나서 기존 주주들의 이익이 훼손되는 것을 흔히 '물타기 watering'이라고 한다.

물타기는 기업뿐만 아니라 국가 단위에서도 나타나는데, 투자자라면 당연히 이런 기업과 국가에 대한 투자는 피해야 한다. 시간이 지나서 주식 시장에 돈이 더 들어오고 기업이 더 돈을 벌어도 그 돈은 기존 주주에게 돌아가지 않고 새로 발행된 주식을 산 새로운 투자자들에게 배분되기 때문이다.

국가 단위의 물타기로 대표적인 사례가 중국이다. 2000년 1월부터 2019년 7월까지 상하이종합주가지수의 주가상승률은 80%인데 시가총액은 1,200%, 무려 12배나 증가했다. 주가지수가 오른 것은 전적으로 기존에 투자했던 주식 투자자들의 몫이기 때문에, 20년간 투자했던 투자자가 가져간 몫은 80%의 주가상승률이다. 복리로 따지면 1년에 3.0% 수익률이다. 시가총액이 12배나 증가했다는데, 그것은 누구의 몫인가? 물타기를 통해 발행자가 가져간 몫이다. 주식 시장에서 주가, 혹은 주가지수가 오른 것은 주식 시장에 투자한 투자자의 몫이고, 주가나 주가지수 이상으로 시가총액이 증가한 것은 물타기를 통해 발행자가 가져간 몫이다.

미국의 S&P500 주가지수를 보면 이 기간 동안 주가지수는 1.1배 올랐고 시가총액도 1.1배 올랐다. 시가총액 증가량이 주식 시장의 투자자들에게 모두 돌아갔다는 뜻이다. 기간을 글로벌 금융 위기 이후인 2010년부터 설정해서 보면 주가지수는 1.6배 오르고 시가총액은 1.4배 증가했다. 기업들이 바이백Buy Back을 하면서 주식 수를 줄여서 주가가 오른 것보다 시가총액이 덜 증가한 것인데, 이는 물타기가 아니라 '물빼기'에 해당된다. 기업이 손해를 보고 투자자에게 더 많은 돈을 돌려줬다는 뜻이다. 즉 주주친화 경영으로 주식 시장 투자자들이 더 많은 혜택을 본 것이다.

중국에 비할 수는 없지만 한국도 물타기 문제가 심각하다.

2000년 이후 코스피는 1.1배 오르고 시가총액은 2.2배 증가했다. 2010년 이후를 보면 주가지수는 15% 오르고 시가총액은 44% 증가했다. 역시 물타기 때문이다.

셋째, 일본과 대만처럼 글로벌 경제에서 뒤쳐진 나라들도 조심해야 한다. 일본의 닛케이225 주가지수는 1989년에 4만 포인트 근처까지 상승했지만 지금은 2만 포인트 조금 넘는 수준이다. 대만 가권지수도 비슷한 시기에 1만 2,000포인트까지 올랐지만 지금은 1만 포인트 조금 넘는 수준이다. 당시 일본과 대만의 산업 구조가 자산 버블, IT 버블과 맞아떨어져 주가가 폭등했지만, 시간이 지나고 세상이 바뀌면서 이 나라들이 갖고 있던 산업 구조의 강점이 사라졌기 때문이다. 그래서 세상이 바뀌는데 옛날 산업 구조를 그대로 유지하는 나라, 구조조정을 하지 못하고 금융권과 정부가 계속 낡은 산업과 기업들을 지원하고 있는 나라도 장기 투자해서는 안 된다.

건설과 부동산에서 벗어나야 할 때

김한진 저는 두 분 말씀에 이어 패러다임 변화를 곁들여 투자 전략을 찾고 싶습니다. 수년 전부터 시작된 한국 경제의 성장 둔화 추세는 어쩌면 일찌감치 예고된 일입니다. 2001년에서

잠재성장률 한 나라의 경제가 보유하고 있는 모든 생산 요소를 사용해서 물가상승을 유발하지 않으면서 최대한 이룰 수 있는 경제성장률 전망치

2010년까지 4.6%로 추정되는 한국의 °**잠재성장률**은 2011~2015년에는 3.6%로 낮아졌고 지금은 2.5%로 더 낮아졌죠. 특별한 일이 없다면 2021년 이후 우리나라의 잠재성장률은 1.7% 밑으로 낮아질 것입니다.

잠재성장률 둔화의 가장 큰 요인은 자본 투자 감소인데, 이는 수출제조업 경쟁력 둔화에서 비롯된 것입니다. 수출경쟁력 약화는 후발 신흥국의 추격이나 노동 비용 상승, 생산성 둔화의 결과입니다(2002~2009년 중 한국 제조업 1인당 노동생산성 증가율은 연평균 7%로 주요국 평균의 두 배를 넘었으나 2010~2017년 중에는 연평균 2.8%로 주요국 평균을 하회하고 있다). 엄밀히 말하면 임금 상승을 극복하고도 남을 정도의 다른 경쟁력 요인이 우리 산업에 부족했기 때문입니다. 산업은행의 조사 결과를 보니까 우리 기업의 설비 투자 부진 이유는 어느 한 가지 요인 때문만은 아닌 것 같습니다. 그러니 해법도 쉽지 않겠죠.

기업의 설비 투자 위축은 생산 활동 약화로 인해 양질의 일자리를 줄이고 이는 내수 소비 여력 둔화로 이어졌습니다. 과거 정부는 이를 극복하기 위해 건설 투자와 주택 소비 쪽에 무리한 정책을 내놓았습니다. 한국의 GDP 대비 건설 투자 비중은 2018년 16%로 세계 최고 수준일 뿐만 아니라 OECD 평균(10.4%)을 크게 웃돌고 있습니다. 향후 토건 성장, 아파트 성장의 한계를 시사합니다. 기업들은 설비 투자를 하지 않고 남은 돈으로 부동

산을 매입하거나 여전히 과잉 보유 현금의 용처를 찾지 못해 경영 비효율성을 드러내고 있습니다. 한편 은행은 설비 투자 둔화와 기업 저축 증가에 따른 기업 대출 부진을 만회하기 위해 2014년부터 가계 대출을 적극 늘려왔고 이러한 메커니즘 속에 한국의 가계 부채는 급증했습니다. 가계 부채 증대와 과도한 주거비 지출, 인구 고령화, 고용 부진, 자영업 경기 둔화로 한국의 GDP 대비 민간 소비는 2018년 48%로 OECD 평균보다 7~10%포인트 낮고요. 최근 민간 소비 지출은 더욱 둔화되고 있습니다.

한국의 잠재성장률 추이와 전망

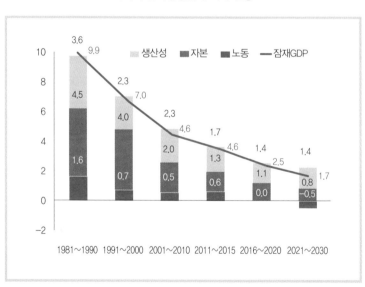

출처 : 한국은행

한국 경제의 이러한 문제점은 사실 앞선 °**30-50클럽** 국가들이 다 겪었던 문제였습니다. 하지만 한국은 이들 국가들보다 훨씬 불리한 환경인 것 같습니다. 원화환율의 국제지위가 낮고 거대한 중국 경제의 변동성을 고스란히 받아야 합니다. 중국의 고도성장기에 누렸던 혜택을 뒤로하고 이제는 중국으로 인해 급격한 수출 둔화를 위협받는 상황입니다. 대중 수출 구조도 중간재에서 소비재로 빠르게 바뀌야 하는 과제를 안고 있습니다.

30-50클럽 1인당 국민소득 3만 달러 이상, 인구 5,000만 명 이상 국가로 일본 1992년, 미국 1996년, 영국 독일 프랑스 2004년, 이탈리아 2005년, 한국이 2019년에 이를 충족했으며 세계 7개국에 불과하다.

금융 위기 이후 보다 뚜렷해진 교역량 둔화는 다분히 구조적 현상이라고 생각합니다. 이는 한국 정부로 하여금 보다 선이 굵은 산업 정책을 요구하는 신호이고 기업들에게는 보다 과감한 혁신을 요구하는 목소리입니다. 지난 10년간 정부는 이 중요한 시기에 4대강 사업에 돈을 쏟아붓고 빚 내서 집 사라는 정책을 펼쳤습니다. 모두 단기 성장률에 집착하는 근시안적 정책이었습니다. 문제는 지금 한국이 경험하는 설비 투자 위축이나 인구 고령화 등이 모두 앞선 선진국들과는 비교할 수 없을 정도로 매우 압축적이고 빠르게 진행될 것이란 점입니다. 이 때문에 지금 정부가 역점을 두는 최저 임금 인상 등 소득 주도 성장 정책은 중장기로 꼭 필요한 정책이라고 생각합니다. 기업이 일자리를 만드는 데 한계가 있고 수출주도형 성장에 분명 한계가 있기 때문이죠. 다만 그 추진 과정에서 보완해야 할 점은 한두 가지가 아닌 것 같습니다. 문제는 이와는 별개로 성장동력을 새롭게 구축하고 산업의 부가가치와 경쟁력을 높이기 위한 정책이 너무 약하다는 데 있습니다. 저는 지금 한국의 미래 성장 산업에 정부가 재정을 무리할 정도로 과감히 투입하고 규제를 완화해야 한다고 봅니다. 보다 임팩트 있는 정책이 필요합니다. 또다시 실기해서는 정말 안 되기 때문이죠.

제가 이처럼 장황하게 한국 경제의 현실과 문제점을 말씀드린 이유는 결국 투자할 곳을 찾기 위함입니다. 저는 시장이 현명할 것으로 봅니다. 시장을 믿습니다. 앞으로 주가가 꾸준히 오르는 종목의 공통점은 미래 성장 가치가 높고 기존 산업들의 틈새를 메워주는 특징을 지닐 것이란 거죠. 경제의 생태계가 그런 기업을 필요로 하기 때문입니다. 기업의 빠른 변화 속도에 맞추어 투자자들도 이에 대응해야 합니다. 또한 시장 금리는 계속 낮아질 것입니다. 국내 저금리는 결국 해외 투자 증대로 나타날 것이므로 해외 유망 자산에 대한 공부가 계속 필요합니다.

대한민국 경제를 사수하라

김일구 각국이 자국 우선주의를 펴는 것은 막을 도리가 없겠죠. 그동안 자본주의 역사를 보면 성장을 하고 국제적으로 자본과 기술이 이동할 때는 자유무역하다가, 성장이 막히고 자본과 기술의 이동도 줄어들면 보호무역으로 바뀌곤 했습니다. 글로벌 경제의 파이가 커질 때는 자유무역과 글로벌 분업이 유리하다고 했는데, 다들 양질의 일자리를 만들어내지 못하는 것을 보면 이제 파이가 커지는 단계가 아닌 게 분명해 보입니다.

이럴 때는 어떻게 될까요? 기업을 자국으로 불러들이고, 무역장벽 쌓아놓고 내수부양하는 것이 핵심 경제 정책이 됩니다. 노골적으로 이런 정책을 쓰고 있는 게 미국의 트럼프 대통령이고 중국도 마찬가지입니다. 중국 제조 2025라는 산업 정책은 첨단 산업의 국산화율을 90%대로 끌어올려서 글로벌 분업 구조를 깨겠다는 것입니다. 일본이 우리나라에 한 백색국가 제외 조치도 마찬가지 아니겠습니까?

물론 값싼 노동력에 의존해야 하는 산업은 여전히 많고, 이것까지 글로벌 분업 안 하겠다는 뜻은 아닐 겁니다. 저임금에 의존하고 기술이 이미 널리 퍼져 있는 산업은 분업 구조가 재편되면서 계속 유지되겠죠. 이 과정에서 인도, 베트남, 멕시코 등 신흥국들이 주목을 받고 있습니다. 이들은 소득 수준이 낮지만 교육 수준은 많이 높아져 있어서 새롭게 만들어질 국제 분업 구조에서 제조 공정의 역할을 맡게 될 겁니다.

그렇다면 우리는 어떻게 해야 할까요? 큰 나라처럼 자립의 길로 가기에는 규모의 경제가 나오지 않고, 국제 분업 구조의 하부로 편입되기에는 소득 수준이 높습니다. 일본의 수출 규제가 시작되니 다들 '핵심 소재와 장비를 아직까지 국산화 안 하고 뭐

했냐. 지금이라도 하자'고 외치는데, 틀린 말은 아니지만 우리 경제 규모로는 한계가 있어요. 비유를 들자면 혼자 사는 사람이 주말에 대형마트 가서 식재료 잔뜩 사와서 된장찌개 끓여 밥해 먹는 것과 비슷하다고 할까요? 기업들이 인건비가 낮거나 규제가 없는 해외로 옮겨서 새로운 국제 분업 구조에 편입되는 것은 어떨까요? 이미 그런 기업들이 꽤 나오고 있고 앞으로도 이어질 것 같아요. 저는 글로벌 교역국가로서 우리가 자세를 낮추고 다른 나라들로부터 규제를 가급적 피하려 최대한 노력해야 한다고 생각합니다.

3장

한국의 반도체를 말하다

김동환　이제 반도체에 대한 얘기를 좀 해보죠. 올해 우리나라 기업 실적이 급전직하急轉直下로 떨어진 게 사실은 이 반도체 때문입니다. 반대로 말하자면 실적이 괜찮았던 동안에도 반도체 빼면 올라간 것이 없다는 얘기도 됩니다. 반도체 가격에 대한 나름의 전망이 서지 않으면 전체 시장을 제대로 볼 수 없을 겁니다. 미국의 FANG이 됐든 MAGA가 됐든 그런 기업들이 앞으로도 잘 나갈 것이라고 전제를 한다면 반도체는 거의 바닥권에 진입했다고 봅니다. 추가적인 재고 조정은 있을 수 있겠지만 그들의 시가총액이 1조를 넘보는 상황에서 전 세계 디램의 80%를 장악하고 있는 한국의 삼성전자, SK하이닉스가 여기서 더 가격을 하락시킬 이유가 없습니다. 그들이 하고자 하는 비즈니스, 특별히 클라우드 사업은 압도적인 1등을 해야만 하는 본질을 갖고 있습니다. 당연히 투자는 재개될 것입니다. 삼성전자와 SK하이닉스, 미국의 마이크론Micron까지 생산업체가 세 개로 제한된 상황에서 이들이 만드는 제품의 가격은 투자가 재개되는 시점부터 본격적인 공급자 시장이 될 것입니다. 반도체 가격은 세계 경기의 성장률이 추가적으로 더 떨어진다고 해서 더 빠진다고 생각하지 않습니다. 최근 들어 낸드플래시 가격이 반등하는 것도 디램의 바닥권 진입의 방증이라고 봅니다.

김일구　저는 우리나라 경제가 2012년에 꼭지를 찍었다고 생각합니다. 흔히 일본을 '잃어버린 20년'이라고 얘기하는데, 우리는 이제 '잃어버린 7년'쯤 온 것 같습니다. 2012년 이후 서서히 하강하고 있는데, 유일하게 반도체 산업이 2016~7년에 좀 튀었죠. 반도체 빼면 수출 금액이 2012년 이후 줄어들고 있습니다. 속도가 너무 느리니까 잘 느껴지지 않는 것뿐이죠.

　　2013년에 글로벌 컨설팅 그룹 맥킨지에서 한국 경제 리포트를 냈는데, 내용이 충격적이었어요. 한국 경제를 물의 온도가 서서히 올라가고 있는 냄비 속 개구리와 같다고 했죠. 5년이 지나고 지난해에 재점검을 했다는데, 5년 전에 비해 물의 온도가 더 올라갔다고 표현하더군요. 맥킨지는 덧붙여 '한국 사람들은 급격한 위기가 생기면 단합하는 힘이 있지만, 서서히 진행되는 위기

● 반도체는 2016~2017년 대한민국 수출을 사상 최고치로 이끌었다. 사진은 반도체 대표 기업인 삼성전자의 모습.

에 잘 대응할 수 있을지 의문'이라는 말도 남겼다고 합니다. 저도 이 부분이 많이 걱정스럽습니다.

그 와중에 반도체 산업 하나가 독보적인 성장을 했어요. 2013년 맥킨지의 보고서를 비웃기라도 하듯 2016~17년 한국 수출을 사상 최고치로 이끌었죠. 그렇지만 저는 반도체의 약진을 보면서 새옹지마를 떠올렸습니다. 반도체 호황이 아니었으면 우리 경제가 미화되는 일이 없었을 것이고, 아마 지금쯤이면 경제성장의 돌파구를 마련하기 위해 똘똘 뭉쳐 있을 수도 있었을 텐데 말이죠. 반도체 착시에 가려 서서히 다가오는 경제 위기는 무시되고, 온도계를 보여주며 냄비 속 물의 온도가 올라가고 있다고 경고하는 목소리는 정치 색깔로 덮씌워져 폄하되고 조롱당하기 일쑤죠.

우리나라 반도체 대단합니다만, 한국 경제를 혼자서 끌고 갈 수 있는 산업은 아닙니다. 산업연관표에서 중간 수요의 수입 의존도를 보면 자동차 20%, 선박 59%, 철강 23%, 기초화학 37%, 반도체 66%입니다. 중화학 공업 전반의 수입 의존도가 높지만 반도체와 같은 첨단 산업의 수입 의존도는 특히 높아요. 반도체가 우리나라 전체 수출의 20%나 차지하고 GDP에서도 5% 이상을 차지하고 있지만, 취업자 수는 10만 명으로 전체의 0.4%밖에 안 됩니다. 그러니까 매출 규모는 크지만 생산에 필요한 2/3를 수입해서 생산한 2/3를 수출하고, 국내 고용 창출 효과는 미미한 산업이죠. 우리 경제를 이끌어가고, 우리 국민들을 먹여 살릴 수 있는 산업이 아닙니다.

제 얘기는 반도체가 중요하지 않다는 게 아니라 반도체를 과대 평가해서는 안 된다는 뜻입니다. 반도체보다 덜 화려하고 덜 주목받지만 탄탄한 산업들이 존재하고, 그 많은 산업들이 우리 경제를 지탱하고 있습니다. 산업연관표의 소분류를 기준으로 보면 산업이 160개가 넘습니다. 반도체 산업은 이 160개 중 하나죠. 물론 규모로 보면 반도체는 열한 번째의 큰 산업입니다. 규모가 큰 50개 산업 중에서 수입 의존도가 20%가 넘는 산업이 스물두 개나 있어요. 거의 절반이죠. 반도체 하나 때문에 우리 경제의 수입 구조를 바꿀 수 없습니다.

우리는 반도체뿐만 아니라 많은 산업이 수입과 수출로 외국과 얽혀 있어요. 반도체 아니어도 많은 산업에서 소재와 장비를 외국에 의존하고 있고, 그런 소재와 장비가 한두 가지도 아니고 10~20년 만에 개발될 수 있는 것도 아닙니다. 그리고 설령 핵심 소재와 장비를 독자 개발한다고 해도 우리나라의 경제 규모로 볼 때 경제성이 없어요. 왜 우리나라 수출 기업들이 많은 소재와 장비를 해외로부터의 수입에 의존하겠습니까? 독자 개발이 경제성을 갖지 못하니까 그런 것이겠죠. 그래서 원칙적으로 우리는 외국과 마찰을 피하는 동시에 개방을 유지해야 하고, 이 나라와 문제가 생기면 다른 나라와 관계를 확대해야 하는 상황입니다. 외국과 문제가 생겼을 때 독자 개발한답시고 스스로 고립되는 전략을 취해서는 안 된다고 생각합니다.

김동환　참, 지난 2019년 2분기에 이마트가 적자 났어요. 대형 마트 과점 사업자가 적자가 난 겁니다. 그 적자 이면에 뭐가 있을까요? 사람들이 이마트에서 살 물건들을 쿠팡과 마켓컬리에서 주문한 거예요. 쿠팡의 힘은 플랫폼이잖아요. 쿠팡이 이마트를 이길 수 있는 원천이 플랫폼이고 그 플랫폼에는 막대한 서버가 필요하죠. 사실은 반도체 사이클이란 건 짧습니다. 이렇게 길어본 적이 없기 때문에 하락 사이클도 길 거 아니냐 걱정합니다만 올해 말이면 어느 정도 조정 기간을 채웠다고 봐야죠.

4차 산업이 경제를 이끈다

김한진　앞서 이야기 나눈 반도체 산업 허실론에 깊이 공감합니다. 말씀하셨듯이 반도체의 산업 연관 효과나 고용 유발 효과는 자동차나 기계 산업과는 비교가 안 되게 낮습니다. 디램 사이클이 세계 경기 전반에 얼마나 영향을 받을지는 잘 모르겠습니다.

주요 산업별 고용유발계수

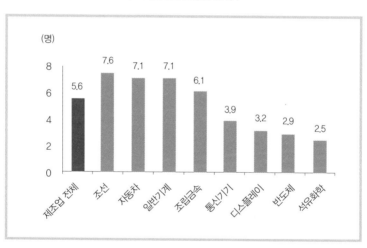

출처 : 한국은행, 산업연구원
주 : 고용유발계수는 10억 원의 재화 산출이 직간접적으로 창출하는 고용자 수이며 제조업 평균 고용유발계수는 1995년 20.8명에서 2005년 7.7명, 2015년 5.6명으로 계속 낮아지는 추세이다.

물론 반도체 산업도 중요하고 말씀하신 비메모리도 중요한 미래 성장 산업입니다. 또한 미국의 FANG과 같은 다양하고 창조적인 혁신 성장 기업(4차 산업혁명 관련주)들이 앞으로 한국에서 많이 나왔으면 좋겠고 또 이들 산업이 반도체 수요를 이끌었으면 좋겠습니다. 언젠가 손정의 소프트뱅크 회장이 대통령을 만나 첫째도 AI, 둘째도 AI, 셋째도 AI라고 말한 뉴스를 봤는데요. 참고로 손정의 회장은 김대중 대통령에게는 첫째도 둘째도 셋째도 브로드밴드(초고속인터넷망)이라고 조언했었고 노무현 대통령에게는 온라인 게임 산업 육성을 제안했다고 하죠. 이를 모두 포괄한 개념에서 저는 진정한 고부가 서비스 산업을 말씀드리고 싶어요. 반도체 설계도 서비스 산업이고 구글이나 넷플릭스 등도 서비스 산업이지 않습니까? 농림어업은 저부가 1차 산업이지만 종묘나 유전자 과학, 줄기세포 산업은 고부가 3차 산업입니다. 가구나 완구 제조는 부가가치가 낮은 2차 산업이지만 가구 디자인이나 캐릭터 산업은 고부가 3차 산업입니다. 즉 공장은 없지만^{fabless} 연구실R&D은 있는 산업이 앞으로 한국 경제의 희망이고 또 이들 산업이 증시에서 유망주로 뜰 것입니다.

앞으로는 기존 1, 2차 산업에 3차 산업이 얹혀지고 그 결합이나 융합 과정에서 4차 산업이 탄생하는 일이 많아질 것 같습니다. 최근 경남 산청의 한 농가가 IoT^{Internet of Tings}(사물에 센서를 부착해 실시간으로 데이터를 주고받는 지능형 기술)로 젖소를 키우니 우유 생산량이 30% 늘었다는 기사를 봤습니다. 스마트 팜^{smart farm} 시대가 열리고 있는 겁니다. 자동차 산업을 예로 들자면 관련 서비스 산업은 더욱 광범위합니다. 스마트 팩토리만 말씀드리는 건 아닙니다. 자동차 설계나 차체 디자인, 생산성 개선을 위한 공정 소프트웨어, 생산 현장의 기계 로봇 관련 보안이나 프로그래밍 산업, 부품이나 모듈 재고 관리 시스템, 자동차 IOT 산업, 무인 자동차, 보안, 공유 차량 서비스, 완성차 판매 유통이나 광고와 관련된 빅데이터 산업 등이 자동차와 관련된 서비스 산업입니다. 이런 연관 파생되는 산업들이 발전하면서 자동차 산업 자체의 핵심 경쟁력도 높아지고 그 과정에서 새로운 일자리도 창출되겠죠. 제조업과 서비스업, 하드웨어와 소프트웨어의 결합과 상생, 시너지 효과가 일어나야 합니다. 한국의 제조업과 서비스 산업이 이런 방향으로 가야 하고 또 아마 그렇게 진보할 것으로 예상합니다. 앞으로 서비스 산업, 무형재 산업Intangible Industry에서 보다 성장 기회가 많아지고 좋은 투자 기회도 발견되리라 기대합니다.

반등을 노리는 반도체 가격

김동환　전문가들의 의견을 종합해보면, 현재 반도체 가격이 바닥권을 지나가고 있고 주가도 어느 정도는 현실을 반영하고 있는 것 같아요. 일례로 SK하이닉스가 2019년 3분기 어닝 쇼크를 냈지만 주가는 바닥권 대비 꽤 많이 올랐죠? 특히 메모리 반도체 중에서 삼성전자와 SK하이닉스의 주력으로 생산하는 디램의 경우는 양사와 더불어 미국의 마이크론이 과점 체제를 형성하고 있기 때문에 그들끼리 °치킨게임을 할 이유가 없는 상황이지요. 여기에 반도체 수요가 갑자기 줄어들 리도 없고요. 이를 감안하면 2019년 3분기 실적이 거의 바닥권이라고 볼 수 있을 것 같습니다. 결론적으로 올해 우리 경제의 부진의 한 축인 반도체 경기는 2019년 말을 지나면서 상당히 이완될 가능성이 크고, 오히려 2020년 우리나라 수출과 전체 경제를 적어도 지표상으로는 호전시킬 가능성이 크다고 생각합니다.

치킨게임 어느 한 쪽이 양보하지 않을 경우 양쪽이 모두 파국으로 치닫게 되는 극단적인 게임이론이다. '치킨(chicken)'이란 명칭은 두 사람이 충돌을 불사하고 서로를 향해 차를 몰며 돌진하는 1950년대 미국 젊은이들의 게임에서 유래했는데, 둘 중 하나가 차의 핸들을 꺾지 않으면 결국 충돌해 둘 다 죽지만 만일 둘 중 하나가 핸들을 꺾으면, 다른 운전자는 승리자가 되어 둘 다 죽을 이유도 사라진다. 이 경우 핸들을 꺾은 사람은 치킨이 된다.

물론 현재 봉합 과정에 있는 미중 무역 협상이 결렬되고 미국, 중국은 물론 전반적인 세계 경기가 더 얼어붙는다면 반도체 가격이 추가적으로 더 하락할 수 있겠으나 산업의 '쌀'이라고 불릴 만큼 필수적인 산업적 특성상 경기의 하락세를 온전히 반영할 가능성은 많지 않을 것입니다. 오히려 재고 조정에 들어갔던 아마존, 마이크로소프트 등 서버 디램의 수요는 궁극적으로 다시 살아날 가능성이 클 테고요.

반도체에 대한 특히 투자의 관점에서 더 큰 리스크는 미중 관계가 호전될 경우일 수도 있습니다. 미중 관계의 개선은 트럼프 대통령에 의해 제약되고 있던 중국 로컬 기업들의 반도체 시장 진입의 속도를 높일 수 있겠지요. 물론 전문가들은 대체로 5년 이상의 기술 격차를 얘기하지만 자본과 시장을 동시에 갖춘 중국 반도체 로컬 기업들이 일단 저품위 메모리 반도체부터 시장을 잠식해 들어올 경우 발생할 타격에 대해 우리나라 기업들도 대비를 해야겠지요.

김일구　저도 반도체에 대해서는 최악의 구간은 지났다고 판단하지만, 다른 한편으로 걱정이 듭니다. 내년부터 중국에서 생산된 저가 반도체 물량이 본격적으로 시장에 풀릴 것 같은데, 그렇게 되면 2000년대 중후반 지나면서 삼성전자와 SK하이닉스가 치킨게임을 통해 많은 다른 글로벌 경쟁자들을 퇴출시킨 것이 무의미하게 됩니다. 이번에 등장하는 새로운 경쟁 상대들은 국가의 보조금을 받는 경쟁자들이에요. 우리가 치킨게임을 통해 퇴출시킬 수 있는 상대가 아닙니다.

　　물론 기술 수준이 삼성전자와 SK하이닉스에 비해 많이 낮긴 하지만, 어쨌든 경쟁자들이 생겼으니 다시 반도체 사이클이 좋아진다고 해도 2016년이나 2017년과 같은 수혜를 입기는 어렵지 않겠는가 생각합니다. 따라서 앞으로 반도체에 대해 전망할 때는 최근 사이클보다는 2000년대 중후반, 혹은 2010년 초반에 보였던 양상을 살펴보는 것이 중요해 보입니다. 사실 당시에는 반도체 수요가 늘어나도 삼성전자와 SK하이닉스가 대단한 호황을 보인 것은 아니었어요.

다시 말씀드리지만, 반도체를 너무 중심에 두는 것은 옳지 않습니다. 경제성장률에 도움이 안 될 가능성이 높으니까요. 물론 반도체가 경제 성장에 마이너스 요인이 아닌 것은 긍정적이지만, 그렇다고 마냥 희망적으로 볼 수도 없다는 것이죠.

비메모리가 회복의 열쇠

김한진 요즘 반도체 경기에 대한 의견이 분분한 편입니다. 일각에서는 오는 2022년 반도체 슈퍼사이클(장기적인 가격 상승 추세)이 다시 온다는 의견도 있고 또 한쪽에서는 조금 짧은 사이클로 보는 견해도 있죠. 제가 이 분야의 전문가는 아니지만 반도체 경기는 중장기로 분명 밝아 보이네요. 클라우드 시장이 이제 성장 초기에 불과하고 5G 스마트폰 보급과 상용화도 이제 막 시작 단계 아닌가요? 주요 데이터 센터의 서버용 디램 교체 시기도 다가온다고 하니 반도체 수요 전망은 긍정적으로 보아도 좋을 것 같습니다. 게다가 스마트폰 기기당 반도체 탑재량도 큰 폭으로 성장하고 있고 서버의 디램 용량도 계속 커질 텐데 차세대 통신이 거꾸로 가지 않는 한 디램과 낸드플래시 수요는 늘 수밖에 없죠. 5G를 넘어 6G도 예상보다 빨리 올 가능성이 높습니다. 다만 반도체가 지난 2017~18년 다소 비정상적인 호황을 보였기에 그 여파가 시장에 어떻게 나타날지는 정확히 예측하기 어렵습니다. 기저효과 등으로 반도체 경기가 살짝 숨 고르기를 할 수는 있다고 봅니다. 저는 중장기로는 이들 4차 산업혁명과 함께하는 서버 투자 붐과 반도체 경기는 기존 전통 경기와는 다른 결을 보이며 계속 뻗어나갈 것으로 봅니다.

김동환 중국의 저가 메모리 반도체 시장 진입이 결국 시간 문제라고 볼 때 삼성이나 하이닉스는 어떻게 대응을 할지에 대해서도 관심거리입니다. 결국은 삼성이 선언한 비메모리 반도체 쪽에서 어느 정도의 시장 지위를 갖는가가 국내 반도체 산업의 향배를 좌우하게 될 것입니다. 초기 국면에서는 대만의 TSMC 같은 °**파운드리**Foundry의 시장을 잠식해 들어갈 가능성이 크고 장기적으로는 점차 인텔, AMD 가 영위하고 있는 비메모리 시장으로 진입할 수도 있을 것입니다. 2020년 이후 삼성전자의 반도체 비즈니스는 과연 내어주는 영토와 새로 진입하는 영토의 크기와 퀄리티에 따라 운명이 갈리게 될 것입니다.

> **파운드리** 반도체 제조를 전담하는 생산 전문 기업. 반도체의 설계 디자인을 전문으로 하는 기업으로부터 제조를 위탁받아 반도체를 생산하는 기업을 의미한다.

여기에 5G를 위시한 통신 장비 시장에서 삼성전자가 얼마나 선전할지도 관전 포인트입니다. 미국은 중국과의 협상과는 별개로 화웨이Huawei의 통신 장비 사업의 경우 적어도 미국이나 우방국에서 계속 제약하려고 할 것입니다. 마침 5G를 우리나라가 선점한 상황이기 때문에 삼성전자는 상당히 유리한 고지에 올라섰다고 볼 수 있지요.

4장
빅히트를 만드는 다섯 가지 전략, 5G

김동환　지금까지 오랜 시간에 걸쳐 2020년 경제와 자산 시장에 대한 전망, 그리고 대안에 대해서 얘기하고 있습니다. 이제 이 모든 대담을 정리하면서 투자자들이 꼭 기억해야 할 대응 전략 다섯 가지를 소개하고자 합니다.

우리가 토론을 시작할 때 모두 공감했던 이야기는 2020년 에도 세계 경기가 그다지 낙관적이지 않다는 데 있었습니다. 특히 김한진 박사님께서 2020년 세계 경제에 대한 감속에 방점을 두고 말씀하신 것으로 기억합니다. 가장 먼저 이 이야기부터 정리해볼까요?

첫 번째 G, 세계 경기의 감속 Gear Down

김한진 저는 세계 경제가 이미 감속기에 들어갔다고 봐요. 막상 2020년 끝자락에 가서 보면 경기에 대한 자신감은 지금보다 더 떨어져 있지 않을까 생각해요. 앞으로 성장 전망치가 살짝 더 낮아지고 경기 사이클이 밋밋해지는 정도라면 다행이지만 글로벌 경제가 거친 조정을 보이고 여기저기서 신용 경색(금융 기관이 미래의 불확실성에 대비하기 위해 시중에 자금을 유통시키지 않아 기업이 어려움을 겪는 현상)과 부채 조정 관련 파열음이 투자 심리를 얼어붙게 하는 상황이라면 얘기는 달라집니다. 저는 지금 사람들이 경기를 너무 안일하게 보고 있다고 생각해요. '경기야 그저 큰 문제 없이 그럭저럭 흘러가는 거 아냐? 금리를 또 낮추고 재정을 풀면 되겠지. 시장에 큰 거품도 없는데 뭐가 걱정이야?'라는 생각들이죠. 하지만 세계 경제는 지금 그리 편안한 상태가 아닙니다. 문제도 많고 거품도 여기저기 숨어 있죠.

우선 2017년부터 시작된 각국의 생산 둔화는 교역 감소로 이어지고 있고 이게 다시 투자나 소비를 낮추는 순환적 부진으로 나타나고 있습니다. 이를 반영해 세계 경제성장률도 2017년을 고점으로 확연히 낮아지고 있습니다. 금융 위기 이후 많은 국가들의 부채는 폭증했고 재정은 여전히 적자 상태이며 중앙은행들의 자산은 꽉 찬 상태(금융 완화)입니다. 문제는 2020~2021년 세계 경제인데요. 신흥국의 경우는 과잉 설비와 투자 부진이라는 구조적 요인에 경기가 묶여 있고, 선진국은 고용과 소비 개선 여력이 한계에 달해 앞으로의 성장이 불확실한 상황입니다. 선진국 가운데 마지막 보루인 미국도 제조업 경기는 꺾였고 서비스업 경기만 남아 있는데 최근 한계를 보이고 있습니다. 신흥국은 중국이 변수인데요. 중국은 탈공업화로 고도성장기 때 늘어났던 설비와 부채가 성장에 발목을 잡고 있습니다. 인도나 아세안ASEAN(인도네시아, 말레이시아, 필리핀, 태국, 베트남), 라틴아메리카 등이 얼마나 중국의 공백을 메울지는 모르겠습니다만 이들 역시 전체 세계 경기와 완전히 다른 모습을 보이기는 어려울 겁니다. 종합해보면 향후 1~2년 세계 경제는 지금 전망하는 것보다 더 둔화될 확률이 높다고 봅니다.

사실 지난 2~3년간 경제 전망이 계속 빗나간 이유는 사람들이 선진국과 신흥국, 이들 양 진영의 순환적이고도 구조적인 문제점들을 가볍게 봤기 때문입니다. 그간 세계 경제는 미국과 유로존 등 선진국이 이끌었는데 신흥국들이 수출 경로를 통해 그 수혜를 거의 누리지 못한 게 문제라고 봅니다. 각국 중앙은행들이 저마다 풍선에 바람(금융 완화)을 넣고 있지만 한쪽에선 수요 부진으로 바람이 새고 있죠. 재정을 쏟아부을 국가도 실제 그리 많지는 않습니다. 또한 금리 인하와 경기 부양 효과가 10년 전 금융 위기 때와 같을 리 없죠. 브리지워터어소시에이츠 설립자이자 CEO인 레이달리오Ray Dalio의 표현대로 세계 경제가 축 늘어진 상태Great Sag로 굳어갈지, 아니면 한 번 크게 하락하고 난 뒤 이를 딛

● 인구가 고령화됨에 따라 소비가 줄고, 이는 곧 경기의 구조적인 둔화로 이어진다.

고 다음 순환을 이어갈지 지켜봐야겠습니다.

　　한편 미중 무역 분쟁 영향은 미중 수입 동향을 보면 보다 정확히 알 수 있는데요. 2018년 4분기부터는 양국의 수입이 모두 급격히 위축됐습니다. 무역 분쟁은 세계 경기를 짓누르는 요인에 틀림없죠. 이게 틀어질 경우 2020년 세계 경제가 더 추락하는 것은 맞지만 그렇다고 무역 분쟁이 세계 경기 악화의 단독 주범은 아니라는 겁니다. 무역 분쟁이 발발한 2018년 7월 이전부터 세계 경제 지표는 이미 고도를 낮춰왔습니다. 여기에 무역 분쟁이 세계 수요와 기업 활동을 더 위축시킨 겁니다. 무역 분쟁이 부분 타결된다고 해서 세계 경제가 안고 있는 구조적이고 순환적인 수요 부진 문제가 단번에 해결될 수는 없습니다. 더하기 게임을 계속하다가 조금 빼기를 했다고 해서 부호가 바뀌는 것은 아닙니다.

관세는 이미 대부분의 교역품에 부과되었고 그 관세를 조금 깎아 주거나 추가로 매길 관세의 일부를 미루는 정치적인 스몰딜small deal만으로는 경기 추세가 바뀐다고 보기 어렵습니다.

김일구 경기 둔화의 구조적인 요인과 순환적인 요인을 구분해야 합니다. 구조적으로 둔화되는 것은 누가 봐도 확실합니다. 인구 구조가 고령화되고 있잖아요? 젊은 사람들은 미래 소득에 대한 희망적인 기대를 갖고 있기 때문에 소비를 늘리지만, 40대를 지나 은퇴 이후를 생각하는 나이가 되면 노후에 대한 불안으로 소비를 늘리기 어렵습니다. 인구의 고령화가 한두 나라에서 나타나는 현상도 아니고 전 세계적으로 맞이하게 될 국면이니 성장률이 하락하는 것은 구조적인 현상이죠. 우리나라의 경우 1990년과 2030년을 비교하면 인구 구조의 변화에 의해서만 GDP 성장률이 3.5%포인트 정도 하락한다는 연구 결과도 있습니다.

그런데 구조적으로 성장률이 낮아지고 있다고 해서 매년 성장률이 낮아지는 것은 아니죠. 순환적으로 보면 지난 2년간 경제성장률의 감속이 상당히 오랫동안 진행됐기 때문에, 이쯤에서 순환적으로 좋아져도 아무 문제 없습니다. 우리나라 통계청은 2017년 9월을 경기 고점으로 잡는데 지금까지 거의 2년 동안 내려왔죠. 과거 통계를 보면, 2년 하락했으면 다 내려왔다고 봐야 합니다. 심지어 경기 침체도 4~5년씩 내려가는 것이 아니라 2년 정도인데 단지 하락 폭이 클 뿐이죠. 둔화와 침체의 차이는 경기 하강 국면의 지속 기간이 아니라 하강의 폭이라는 뜻입니다. 2년간 경기 하강 국면이 이어졌는데 여기서 또 경기 침체가 온다면, 그것은 우리가 지금까지 겪지 못했던 공황이겠죠. 제가 볼 때는 미국과 중국이 티격태격하고 있으니 주요 기업들이 투자를 연기시키고 있는 것 같아요. 만약 미국과 중국이 합의를 하면 그동안 지연되었던 투자가 갑자기 증가하면서 경기가 다시 상승 국면으로 돌아설 수 있다고 봅니다. 정리하자면 구조적이고 장기적인 성장률 하락의 과정에 있지만, 순환적으로는 지금이 경기 바닥권이라고 생각합니다.

유럽과 일본 경제에 대한 비관론이 많은데, 이들도 지금 경기 바닥을 지나고 있는 중입니다. 이들은 러시아와 중국의 군사적 위협을 느끼고 있고, 실제로 각각 6세대 스텔스 전투기 개발, 유럽 통합군 창설 등 국방력 강화를 시작하고 있어요. 첨단 산업을 육성하면서 군대를 강화시키는 일은 경기 부양 효과가 있습니다.

저는 개인적으로 2020년에 일본에 대한 기대가 큽니다. 일본의 주가 폭락이 1990년에 시작됐으니 이제 딱 30년 됐군요. 드디어 일본이 잃어버린 30년을 지나서 새롭게 경제가 살아나는 모습을 보이지 않을까 기대하고 있습니다. 이들은 중앙은행이 기준 금리와 장기 국채 금리까지 제로로 만들어서 정부가 국채 발행을 늘려도 이자 부담이 거의 없죠. 그러니까 정부 재정이 적극적으로 경제를 끌어올리는 역할을 할 것이라고 봅니다. 여기에

2020년 도쿄 올림픽이라는 호재도 있고요.

중국도 2019년에는 굉장히 안 좋았죠. 물론 미국과의 합의 여부를 봐야겠지만, 미국의 대통령 선거 기간만이라도 미중 갈등이 완화될 수 있다면 중국 경제에도 큰 도움이 될 것 같습니다. 미국 역시 지연되었던 투자가 늘어날 가능성이 있습니다. 이렇게 미국과 중국에서 움츠러들었던 투자가 용수철처럼 튀어주면 우리나라 수출에도 긍정적이지 않겠나 생각합니다. 물론 예전에 비해서 성장률이 전반적으로 떨어진 상태는 지속되겠죠. 다만 파고는 낮아도 파도는 일어날 것이라고 봅니다.

경제 전망은 왜 자꾸 빗나가는가?

세계 경제성장률은 2017년 3.8%를 고점으로 2018년 3.6%, 2019년 3.2%로 점차 낮아지고 있다. 유로존과 신흥국 성장률이 피크를 보인 것은 2017년(각각 2.4%와 4.8%를 고점으로 2019년까지 둔화)이고 최근 세계에서 가장 경기가 좋은 미국마저도 2018년(2.9%)을 정점으로 성장률 둔화가 예상되고 있다(IMF와 세계은행 최근 전망). 미 연준도 미국 경제성장률을 2020년 2.1%에서 2021년 1.8%로 전망하고 있다. 물론 세계 경제가 2020년을 바닥으로 다시 회복세에 이를 것으로 보는 전망도 많다. 관점에 따라 다르겠지만 우리는 몇 가지 이유에서 세계 경기가 단기에 돌아서기는 어렵다고 예상한다.

2017년부터 세계 경제 전망은 계속 하향 수정되어왔고 실제 성장률이 예상치를 밑도는 오류는 지금까지도 계속 이어지고 있다. 가령 IMF의 2019년 세계 성장률과 교역 증가율은 불과 1년 전만 해도 3.9%와 4.4%였다. 2019년 10월 같은 전망은 3.0%와 1.1%로 크게 낮아졌다. 특히 유로존에 대한 성장 전망은 1년 전 2.0%에서 최근 1.2%로 낮아졌다. 원래 예측기관들은 경제를 낙관적으로 보는 성향이 있다지만 예측이 계속 빗나가는 것은 그만큼 잘못 짚은 부분이 많았음을 뜻한다.

최근 대부분의 분석가들은 세계 경기 둔화 이유를 미중 무역 분쟁에서만 찾고 있다. 물론 무역 전쟁은 세계 경제에 가장 중요한 변수다. 하지만 그 이면에 자리잡고 있는 보다 굵직한 경기 요인들이 더 중요하다. 미중 무역 분쟁이 완전 타결되면 세계 경제는 반등할까? 관세 철폐는 경기가 더 나빠질 요인이 제거되는 의미일 뿐이다. 다시 말해 2018년 7월 이전으로의 회귀인 셈이다. 선진국 경기 둔화의 주 요인은 무엇보다 그간 경기가 너무 좋았다는 데 있다. 즉 준완전고용 상태의 낮은 실업률은 선진국 경제의 가장 큰 추가 확장의 한계 요인이다. 연준도 미 실업률을 현재 3.5%에서 4.2%로 높여 전망하고 있다. 성장을 영원히 지속할 나라는 세상에 없다. 경기 순환과 굴곡은 어쩌면 당연한 이치이고 자연스런 현상이다.

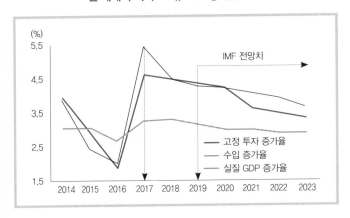

전 세계 투자와 교역, GDP 증가율 추이

출처 : IMF

주 : 고정 투자와 세계 교역(수출입)은 2017년부터 둔화 시작. 세계 GDP 증가율은 2018
년부터 둔화. 각국 경제성장률과 이를 반영한 각국 주가는 대체로 2017년~2019년 사
이에 피크를 형성함.

세계 수요 둔화의 끝자락에서 나타날 현상

문제는 구조적인 문제까지 안고 있는 신흥국 경기다. 탈공업
화에 따른 과잉 설비와 과도한 부채로 일찌감치 경제 활동이 무
거워진 상태에서 최근 선진국 수요 둔화까지 겹치고 있으니 신
흥국의 경제 부담은 그 어느 때보다도 크다.

세계 생산 증가율이 2018년부터 가파르게 꺾이고 있는 점이
나 각국 설비 투자의 국민총생산 기여도가 낮아지고 있는 점들
은 공급에 비해 세계 수요가 취약함을 뜻한다. 위 그림에서처럼

세계 고정 투자와 수출입은 2017년부터 둔화되었고 국민총생산은 2018년부터 둔화되고 있다. 세계 경제는 이처럼 수요 부족과 공급 과잉에 눌려 추가 확장보다는 둔화 가능성이 더 높다.

'금융 위기 이후 처음 맞는 세계 경제의 동반 하락'에 대한 자산 시장의 정직한 반응은 금리 하락이다. 사람들은 중앙은행이 돈을 풀고 정부가 재정을 쏟아부어 앞으로 경기는 회복되고 금리는 일정 수준에서 안정되는 그림을 그리고 있다. 재정 투입의 재원을 마련하기 위한 국채 발행으로 시장 금리가 오른다면 중앙은행의 정책 금리 인하와 모순된 방향을 만들게 된다. 미국의 재정 적자 확대(재정 적자/GDP 비율은 2019년 4.9%에서 2050년까지 7.9%로 상승 예상 : 미 의회예산처 전망)가 금리를 끌어올려 미국 국채 매력을 유지시키는 역설로 작용할지, 아니면 세계 경제를 금리 상승의 혼돈으로 몰고 갈지는 확실치 않다.

다만 부채로 돌아가는 각국 경제인 만큼, 금리는 오르면 안 되고 재정 지출은 늘어야 하며 주식과 부동산 등 위험 자산 가격은 계속 뛰고 돈은 채권에서 주식으로 이동하는 것이 사람들이 바라는 바다. 하지만 이러한 이상적 현상을 경기가 얼마나 용인해줄까? 이를 테스트하는 기간이 바로 2020년이라고 본다. 분명한 것은 미국은 결코 금리가 오르는 것을 방관할 수 없는 국가라는 점이다.

권역별 실질 투자증가율 추이

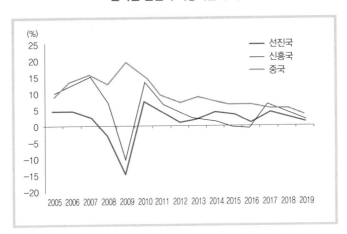

출처 : IMF

주 : 선진국과 신흥국 모두 2010년부터 투자가 둔화되고 있음. 세계 총수요가 주는 상황에서 2018년부터 생산과 내구재 소비도 둔화되고 있음. 향후 경기 둔화 폭이 더 커질 수 있음을 시사함.

세계 경기 전망과 미국 장기 금리

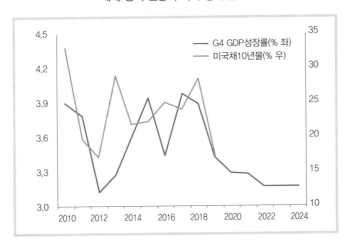

출처 : IMF

주 : G4는 미국, 유로존, 일본, 중국을 의미함. 2019~2024년 전망은 IMF 추정치임.

유리한 자산

- 우량 국채 및 우량 회사채, 커버드 본드, 우량 리츠, 금, 달러, 엔화, 절대 수익 추구 헤지펀드.
- 경기 변동 영향이 적고 시장 지배력이 높은 글로벌 우량 안정 성장주.
- 배당수익률이 높고 사업 구조가 안정적인 가치주, 자산 가치가 높은 중소형주.

주의가 필요한 자산

- 역실적 장세에서 불리한 업종(소재, 산업재, 재량소비재), 수출 비중이 높은 신흥국 주식.
- 자산 가격이 표준편차 레인지를 크게 벗어날 위험이 있는 대량 발행, 판매된 파생상품(ELS, DLS).
- 원유를 비롯한 원자재, 고평가된 산유국 주식, 이를 기초 자산으로 한 파생상품.
- 고평가된 상업용 부동산이나 부실기업 대출을 기초 자산으로 한 증권.

※ 금리 하락과 주가 조정이 동시에 급격하고도 과도하게 진행될 경우, 양대 자산군의 전환 시점은 빨라질 수 있음

두 번째 G, 경제의 불균형 심화 Global Imbalance

김동환　전반적으로 선진국 경제, 특히 미국 경제가 직전 2, 3년 동안 활황 국면에서 저하될 것이라는 점에는 동의합니다. 순환적인 측면은 물론이고 구조적인 측면에서도 과연 미국 경제

가 질적으로 개선됐는지에 대한 회의론이 일어날 수 있는 시점이고요. 트럼프 대통령의 등장 이후로 개선된 미국 기업들의 실적과 양호한 금융 시장 지표가 미국 경제의 구조적인 질적 개선의 결과인지, 아니면 2017년에 시행한 법인세 등의 대규모 감세 효과에 의한 것인지 돌아보게 될 것입니다. 여기에 이른바 '중국 때리기'가 미국 경제에 미치는 영향을 확인할 시점이 되었습니다. 최근 들어 트럼프의 대 중국 입장이 다소 유연해지고 있는 것과 '미니딜mini deal'이라는 평가 절하 속에서도 일단 봉합하게 된 속사정도 미국 경제에 미치는 악영향이 체감하는 수준까지 왔다는 증거입니다.

미국이 이 정도라면 여타의 국가들, 그중에서도 우리나라나 대만 같은 수출 위주의 제조업 국가들이 겪는 고통은 매우 심각합니다. 최근에 발표된 2019년 7월까지의 국가별 수출을 보면 10위권 국가들 중에 미국과 중국을 빼고 다 줄었어요. 트럼프가 만들고 있는 분절의 세계는 더욱 가혹한 시련의 계절을 준비하고 있습니다. 트럼프가 지속적으로 중국, 유럽, 일본 그리고 규모가 큰 신흥국을 제약하면서 만들어가는 분절의 효과는 2020년에도 여전히 세계 경기를 감속시킬 것입니다. 다만 일부 산업이 그 나라에 압도적으로 중요한 포지션을 차지하고 있는 나라들은 그 산업의 자체 사이클에서 나오는 수요와 공급에 의해서 의외의 결과가 나올 수도 있을 겁니다. 우리나라의 반도체 산업 같은 경우죠. 더불어 지난 2~3년간 지속된 선진국과 신흥국 간의 경기와 자산 가격의 이른바 디커플링이 다소 완화되거나 특정 국가의 경우는 역전될 가능성이 있습니다. 예를 들어 미국 경제가 추락할 가능성은 크지 않겠지만 지난 2년여간 지표의 상승과, 더 길게 보면 10년간의 자산 가격의 상승에 대한 관성과 기대가 순환과 실망으로 바뀔 가능성은 상대적으로 높을 겁니다. 미국 경제의 순환적인 하락은 다가올 대선과 맞물려서 트럼프 대통령의 대 중국 협상력이 상당히 떨어질 것입니다. 중국과 거칠게 대립하기보다는 협상을 할 가능성이 클 것입니다. 상대방인 중국 역시 6% 성장이 위태로운 상황에서 트럼프의 협상안을 수용하면서 국내 경기 추락을 막으려는 적극적인 노력을 할 것입니다. 이런 상황이 연출되면서 미국과 중국 경기의 하방 압력이 제한된다면 비교적 규모가 큰 신흥국 경제가 나름 선전할 가능성이 있다고 생각합니다. 두 분의 의견은 어떠신지요?

김한진 결론부터 말씀드리자면 저는 신흥국 경기가 더 우려됩니다. 사실 선진국과 신흥국은 경기와 기업 실적 모든 면에서 최근 몇 년간 뚜렷한 차이를 보여왔습니다. 세계 경기가 회복되기 시작한 2010년을 100이라고 볼 때, 선진국 소비가 지금 120 정도라면 신흥국은 거의 제자리 수준입니다. 제조업 경기도 마찬가지고 기업 이익은 더 심하죠. 금융 위기 전 2006년을 기준으로 볼 때, 선진국 기업 이익(MSCI 선진 기업 주당순이익)은 현재 150을 넘었는데 신흥국은 거꾸로 60 수준입니다. 이처럼 '지금까지 세계 경기가 좋았다'고들 말하는데 여기엔 상당한 착시와 불균형이 끼어 있습니다. 실물 경기와 자산 가격(주가나 집값) 간 괴리, 국가 간 경기 격차, 기업 간 실적 차별, 계층 간 소득불균형 등이 지난 10년간 유례없이 커졌습니다. 미친 듯이 부채가 늘고 돈이 풀리고 금리를 낮췄지만 대부분 국가에 지금 남은 것은 집값 상승 등 자산 인플레뿐입니다. 제가 주목하는 것은 신흥국이 과연 선진국의 바통을 이어받아 세계 경기에 활력을 불어넣어줄 수 있을까 하는 점입니다.

주식 시장도 신흥국이 불리합니다. 소비 중심의 선진국 경기가 주춤하면 수출 비중이 높은 신흥국 기업은 더 어려워질 수밖에 없습니다. 글로벌 수요가 둔화되는 국면에서 산업재나 소재, 에너지보다는 서비스나 소프트웨어 등 선진국이 이미 선점하고 있는 산업이 유리합니다. 경기 불확실성으로 안전통화인 달러 선호 역시 높은 데다 미국과 주변국 간 경기나 금리차 때문에 자본 흐름이 달러를 약세로 만들 여건은 아닌 듯합니다. 펀더멘털로 보나 환율 흐름으로 보나 신흥국 자산에 돈이 몰릴 유인은 적다는 겁니다. 물론 모든 신흥국이 다 그렇다는 뜻은 아니고요. 특정 신흥국은 고유의 경쟁 우위와 매력을 갖고 있습니다. 이런 점에서 저는 2020년 신흥국 경제와 자산 시장을 우려의 시선으로 봅니다. 이러한 선진국과 신흥국 간 경기와 주가 차별화는 다음 경기 반등기 때까지 이어질 것으로 예상해요. 시간이 좀 지나서 다음 세계 경기 회복 국면에서는 바로 중국의 내수가 이끄는 신흥국 주도형 경기가 펼쳐질 공산이 큽니다.

　　김일구　앞서 잠깐 언급했지만 저는 2020년에 제일 주목하는 국가가 일본입니다. 도쿄올림픽을 계기로 '일본 경제가 다시 살아났다'는 평가를 받게 될 것 같습니다. 정부 부채가 많기는 하지만 이자 부담이 거의 없어서 재정 상태가 아주 많이 좋아졌고, 소비세 인상을 통해 늘어난 세수로 법인세 인하와 첨단 산업 육성을 위한 재정 지출도 시도할 것 같습니다.

　　유럽은 계속 시끄럽겠지만 크게 걱정은 안 합니다. 자신들이 무엇을 해야 하는지 알고 있으니까요. '정부가 국채를 찍고 중앙은행은 윤전기를 돌리자'는 정책이 본격화될 것인데, 이에 대한 독일 보수파의 반발도 만만찮을 겁니다. 우크라이나 사태에서 시작된 러시아의 군사적 위협이 이제 서유럽으로 향하고 있어서 유럽통합군 창설도 힘을 얻고 있고, 그리스와 이탈리아 등 저성장 국가들의 경제를 안정시키는 것도 큰 과제입니다. 그렇지만 유럽연합 내부에서 더 이상 분열과 갈등이 심해지기보다 재정 정책이 시작되면서 통합의 움직임이 강해질 것으로 봅니다.

　　미국은 대통령 선거가 있어서 변화가 가장 클 수도 있는 나라이지만, 의외로 트럼프 대통령이 쉽게 재선에 성공하면서 별일 없을 수도 있습니다. 민주당에 유력한 대통령 후보가 등장하지 못하고 있고, 트럼프 대통령의 현직 프리미엄이 있어서 저는 트럼프의 재선 가능성을 높다고 봅니다. 트럼프 대통령의 롤모델

● 유럽연합은 미처 풀지 못한 숙제가 남아 있지만 돈을 푸는 정책을 시작으로 통합의 길로 향할 가능성이 높아지고 있다.

이 예전 1980년대 레이건 대통령인 것 같아요. 레이건은 소련을 타깃으로 하고 트럼프는 중국을 타깃으로 했습니다. 두 사람 모두 자국 경제를 성장시키기 위해 집권하자마자 대규모 감세 정책을 썼어요. 레이건이 재선되고 곧바로 2차 감세를 했는데, 아마 트럼프도 재선되면 2차 감세를 하지 않겠나 싶습니다.

2017년 트럼프의 감세 정책이 미국 기업들의 순이익을 약 20% 끌어올렸는데, 2017년 미국 주식 시장이 약 20% 상승하는 데 결정적인 역할을 했습니다. 그 이후 2018년과 2019년에는 연간 3~4%로 주가상승률이 현저하게 떨어집니다. 이제 미국 주식 시장은 트럼프의 재선과 2차 감세라는 떡고물을 기대하고 있는 것 같아요.

한국, 중국 등 공산품 수출국들이 불리한 환경인데, 이 문제는 앞으로도 계속될 것 같습니다. 스마트폰 보급률이 90%까지 올라갈 정도로 산업이 커지고 나면 무슨 일이 생기는지 우리가 봐오지 않았습니까? 그 정도 성장하고 나면 사람들의 스마트폰에 대한 호기심도 낮아지면서 교체 주기가 길어지고, 기업들 사이의 격차도 줄어들어 소비자들은 한두 개의 프리미엄 브랜드에만 큰 값어치를 부여하고 다른 브랜드들은 다 고만고만해지고 맙니다. 산업의 성장이 한순간에 꺾이면서 치킨게임을 하거나 설비를 줄여가야 합니다. 이런 일이 중화학공업, 내구재 산업 전반에 걸쳐 일어나고 있는 것이죠.

선진국과 신흥국 간 불균형의 근본 원인들

선진국과 신흥국의 소비 및 제조업 경기는 그간 차별화가 뚜렷했다. 신흥국 소비 경기가 2016년부터는 선진국에 동조화되고 있으나 레벨이 낮은 편이다. 제조업 경기도 밋밋하고 부진하다. 장기간 차별화된 선진국과 신흥국 제조업 경기 흐름이 갑자기 바뀔 만한 요인은 현재로서는 잘 보이지 않는다. 신흥국 경기와 기업 실적 부진은 이들 지역의 과잉 설비 조정과 글로벌 분업 체계 변화, 그에 따른 낮은 기업 수익 구조, 신흥국이 가져가는 세계 경기 호조의 분배 몫 제한 때문으로 추정된다. 금융 위기 충격에서 벗어나 세계 총수요가 본격 돌아선 2010년경부터 선진국을 향한 신흥국 수출은 계속 정체를 보였으며 이는 이 지역 기업 실적 부진으로 표출되어 왔다. 금융 위기 직전(2006년 초) 시점을 기준으로 선진국 기업 이익은 약 50% 증가한 반면, 신흥국 기업 이익은 40% 감소했다. 양 진영의 기업 실적 격차는 선진국과 신흥국 간 주가 차별화로 정직하게 나타났다.

선진국과 신흥국의 소비 경기 차별화

주 : 2010년 1월을 100으로 두었을 때 수치임.

선진국과 신흥국 제조업 경기 차별화

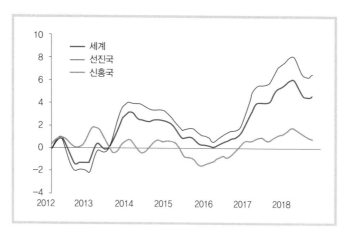

출처 : IMF, KTB투자증권

주 : 제조업PMI(3개월 이동 평균, 기준선인 50에서의 편차를 표시)

신흥국과 선진국 기업 주당순이익 추이

출처 : 블룸버그

주 : 2006년 초를 100으로 두었을 때 수치임.

이처럼 신흥국 경기 둔화와 수출 활동 둔화는 이들 지역의 경상수지 흑자 둔화로 나타나고 있다. 경상수지는 사후적으로 저축-투자 갭과 재정 흑자의 합이라는 개념에서 세계 경제 불균형을 파악하는 데 유용하다. 각국의 경상수지(글로벌 GDP 대비 각국 경상수지 비율) 불균형은 금융 위기 이후 꾸준히 해소되고 있으며 앞으로도 완만한 개선이 예상된다(IMF 전망). 즉 지난 2008년을 기점으로 경상수지 흑자국과 적자국의 수지 차이는 좁혀지는 추세다. 신흥국의 소비 증대와 내수 성장 기여도 증대, 선진국의 경상수지 개선이 양 진영의 불균형 해소에 기여하고 있다. 하지만 세계 경제는 내용상으로는 불균형이 해소되고 있는 것이 아니라 오히려 새로운 모순을 잉태하고 있는 듯하다.

최근 미국의 경상수지 적자 축소는 상품 수지 개선보다는 서비스 수지와 소득 수지 흑자에 기인하고 있다. 미국의 상품 수지 적자가 개선된다 해도 이는 또 다른 글로벌 불균형을 뜻한다. 미국 무역 수지(상품 수지) 개선은 달러 가치 안정에는 도움을 주겠지만 전 세계 달러 공급 감소와 신흥국 달러 유동성 감소로 세계 경제에 또 다른 부담 요인이다. 중국의 무역 수지 흑자 축소도 내수 확대보다 수출 둔화에 따른 것이라면 이는 세계 교역 위축을 뜻한다. 신흥국의 불황형 무역 수지 흑자 확대 또한 마찬가지다. 향후 미국의 재정 적자 확대와 중국 등 전통 대미 흑자국들의 경상수지 흑자 축소는 미 국채 수요 감소를 통해 글로벌 금융 불안정과 환율 변동성을 키울 수 있다. 물론 미국의 경상수지 적자 개선은 재정 적자의 버퍼buffer가 될 수는 있다. 하지만 이는 교역국에 호재는 아니다. 재정 적자의 상당 부분은 사실상 재무부 이자 비용이기에 교역국과는 별 관계가 없다. 선진국과 신흥국 경제의 이러한 불균형과 모순은 금융 위기 이후 더욱 커지는 추세다. 수출 중심에서 내수 중심으로 경제 프레임이 바뀌어가는 신흥국(중국)이 내수 중심인 선진국(미국)과 점점 부딪히는 일이 많아진다. 신흥국 수출 경쟁력 둔화는 설비 과잉과 부채 누증을 낳고 내수 확대의 걸림돌로 작용하고 있다. 미중 성장률 갭 축소가 인위적인 교역 둔화(무역 분쟁)와 함께 진행될 때 문제는 더욱 심각해질 것이다.

미국과 중국의 성장률 차이와 달러 가치

주 : 2019년 하반기 이후 미국 경제성장률은 CBO 예측 대입이며 중국 경제성장률은 2019년 6.2~6.1%, 2020년은 상반기 6.0%, 하반기 5.8% 적용한 결과임.

글로벌 부채 경제에서 불리한 쪽은 또 신흥국

부채 문제 또한 선진국과 신흥국의 불균형을 엿볼 수 있는 대목이다. 국제결제은행에 따르면 2008년 금융 위기 이후 전 세계 부채는 40% 이상 증가했다. 신흥국 부채가 150% 증가했고 선진국 부채는 20% 늘었다. GDP 대비로는 신흥국 부채가 2009년 131%에서 2018년 176%로 늘었고 선진국은 같은 기간 259%에서 271%로 소폭 증가했다. 특히 신흥국 민간(기업과 가계) 부채가 금융 위기 이후 광속으로 늘었다. 그 중심에는 중국이 있다. 중국의 GDP 대비 부채 비율은 2009년 174%에서 2018년 250%로 급증했다(비공식 지방 정부 투자기관 부채까지 감안하면 실제 부채 비율은 이보다 높을 것으로 추정). 유로존도 이탈리아와 포르투갈의 정부 부채 비율이 130%를 넘어섰다.

현재 글로벌 부채는 위험 수위다. 규모도 크지만 국가별 쏠림이 크고 증가 속도도 너무 빨랐다. 국가 부채가 많은 선진국은 기축 통화국의 지위를 유지해 부채 조정에 얼마든 시간을 벌 수 있고 대안도 있다. 이래저래 선진국과 신흥국 부채 불균형도 당장 해소되기 어려운 구조다. 엄밀히 말하면 10년 전 금융 위기 때 선진국은 전 세계에 채권을 팔아 그 돈으로 위기를 벗어났고, 신흥국은 그 선진국 저금리 국채를 떠안고 자체 역외채권까지 발행함으로써 지금 빚더미에 올라 있는 셈이다. 그리고 신흥국이 잔뜩 안고 있는 미국 국채는 시간이 갈수록 점점 더 가치가 희석될 위험이 높아지고 있다.

한편 당장 2020년에 경기 둔화로 크레디트 시장이 위축되면 곳곳에서 부채 상환 파열음이 불가피해 보이는데 이런 경우, 문제를 일으킨 나라보다는 신흥국의 피해가 훨씬 클 것이다. 만약 신용도가 낮은 기업 대출을 기초 자산으로 신용 보강을 통해 만든 대출 채권 담보 증권, 즉 CLO^{Collateralized Loan Obligations} 같은 자산이 선진국 시장에서 문제를 일으킬 경우 결국 어느 쪽이 더 피해를 볼 것인가? 말할 것도 없이 신흥국이다. 기업에 대출한 은행은 물론 이를 유동화해 판매한 투자은행은 별 탈이 없을 것이다. 선진국의 크레디트 시장 교란은 달러를 강세로 만들고 신흥국 하이일드 채권 가격을 떨어뜨리고 신흥국의 역외 부채 조정에 타격을 줄 수 있다.

세계 비금융 부문 부채 추이

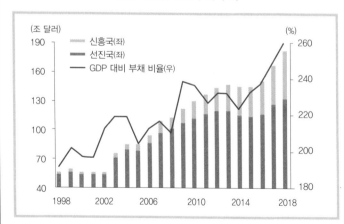

출처 : IMF(2018년은 추정치)

유리한 자산

• 각종 변동성(VIX), 선진국 우량 국채와 회사채, 달러 자산.

주의가 필요한 자산

• 하이일드 채권, 신흥국 투자 부적격 등급 채권, 외환 사정이 불안한 신흥국 환율.

• 남유럽 국채와 주식, 선진국 크레디트 상품(대출담보부 증권 등).

• 신흥국의 고평가된 실물 자산, 상업용 부동산, 부실 요인이 있는 대체자산 펀드.

※ 글로벌 불균형이 일시 해소되는 듯한 이벤트가 빈번하고 잠시 위험선호(risk on)가 나타날 수 있으나 근원적인 불균형 해소와 신흥국 위험자산 선호에는 시간이 필요해 보임.

세 번째 G, 통화 정책 기준 변화 Guidance Change

김동환 2020년에도 연준을 비롯한 주요국 중앙은행의 통화 정책 방향성이 중요한 변수가 될 것입니다. 사실 2019년 초에 연준의 급격한 통화 정책의 궤도 선회가 없었다면 미국 경기와 자산 가격은 어떻게 됐을까요?

2020년은 통화 정책이란 측면에서도 일종의 변곡점을 맞을 가능성이 커 보입니다. 현재 연준 내부에서도 중앙은행의 역할에 대한 매우 기초적인 논의가 불거져나오고 있고 미국 경기에 대한 대응으로서의 통화 정책에 대한 분열적인 입장이 표출되고 있습니다. 두 분의 견해는 어떠신가요?

김한진　　2020년은 각국 중앙은행들이 더 대담한 완화 정책으로 한걸음 나아가는 해가 될 것 같습니다. 2020년 자산 시장을 움직이는 핵심 변수로 통화 정책과 그에 따른 유동성, 저금리를 꼽지 않을 수 없겠는데요. 아시다시피 미 연준은 세계의 중앙은행입니다. 세계 경제와 금융 시스템이 통합된 상태에서 달러를 주무르는 연준의 힘과 영향력은 말할 것도 없죠. 지난 10년간 유럽중앙은행과 영국, 일본중앙은행도 연준 못지 않게 돈을 풀었습니다. 각국 중앙은행들은 경제 운용의 조력자에서 이제는 정책 주도자로 완전 바뀌었습니다. 경기를 부양하고 금융 위기를 극복하고 자산 시장을 좌지우지하는 '만능맨'으로서 자리매김하고 있습니다. 그리고 이들 중앙은행들은 은행 시스템을 통한 전통적 통화 관리자에서 시중에 통화를 직접 공급하는 이른바 °**헬리콥터 머니**helicopter money 정책을 불사하고 있습니다. 시장에서 채권을 직접 매입하는 양적완화 정책은 이제 금리 정책보다 더 익숙해져 있습니다. 통화 정책은 재정 관리의 하부로 점점 더 들어가고 있습니다.

저는 미 연준이 2020년에 슈퍼 비둘기(완화) 날개를 더 펼칠 것으로 봅니다. 지난 2010년부터 2016년 제로금리 시절(연준 목표금리 0~0.25%), 미국의 실질 기준금리는 마이너스 1.4% 내외였습니다. 이 정도까지는 아니더라

헬리콥터 머니 1969년 경제학자 밀턴 프리드먼이 처음 사용한 말로 중앙은행이 발권력을 동원해 가계에 직접 현금을 지급하거나 정부로부터 국채를 직접 매입하거나 또는 정부 계좌로 돈을 직접 넣어 재정 정책에 사용하도록 하는 방식의 비전통적 통화 정책을 의미. 중앙은행 발권이 은행 시스템을 통하지 않음으로써 실물 경제에 직접적 영향을 미치며 중앙은행의 발권력이 남용될 수 있고 중앙은행이 재정 정책의 보조도구로 전락할 위험이 있음.

도 경기가 좀 더 약해진다면 연준은 기다렸다는 듯이 실질금리를 좀 더 깊은 곳으로 끌어내릴 의도가 있다고 봅니다. 더군다나 지금은 신흥국 근원 물가가 하락하고 선진국 서비스 물가도 안정세입니다. 중앙은행의 완화 정책을 방해할 어떤 장애 요인도 없어 보입니다.

다만 이처럼 경기 둔화에 따른 완화 정책이 과연 주식 등 위험자산 가격을 끌어올릴까요? 저는 그렇게 보지 않습니다. 물론 약간의 시차는 있지만 역사 이래 금융 완화 시작 시점부터 경기와 주가가 조정을 받지 않았던 경우는 없었습니다. 또한 연준이 금리를 올리다가 동결하는 시점부터 대개 경기는 꺾였고 주가는 하락했습니다. 중앙은행이 결국 경기에 순응적으로 의사결정을 해왔다는 얘기입니다. '경기가 안 좋아 금리를 내리니 그 힘으로 주가와 집값은 계속 오르고 결국 그 자산 가격의 상승 효과로 소비는 다시 늘고 경기는 회복한다.' 과연 이 같은 선순환의 마술은 영원히 지속될 수 있는 걸까요? 중앙은행은 많은 일을 했고 또 할 것이며 해야 하지만 금융 완화 정책이 만병통치약은 아닙니다. 2020년 전 세계 금리가 더 낮은 곳으로 갈 수 있지만 저금리 덕택에 경기가 바로 돌아서고 저금리 때문에 위험자산 가격이 다시 미친 듯이 튈 거라고는 보지 않습니다.

김일구   유럽중앙은행의 드라기 총재가 2012년 7월에 "무엇이든 하겠다"는 연설을 했죠. 앞말과 뒷말을 붙여보면 이렇습니다. "우리가 위임받은 권한 내에서, 유럽중앙은행은 유로를 지키기 위해 무엇이든 할 준비가 돼 있다. 나를 믿어달라. 그 정도면 충분하다 싶을 정도까지 하겠다." 그리고 별의별 정책들을 다 시도했죠. 대출과 금리 인하와 같은 늘 해오던 정책뿐만 아니라 국채와 회사채, ABS, 커버드 본드 매입에 마이너스 금리 정책까지 동원했어요. 유럽중앙은행 총재의 임기가 끝나는 2019년 10월까지 참 여러가지 정책을 동원했습니다.

그런데 드라기 총재가 물러나기 직전에 마이너스 금리 정책을 폐기하는 수순을 밟았습니다. 왜냐하면 마이너스 금리란 법에서나 현실에서나 존재할 수 없는 개념이거든요. 가령 내가 국채를 샀다고 하면, 내가 1년에 얼마씩 국채를 발행한 정부에 이자를 줘야 합니까? 채권을 산 사람이 발행한 사람에게 이자를 줘야 하나요? 말이 안 되는 얘기입니다.

마이너스 금리는 비유적으로 존재할 뿐입니다. 독일의 10년 만기 국채 금리가 마이너스 0.4%쯤 합니다. 그러면 투자자가 독일 국채를 100만 원어치 사면 1년에 독일 정부에 4,000원씩 주는 것이냐면 그렇지 않습니다. 마이너스 금리라고 하지만 지금도 독일 정부가 국채를 발행할 때는 제로금리로 발행합니다. 10년 만기 국채를 발행한다고 하면 이렇게 됩니다. "독일 정부가 10년 후에 100만 원을 갚아주겠다. 10년간 이자는 없다. 이 채권을 지금 입찰하는 데 사고 싶은 가격을 써내라"고 합니다. 그럼에도 불구하고 투자자들이 105만 원에 사겠다고 써내는 것이죠. 그러면 이 투자자들은 105만 원에 사서 이자 받는 것도 없고 10년 후에 100만 원밖에 못 받습니다. 자본 손실이죠. 이런 상황을 비유적으로 표현해서 마이너스 금리라고 하는 것이죠. 다시 말씀드리지만, 마이너스 금리는 현실에 존재하지 않고 비유적으로 존재할 뿐입니다.

그래서 마이너스 금리 정책을 쓴다고 알려진 유럽중앙은행도 사실 기준금리는 제로입니다. 중앙은행 예치금리만 마이너스죠. 일반은행들이 돈이 남아서 중앙은행에 예치해두면 그 돈에 대해 벌칙금을 물리겠다는 것을 비유적으로 마이너스라고 부른 것입니다. 은행이 대출 안 하고 현금을 놀리고 있으면 벌금을 물려서 대출을 더 장려하겠다는 것이죠. 그런데 아무리 예치금리를 마이너스로 만들어봐도 은행들이 예치하는 돈이 갈수록 늘어나고 있어요. 지금은 1조 3천억 유로쯤 됩니다. 우리나라 원화로 1,700조 원쯤 되는데, 우리나라 1년 GDP와 비슷한 큰 규모입니다. 중앙은행에 그냥 맡겨놓는 예치금 줄이고 민간에 대출 늘리려고 벌칙금을 부과했는데도 예치금이 자꾸만 늘어나고 있는 것이죠. 벌금을 물어도 어쩔 수 없다는 것입니다. 더 돈을 빌려줄 곳이 그렇게 없다는 것이죠. 그런 의미에서 마이너스 금리 정책은 실패했습니다.

임기를 얼마 안 남겨둔 시점에서 드라기 총재가 MMT 얘기를 꺼냈습니다. 중앙은행이 마이너스 금리 정책과 같은 실험적인 정책을 쓸 것이 아니라, 정부가 민간에 직접 돈을 주는 재정

● 마이너스 금리는 현실에서 일어날 수 없는 비유적 존재일 뿐이다.

정책을 쓰는 것이 더 좋겠다고 한 것이죠. 정부가 국채를 발행하고, 중앙은행은 윤전기 돌려서 국채를 현금으로 바꿔주고, 시장에서 금리가 올라갈 징후가 있으면 중앙은행이 역시 윤전기 돌려서 찍은 돈으로 시중의 국채를 사서 금리를 제로로 유지하고, 그러면 국채 발행 늘어도 금리가 안 올라가겠죠. 정부는 돈을 많이 쓰고도 이자 부담 안 늘어나서 좋고, 국민들은 정부의 재정 지출로 경제가 좋아지고 향후 세금 부담 안 늘어나서 좋고요.

　　MMT는 일본이 이미 시행하고 있습니다. 얼마 전 일본은행 관계자가 이런 얘기를 했어요. 일본이 MMT를 따라 하지 않았다고. 맞습니다. 일본이 한 행동을 보고 MMT가 만들어진 것이지, 일본이 MMT를 따라서 그런 행동을 한 것이 아니에요. 일본은행이 국채의 절반을 사서 금리가 올라가는 것을 막고, 일본 정부는 GDP의 250%나 되는 국채를 발행했습니다. 전 세계에서 가장 빚이 많은 정부가 됐죠. 그래도 이자 내놔라, 빚 갚으라는 빚쟁이가 없으니 그렇게 빚이 많아도 아무 문제 없습니다.

다른 말로 하자면 이제 통화 정책은 더 나올 것이 없습니다. 일본과 유럽은 기준금리뿐만 아니라 장기 국채 금리도 제로로 만들었어요. 정부는 제로금리로 빚을 빌려서 연금도 주고 경기 부양도 합니다. 그러면 된 것이죠. 금리를 더 낮춰서 뭘 하겠습니까? 그러니 채권 가격이 더 오를 수 있다는 기대도 접는 것이 좋겠습니다. 금리가 제로가 되면 채권은 끝이에요.

저를 '1세대 채권 애널리스트'라고들 부르는데, 우리나라에서 채권이 시가 평가되기 이전부터 채권과 시장을 분석했기 때문입니다. 그런데 제가 채권 애널리스트를 그만둔 이유는 2002년 경기 침체 때 금리가 폭락하는 것을 보고, '금리가 제로가 되면 채권은 끝이구나'라는 결론을 내렸기 때문입니다. 주가는 무한대로 오를 수 있지만, 채권 가격은 금리가 제로가 되면 암흑의 세계로 들어갑니다. 주식은 지난 400년 동안 산전수전 겪으면서도 살아남았지만, 채권은 현재와 같은 모습으로 거래된 것이 몇십 년 되지 않았어요. 제로금리라는 환경은 한 번도 겪어본 적 없죠.

"앞으로 경제는 구조적으로 나빠질 것이고, 그러면 채권이 계속 좋을 수밖에 없을 것 같다"라는 얘기를 하는 분들이 많이 있는데, 그런 얘기를 들을 때마다 마음이 너무 답답합니다. 채권의 미래는 그렇게 밝지 않습니다. 세상이 계속 나빠지면 일본과 유럽처럼 금리가 제로가 되고, 그렇게 되면 채권은 암흑입니다. 그때부터는 통화 정책은 끝나고 정부의 재정 정책만 남는 것이죠.

중앙은행의 대담한 역할 변화

중앙은행은 국민들과 직접 거래를 하지는 않는다. 하지만 통화 신용 정책을 통해 시중 유동성을 조절함으로써 기업과 가계 활동에 지대한 영향을 미친다. 중앙은행은 물가 안정과 금융 안정이라는 기본 책무를 지닌다. 금융 시스템의 안정 없이는 최종 유동성 공급자로서의 역할을 제대로 수행할 수 없고 효율적인 자원 배분도, 통화 정책 효과도 기대할 수 없기 때문이다. 대부분 중앙은행들은 물가 안정 목표제inflation targeting를 도입해 물가 관리를 최우선 과제로 삼는다. 물가가 안정돼야 화폐 가치를 지킬 수 있는데 이는 독점적 화폐 발행 권한을 지닌 중앙은행만이 할 수 있는 일이다.

하지만 2008년 금융 위기를 계기로 중앙은행의 역할은 새로운 장을 열었다. 큰 구도에서는 금융 시스템의 안정이라는 중앙은행 본연의 책무를 성실히 수행한 것이지만 헬리콥터 머니 정책은 분명 은행 시스템을 통한 전통적 통화 정책과는 구분된다. 정책의 스케일 면에서도 중앙은행의 행보는 예전과는 다르다. 미국을 비롯한 4대 중앙은행의 GDP 대비 보유자산비율은 2007년 초 10.4%에서 2017년 말 40%로 네 배 치솟았다. 중앙은행의 자산이 증가했다는 것은 그만큼 본원통화가 풀렸다는 얘기다. 하지만 그 많은 돈들은 우려와는 달리 물가 상승을 거의 일으키지 않았다. 통화 유통 속도가 떨어지고 시중은행으로 흘러간 돈들이 중앙은행에 다시 초과지준 형태로 쌓였기 때문이다. 중앙은행이 직접 시중 유가증권을 매입해 자산 시장을 부양해온 영향도 크다. 산업 구조 변화와 전통 실물 부문에서의 자금 수요 둔화, 유통 혁신 등도 물가 안정에 기여했다. 따라서 경기 둔화

글로벌 4대 중앙은행의 자산 추이

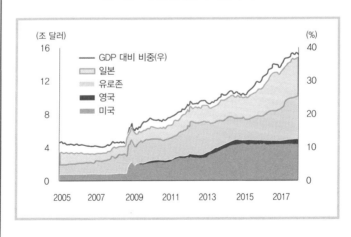

출처 : IMF

318

에 대한 신념만 있다면 중앙은행들은 완화적 스탠스를 마다할
리 없다. 특히 향후 미국의 금융 완화는 세계 모든 국가의 금리
인하로 확산될 가능성이 높다. 교역량은 주는데 각국이 환율 조
정으로 각자도생의 길을 걸으려 하고 있다.

미국 통화 유통 속도와 소비자 물가 추이

출처 : FRB

주 : 통화유통속도는 한 단위의 통화가 재화 생산에 사용되는 횟수. 명목 GDP를 광의의
통화(M_2)로 나누어서 계산함.

전 세계 제로금리를 향한 시동

2019년 7월, 연준은 10년 7개월 만에 금융 완화의 시동을 걸
었다. 그 배경은 물가 안정과 경기 우려다. 연준이 아직 명확한

포워드 가이던스(정책 방향)를 제시하고 있지는 않으나 통화 정책 기준이 되는 개인소비지출 핵심물가가 당분간 2%를 웃돌 가능성은 낮기에, 경기 불확실성이 커질 경우 완화 정책을 펴는 데는 큰 무리가 없어 보인다. 앞으로 연준의 정책 기준은 '어디까지 금리를 내릴 수 있을까?' 즉 금리 인하의 하한선일 것이다. 금리 인하의 부작용이 효용을 크게 압도하는 기준 금리 하단 수준reversal rate, 정책 금리 실효 하단 레벨에 대한 판단이 중요해졌다. 경기 둔화기에 연준의 정책 유연성은 그만큼 커진다. 게임 자체를 완전히 망가뜨리지 않을 정도까지는 룰을 바꾸고 골대의 폭을 계속 넓혀도 무방한 여건이 되었다. 통화 정책의 기준 변화guidance change가 노골적으로 드러날 만한 시기다.

미국 경기 사이클과 연방준비기금 목표 금리

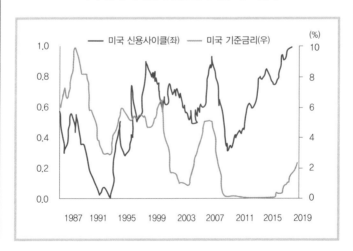

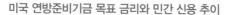

미국 연방준비기금 목표 금리와 민간 신용 추이

앞선 그림에서와 같이 2010년부터 가파르게 확장한 미국 °**신용사이클**은 현재 역사적 최고 수준에 이르렀다. 여기에 GDP 대비 민간 신용 비율이 2010년 이후부터는 고공에서 계속 유지되어 왔다. 즉 현재의 신용사이클과 시중 금융 컨디션을 유지하려면 민간 신용이 계속 공급돼야 함을 뜻한다. 금융완화의 실효성과 관계없이 연준의 부양 프로젝트가 계속 필요한 이유다.

신용사이클 IMF의 동 신용사이클에 사용된 지표는 총 18개이며 기업 관련 신용지표와 금융 시장 위험 선호 관련 신용지표로 구성됨. 금리 인하와 양적완화 정책이 신용사이클 유지와 신용/GDP 비율에 영향을 미치고 있고 이는 자산 시장 경로를 통해 실물경기에 영향을 미치고 있음.

유리한 자산

• 중앙은행 정책에 순응하는 자산 전략.

• 금(미국이 금융 완화를 지속하는 한 달러 대비 금 가치는 상승할 것으로 예상).

• 글로벌 우량 중소형주(이익 변동성이 낮은 퀄리티 스타일 주식).

• 경우에 따라 가상 화폐(달러 대체 화폐), 지금은 아니지만 결국 중국 위안화 강세에 초점.

주의가 필요한 자산

• 장기간 금리 하락 추세라도 금리 일시 반등 텐트럼 유의(국채 공급 증대로 금리 상승, 채권 시장의 높은 변동성 위험 내재).

※ 향후 자산 시장의 특징은 안전 자산(국채, 달러)과 위험 자산(주식, 원자재)의 교차 등락 폭이 크다는 것임. 즉 중앙은행의 통화 정책과 경기 사이클, 주식 리스크 프리미엄이 만드는 변동성에 적절히 대응할 필요가 있음.

네 번째 G, 정부의 역할 증대 Government Power

김동환　시장을 향한 2020년 연준의 스탠스는 2019년보다 우호적이지 못할 것으로 봅니다. 시장의 기대와 연준 의사 결정자들의 대응의 불일치가 자산 시장의 하락세를 연출하게 될 것입니다.

최근 몇몇 연준 리더십들이 시장의 과도한 기대에 대한 우려를 공공연하게 표출하는 걸 볼 수 있습니다. 예를 들어 1년 앞으로 다가온 미국 대선도 연준의 정책적 기민성을 제약할 가능성이 있어 보입니다. 이런 국면에서 채권 금리가 다소간 반등할 수 있고 그 속도가 빠르게 나타난다면 성장률의 하락과 금리의 상승이 겹쳐서 나타나는 불편한 상황이 연출될 가능성도 배제할 수 없습니다.

특히 걱정스러운 것은 장기간에 걸친 금리의 추세적인 하락세가 낳은 채권 투자의 쏠림과 확신이 균열을 보일 때 10년 넘게 이어져온 미국 주식 시장의 상승세 또한 확신에서 의심으로 바뀌고, 투자 심리가 냉각될 가능성이 있을 것입니다. 이런 국면이 나온다면 시장은 다시 연준을 비롯한 중앙은행을 바라볼 것이며 중앙은행은 정부가 해야 할 몫, 즉 더욱 적극적인 재정 정책을 요구하겠지요. 아무래도 2020년은 그 어느 때보다 정부의 역할에 더 기대를 해야 할 시점인 것 같습니다. 이 점에 대한 두 분의 의견을 들어보겠습니다.

김한진 경제가 어려울수록 정부의 역할은 더 부각되기 마련입니다. 근래에 올수록 정부는 전통적 관료제형에서 기업가적 정부로 그 성격이 변하고 있습니다. 여기에는 각국 부채 증가와 최근 불거지고 있는 비자유주의 국제 질서, 그리고 불균등한 글로벌 환경도 한몫하고 있죠. 글로벌 혁신 성장 조류나 기술 분쟁 또한 각국 정부로 하여금 보다 스마트한 산업 정책과 통상 외교 정책을 요구합니다. 요즘은 민간과 정부의 경계선도 약해졌습니다. 자고 일어나면 국가 간 갈등거리가 하나씩 생기고 대내적으로는 소득 불균형 등 계층 간 갈등 요소가 늘어나고 있습니다.

미국은 글로벌 경제의 기득권과 기축통화의 패권을 놓지 않으려 할 것이고 또한 이를 지렛대 삼아 문제를 풀려고 하겠죠. 이는 각국 정부로 하여금 다양한 대외 문제에 지혜롭게 대처해야만 할 일들이 많아짐을 뜻합니다. 내부적으로는 대부분 국가들이 재정 적자와 과도한 부채를 안고 있습니다. 포퓰리즘과 허리띠를 졸라매는 구조 개혁 사이에서 정치적 선택이 요구되는 상황입니다. 한편 통화 정책의 유효성이 떨어지다 보니 재정 정책이 어느 때보다 필요한 시기입니다. 정책 불확실성은 자산 시장에도 부담 요인입니다. 지구촌 곳곳의 지정학적 위험도 자산 시장에 많은 소음으로 작용할 것 같습니다. 글로벌 조류가 점점 더 자국 중심으로 흘러간다면 자국의 이익을 지키기 위한 안보나 수입 대체 산업 정책, 정부 주도형 핵심 기술 정책에 보다 주목해야 합니다.

김일구 경제학에서는 정부가 대규모 재정 정책을 써서 경기를 부양하겠다고 나서지 못하게 막는 이론이 세 가지 정도 있습니다. 먼저 인플레이션입니다. 경기가 안 좋아서 정부가 돈을 쓰겠다고 하는데, 그 돈을 세금 더 걷어서 조달했을 리 없겠죠? 거의 대부분 국채를 발행해서 조달한 돈으로 지출을 할 겁니다. 세금을 걷어서 지출을 하면 경제도 좋아질 것 없고 물가도 올라갈 일 없지만, 돈을 더 찍으면 유통되는 돈이 늘어나서 물가가 올라갑니다. 재정 지출이 한두 번에 끝나지도 않을 겁니다. 정부가 한 번 지출을 하면 그때 수혜를 입은 사람들이 다음 선거에서 더 내놓으라고 할 것이고, 선거에서 표를 얻어야 하는 정당들은 경쟁적으로 새로운 지출 카드를 꺼내들 겁니다. 그렇게 정부가 돈을 쓰면 결국 인플레이션이 온다는 논리입니다. 1970년대 전 세계적으로 발생한 인플레이션이 대표적인 사례입니다.

두 번째, 유명한 '구축 효과'가 있습니다. 정부가 지출을 늘리면 민간의 투자를 몰아낸다는 뜻입니다. 정부가 국채를 발행하면 국채 물량이 증가해서 금리가 오르고, 그만큼 민간은 투자를 위한 자금 조달이 어려워져 투자 프로젝트의 일부가 중단되겠죠. 그래서 정부의 지출 증가가 민간의 투자 감소로 상쇄되니 경제가 더 좋아질 수 없다고 합니다.

세 번째 '리카디안 대등 정리'가 있습니다. 정부가 지출을 늘리면서 국채를 발행했기 때문에 아무도 부담이 늘어나지 않았을까요? 그렇지 않죠. 정부가 발행한 국채는 결국 국민들이 세금을 더 내서 갚아야 합니다. 다만 시점이 지금이 아니라 미래일 뿐이지요. 그런데 국민들이 원숭이가 아니겠죠? 지금은 정부가 쓰고 나중에 세금을 걷어가는 것은 환영하고, 지금 세금 걷고 나중에 정부가 쓰는 것은 반대할까요? 이렇게 하나 저렇게 하나 결국 정부 지출의 증가는 세금의 증가와 같은 말이니 소비를 줄이거나 이민을 가거나 하겠죠. 그러니 정부는 괜히 쓸데없이 재정 지출하지 말고 그냥 가만히 있으라는 말입니다.

● 일부 통화 정책 전문가들은 돈을 찍어 시중에 풀게 되면 인플레이션을 낳을 수 있다고 주장하지만 30년째 국채 발행하고 돈을 찍고 있는 일본에서는 인플레이션이 일어나지 않고 있다.

그런데 일본을 보니까 30년째 국채 발행하고 돈 찍고 있는데 인플레이션이 안 옵니다. 인플레이션 오라고 별의별 극단적인 정책을 다 써도 안 와요. 국채 발행한다고 금리가 올라가는 것도 아니고 민간 투자가 금리 상승으로 위축됐을 리 없습니다. 또 금리가 제로니 정부가 이자 부담해야 할 것 없고, 국채를 중앙은행인 일본은행이 사고 있으니 원금 갚으라고 할 악덕 빚쟁이도 없어요. 그러면 국민들이 세금 더 낼 것을 걱정해야 할까요? 경제학 교과서에서는 앞서 말씀드린 세 가지 이유를 들며 재정 지출하지 말라고 했지만, 지금 시점에서 보면 세 가지 모두 정부 지출을 막을 합리적인 이유가 되지 못합니다.

이제 정부가 재정 지출 늘릴 일만 남은 것이죠. 일본도 재정 더 쓰고, 유럽도 이제 재정 쓰기 시작할 겁니다. 사실 시작은 유럽보다 미국이 먼저 했죠. 2017년에 트럼프 대통령이 감세를 했으니까요.

우리나라도 만만찮게 했습니다. 일자리 창출 예산도 쓰고, 여러 장려금도 주면서 정부의 경상적인 지출이 3년째 10% 정도의 증가율을 유지하고 있습니다. 그런데 그동안은 세금이 많이 걷혀서 지출 증가율이나 정부의 수입 증가율이 거의 같았는데 2019년 들어 세금 징수가 지출을 따라가지 못하고 있습니다. 기업들이 벌어들이는 이익이 줄어드니 법인세가 잘 안 걷히겠죠. 또 베이비부머들이 이제 은퇴를 시작했거든요. 직장에서 가장 월급 많이 받고 세금도 많이 내던 베이비부머들이 소득세를 안 냅니다. 그래서 정부의 재정 적자가 2019년에 막 시작됐다고 봐야 합니다. 2020년에 정부 예산을 보면 이렇게 생기는 적자가 60조 원, GDP의 3%쯤 된답니다.

이쯤 되면 우리나라 정부도 국채 금리를 제로로 만들고 싶지 않겠습니까? 쓸 돈은 많고, 세금은 덜 걷히고. 적자가 늘어나면서 국채 발행도 늘려야 하는데, 금리를 제로로 하고 한국은행이 국채를 사주면 좋지 않겠습니까?

솔직하게 말씀드리면 저는 그 정도에서 그치지 말고 더 과감하게 쓰자고 주장하고 싶습니다. 계속 말씀드리지만 우리나라의 제조업은 GDP의 27%나 차지하지만 이제 더 이상 한국 경제를 성장하게 만들지 못할 것이고, 우리는 새로운 먹거리를 찾아야 하는데 아직 대안을 찾지 못하고 있습니다. 그리고 4차 산업 혁명이라고 불리는 첨단 산업 영역들은 한결같이 초기 투자 비용과 투입돼야 할 인력이 상상을 초월할 정도로 많습니다. 대충 남들이 만들어놓은 것 분해해서 짜맞춰보고 모방해서 따라갈 수 있는 세상이 아닙니다. 그런데 결국 우리의 미래 먹거리도 거기에 있을 것 같아요. 그러면 2~3년에 수십조 원 쓰는 그런 경기 부양 말고, 4대강이나 창조 경제, 일자리 창출 정도의 규모가 아닌 10년간 수백조 원을 써서 산업을 일으켜 세울 원대한 구상을 해야 할 때가 아닌가 생각합니다. 200조 원을 써도 GDP 대비 정부 부채가 현재의 40%에서 50%로 늘어나는 정도에 불과합니다.

우리나라 국가 부채는 GDP의 40%밖에 안됩니다. 일본은 250%나 되는데 말이죠. 제조업은 힘을 잃어가고 모두 미래의 먹거리를 걱정하는 상황인데 언제까지 재정 건전성 타령만 할 셈입니까? 이제는 위험을 감수하고 도전해야 하지 않을까 싶습니다.

그래서 저는 지금 생각을 바꿔야 할 때라고 봅니다. 이렇게 매년 GDP의 3~4%씩 적자를 내면서 찔끔찔끔 써봐야 흔적도 없이 사라질 뿐입니다. 시간만 흐르죠. 맥킨지의 한국 리포트에 나오듯이 한국 경제는 서서히 온도가 오르는 냄비 속 개구리 신세인 것이죠. 어디다 쓸 것인지는 제 개인적인 의견보다는 전문가들과 국민들의 의견을 모아야 하겠지요.

바빠지는 정부, 누가 먼저 승전보를 울릴까?

　정부는 항상 주어진 정치 어젠다를 정책화해야 하는 동시에 국민 경제의 양적·질적 성장을 추구해야 한다. 정부의 기능과 과제는 단지 행정 서비스를 수행하는 소극적 영역에서 산업 방향을 잡아주고 경제 효율성을 높이는 적극적인 정부로 바뀌어 가고 있다. 성장 잠재력을 키우고 신성장 전략 산업을 육성해야 하는 등 정부 역할은 예전보다 중요해졌다. 이런 추세는 과도한 정부 개입, 그로 인한 규제와 정책 혼선, 비효율과 예산 낭비를 양산하고 있다. 많은 정부는 정작 국민 고통이 수반되는 반드시 해야 할 일, 즉 부채 조정이나 부실 산업 구조조정, 조세 개혁과 연금 보험 개혁, 고령화와 이민 문제, 교육 시스템 개혁 등은 미루고 있다. 그 사이 많은 국가의 재정은 고갈됐으며 재정수지는 악화됐고 부채는 더 늘고 포퓰리즘은 확산되고 있다.

　세계 모든 국민이 원하는 정부상(像)은 밖으로는 강한 정부, 안으로는 유능한 정부다. 인기 영합적이고 소모적인 정책이 아니라 성장 잠재력을 높이고 일자리를 창출하고 불평등을 해소하는 '진정성 있고 착한 정부'를 원한다. 안타깝게도 그런 정부는 흔치 않다. 좋은 정부가 존재하려면 좋은 입법기관이 뒷받침되어야 한다. 또한 정책 목표와 내용이 아무리 좋더라도 정책 수단이 없다면 의미가 없다. 재정 정책도 마찬가지다. 세계에 재정 여력이 있는 국가는 그리 많지 않다. 한국은 그래도 확대 재정 지출 여력이 있는 편이다. 하지만 일부 선진국을 제외한 대다수 국가들은 국가 부채와 재정 적자로 실질 재정 지출에 제약이 크다. 정부가 실제로 얼마나 국민 경제에 필요한 정책을 의미 있게 펼칠지는 상당한 의문이 든다.

한편 많은 국가 간 협력 사안과 함께 갈등과 견제 또한 증가하면서 정부가 대외적으로 바빠지고 있다. 미국발 통상 갈등과 분쟁, 대립은 쉽게 끝날 일이 아니다. 기축통화국의 패권 강화와 앞서 다룬 선진국, 신흥국 간 성장 격차 내지 경쟁력 차이 또한 '강한 정부'를 지지하는 동인이 되고 있다. 힘의 논리가 다시 힘의 논리를 낳고 그렇게 힘의 논리는 자가발전되고 있다. 선진국의 패권주의는 신흥국으로 하여금 이에 대한 대응 논리와 공공 외교의 필요성을 높이고 있다. 유럽이나 일본도 미국에 대응할 수단 개발에 몸이 바쁘다. 문제는 통화 정책과 재정 정책, 즉 돈을 찍어내고 국가가 더 많은 빚을 감당할 수 있는 여력은 단연 선진국이 우위라는 점이다. 한마디로 강대국, 재정 안정국, 기축통화국, 그 정점에 있는 미국이 유리한 고지를 점하고 있다는 뜻이다. 하지만 시간이 지나면 서서히 상황은 바뀔 것이다. 이 전쟁은 결국 새롭고 광대한 내수 확장 여력을 품고 있는 국가(중국)로 성장의 중심축과 통화 패권이 이전하는 게임이다. 과거 역사가 늘 그렇게 흘러왔다. 다만 이러한 역사의 변천에 시간이 얼마나 걸릴지는 아무도 모른다.

지정학적 갈등과 기회 요인

힘의 논리로 국가 간 문제를 풀려고 하는 조류는 지정학적 갈등을 야기할 것이다. 통상 관련 조약 파기로부터 에너지, 기후, 환경, 모든 군사 합의 조약의 변경에 이르기까지 근래 부쩍 늘고 있는 국가 간 갈등은 어쩌면 지난 오랜 세월 통용되었던 국제 질서에 대한 반발인지도 모른다. 그리고 그 중심에는 미중 패권 분쟁이 자리하고 있다.

미국의 국방비는 2018년 세계 전체의 38%로 중국(11%)의 약 네 배에 달한다. 특히 군사 패권에 중요한 항공모함을 포함한 해군력과 분쟁 지역에서의 실전 전술 능력까지 감안하면 미국의 군사력은 그 이상으로 평가해야 한다. 군사적으로 중국이 아직 미국의 패권에 도전할 수 없는 이유이고 세계가 당장 극도의 신냉전으로 갈 수 없는 역설적인 이유이기도 하다. 명백히 아직까지는 미국의 시대다.

다만 중국은 시간을 두고 그 열세를 극복하려 할 것이고 이는 미국으로 하여금 선제적 견제의 빌미를 제공할 것이다. 중국은 14개국과 국경을 접하고 있고 주변에 러시아, 일본, 인도 등 강대국들과 지정학적으로 중요한 관계에 있다. 위구르와 티베트는 중국 전체 면적의 30%를 차지하고 있을 뿐 아니라 지하자원과 수자원이 풍부해 전략적으로 매우 중요하고 중국 중앙정부의 통치질서 유지에 민감한 지역이다. 홍콩과 대만을 둘러싼 이슈도 미국과 갈등을 유발할 위험인자를 품고 있다. 미국은 이 두 지역을 전략적으로 계속 이용하려 할 것이다. 또한 세계 각국은 모두 새로운 지정학적 질서에 유리한 고지를 점하기 위해 전략적 포석을 놓으려 한다. 경제 문제와 외교, 지정학적 이슈의 벽이 얇아지면서 세상은 어쩌면 조금씩 새로운 질서 체계를 향해 가고 있는지도 모른다. 이 와중에 각국은 저마다 예전보다 강한 안보 산업을 확보하고자 하고 부국강병에 박차를 가할 것이다. 앞으로 군수, 항공 드론, 통신, 로봇, 식량, 대체에너지 등 핵심

지정학적 위험과 달러 추이

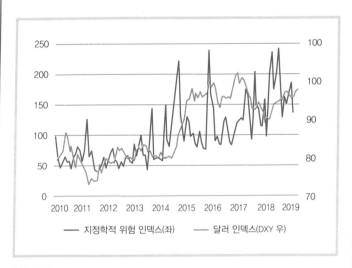

출처 : IMF

주 : 지정학적위험 인덱스는 매월 11개국 신문 전체 아티클에서 지정학적 위험을 다룬 아티클의 비중(%)으로 산출함. 달러 인덱스는 선진국 6개국 평균.

안보 관련 산업이 더욱 주목을 받을 수밖에 없는 이유다. 4차 산업과 관련해 정부의 연구 개발 투자와 육성이 가장 쉬운 곳이자 파급 효과가 큰 쪽이 바로 국방 산업이다. 국방 안보 산업에 대한 재조명이 필요한 시기다.

유리한 자산
- 안보 관련 주식(항공 드론, 5G, 로봇, 식량, 대체 에너지), 특히 민간 파급 효과가 있는 안보 관련 4차 혁신 산업.
- 수입 대체 및 국가 R&D 관련 주식(반도체 디스플레이 핵심 소재 부품).
- 중국 관련 지정학적 위험 반사 이익 국가 자산(베트남, 인도네시아, 러시아 등).
- 궁극적으로 성장이 예상되는 중국 내수 소비재 시장.

주의가 필요한 자산
- 자유무역 조류에서 수혜를 받아 온 일반 제조업 주식.
- 신용등급 강등 위험이 있는 국가의 국채나 CDS(신용부도스와프).

다섯 번째 G,
혁신 성장 코드 장착 Growth and Innovation

김동환   2020년에 우리가 주목해야 할 또 하나의 화두는 과연 FANG이나 MAGA로 대변되는 이른바 혁신 기업들의 차별화 과정이 더 진행될 것인가입니다. 아마존을 필두로 시가총액 1조를 넘나든 애플, 마이크로소프트, 알파벳^{Alphabet} 같은 기업들이 지금처럼 시장을 주도하면서 전에 없는 혁신의 아이콘으로 더 큰 위력을 발휘할지도 관심거리인 듯합니다. 만약 이들 기업들의 주도력이 여전하다면 궁극적으로 미국 시장의 주도력이 흔들리지 않는다는 의미이고 제조업 중심의 신흥국 경제의 반등도 그리 기대할 것이 못 된다는 결론에 도달할 수 있습니다. 과연 혁신이라는 관점에서 어떤 기업들이 더 부각되고 또 어떤 기업들이 혁신의 대열에서 탈락할지를 점쳐보겠습니다. 아울러 기존 경제 기업들의 향배에 대해서도 전망해볼까요?

김한진 혁신 성장, 4차 산업혁명의 물결은 아무리 강조해도 지나치지 않은 주제겠죠. 앞서 저희가 저성장, 저금리 기조를 논했고 특히 저는 세계 경제 활력이 떨어지고 경기가 축 늘어지는 만만치 않은 거시 환경을 전망했는데요, 이처럼 경제가 어두울 때에는 이를 극복하기 위한 반작용, 즉 성장을 창출하기 위한 노력 또한 강해지기 마련입니다. 그것을 주도하는 주체는 대개 절박한 입장에 처한 역량 있는 기업들이죠. 떨어지는 잠재성장률을 떠받치기 위해 각국 정부는 생산성 개선에 주력할 것이고 기업은 어떻게 해서든 이윤을 높이기 위해 혁신을 추구하겠죠. 2000년경부터 시동을 건 4차 산업혁명은 적어도 앞으로 수십 년간 지속될 경제적, 사회적 물결입니다. 4차 산업혁명의 메가트렌드는 국제적이면서도 즉각적인 초연결성을 특징으로 합니다. 각국 기업들이 이 메가트렌드에 어떻게 올라타서 핵심 기술을 키우고 응용하느냐, 그리고 그 혁신을 수익으로 얼마나 구체화시켜 나가느냐가 중요한 이슈라고 봅니다.

2020년에는 어떤 새로운 혁신 성장 기업들이 시장 표면 위로 올라올지 기대가 됩니다. 시장 이야기를 잠시 드리자면 기술주 중심의 나스닥 지수는 그간 전체 경기지수와 완전히 따로 움직이지는 못했습니다. 하지만 FAANG(페이스북, 아마존, 애플, 넷플릭스, 구글)이나 그 주변 핵심 성장 기업들의 이익과 주가는 전통 경기지수와 완전히 다른 흐름을 보여왔죠. 즉 혁신 성장 기업들이 앞으로 어떤 이익과 주가 행보를 보이느냐에 따라 글로벌 증시 전체 판도도 달라질 수 있다는 건데요. 2020년 경기 둔화 국면에서 과연 미국 주가가 전체 경기와 무관하게 오를 수 있느냐가 중요한 관전 포인트라 생각합니다. 시장 예측이 정말 어려워지는 환경입니다. 저는 지난 수년간 미국 증시에서 성장주들이 경기나 금리 등 거시 환경과 관계없이 꾸준한 성과를 거두어온 점을 주목합니다. 더욱이 고성장 혁신 기업은 아니더라도 안정된 시장 지배력과 경제적 해자를 토대로 또박또박 성장해온 기업들을 높이 평가합니다. 이들 안정 성장형 기업들 가운데 최근 인공지능과 빅데이터, 자동화, 초연결성 등 4차 산업 기술을 접목하면서 사업 경쟁력을 키우는 기업들이 많아지고 있습니다.

이런 점들로 인해 2020년 자산 시장 키워드에서 혁신이란 단어를 뺄 수는 없겠죠. 혁신 기업을 둘러싼 무역 분쟁과 기술 분쟁도 쉽게 가라앉을 일이 아닙니다. 글로벌 4차 산업 관련 기업 가운데 중국 기업들의 비중이 빠르게 올라오고 있기 때문입니다. 때문에 AI와 빅데이터, 통신 장비 부문에서 미중 간 갈등은 더욱 심해질 것입니다. 이렇듯 2020년 자산 시장에서 4차 산업과 혁신 기술은 중요한 주제이자 기회를 제공하는 희망 요인라고 생각합니다.

김일구   혁신이라고 해서 기존에 없던 새로운 것을 찾는 것보다는 현재 존재하지만 새로워진 것을 찾는 편이 더 낫지 않을까 생각합니다. 우리는 AI와 자율주행차, 로봇 등을 4차 산업혁

● 쿠팡, 마켓컬리 등 촘촘한 배송망을 지닌 온라인 유통업체들이 대거 등장하면서 유통 시장에 지각 변동이 일어나고 있다.

명이라고 부르고, 이것들이 세상을 획기적으로 바꿔놓을 것이라고 얘기하는데 이런 기업들이 돈을 벌려면 아마 많은 시간이 필요할 겁니다. 섣부르게 투자할 종목을 선정할 때가 아니라는 뜻입니다. 자칫 꿈은 원대한데 현실은 초라한 상황이 될 것 같아 걱정입니다. 그러니 한 나라의 경제 정책을 담당하는 정책 기획자가 아닌 일반 투자자들은 새로운 것보다는 우리 주위의 작은 것, 특히 소비의 변화에 주목하는 것이 더 낫겠다 싶어요.

전통시장과 동네 구멍가게가 소매 유통망의 핵심이었던 시기에 대형마트의 등장은 혁신이었듯이, 이제 온라인 유통업체들이 새로운 유통 혁신을 이끌고 있습니다. 여기서 누가 살아남을 수 있을까요? 핸드폰이 광고 시장을 잠식하고 있다는 얘기가 나온 것이 불과 몇 년 안 됐는데, 벌써 공중파 방송과 같은 거대 미디어 기업들이 유튜브와 페이스북 등 새로운 매체에 광고 시장을 내주고 생사의 갈림길에 서 있습니다. 음식에서도 혁신은 일어나고 있죠. 미국에서는 육류를 대체하는 '비욘드 미트beyond meat'라는 회사가 돌풍을 일으키고 있습니다. 의류, 신발 등 패션 용품에서 면도기 등 일상 잡화들에 이르기까지 기존 유통과 소비 방식에 변화가 나타나고 있습니다. 일부는 실패하기도 하지만 새로운 시도가 빠른 속도로 보편화되는 현상도 많습니다. 기존 기업들의 가치 사슬에 심각한 변화를 낳고 있는 것들이죠.

얘기가 좀 추상적으로 흘러갔는데, 요약하자면 제 말씀은 아직 없는 것, 또는 너무 멀리 있는 것보다는 가까이에서 찾자는 뜻입니다. 그런 말이 있잖아요. 네 잎 클로버의 꽃말은 행운이고 세 잎 클로버의 꽃말은 행복이라고요. 혁신도 마찬가지일 것입니다. 이미 우리 옆에 혁신의 결과물들이 곳곳에 등장해 있는데, 우리는 그것에 금방 익숙해져서 그것이 얼마나 혁신적인지 생각하지 못하고 엉뚱한 곳에서 혁신을 찾고 있는지 모릅니다. 저는 투자자들이 4차 산업혁명이나 바이오 산업을 이런 관점에서 다시 한 번 생각해보셨으면 합니다.

자산 배분 관점에서 내년에 어디에 투자할 것이냐에 대해서는 저는 미국을 포함한 선진국, 그리고 러시아, 브라질 같은 자원을 수출하는 나라들도 좋게 봅니다. 가장 걱정하는 곳이 중국과 한국 같은 공산품 수출국들입니다. 전 세계 소비자들이 내구재 소비를 덜 하기 때문에 수요가 위축됐고, 공급 측면에서는 인도와 베트남 같은 후발 공업국들이 따라오고 있어서 모두 불리합니다. 그렇다고 끝난 것은 아니죠. 예전처럼 심장 박동이 우렁찬 것은 아니지만, 그래도 간헐적으로 경제가 다소간 활력을 찾기도 할 겁니다. 물론 그 기간이 짧고 그 폭도 크지 않을 것 같지만 말이죠.

2020년에는 미국의 대통령 선거가 있고, 트럼프가 재선되면 2차 감세를 할 것이라는 기대도 있습니다. 그래서 글로벌 주식 시장이 나쁘지 않을 것 같아요. 미중 합의는 여전히 불확실한 영역에 남아 있겠지만, 미국의 대선이 끝날 때까지는 두 나라가 서로 타협의 여지를 계속 찾으려 할 것 같습니다.

제로금리와 국채 발행, 재정 지출 확대가 결국 몇 년 지나면 인플레이션을 낳을 것이라고 생각합니다. 양적완화는 중앙은행이 뿌린 돈이 소비에 쓰이지 않고 자산 시장에만 돌았어요. 그래서 주식, 채권, 부동산 등 자산 가격만 올랐습니다. 그런데 중앙은행을 동원한 재정 지출MMT은 주로 저소득층에 돈을 뿌립니다. 그 돈이 주식, 채권, 부동산 시장으로 가지 않고 소비, 혹은 소모성 투자에 쓰이겠죠. 그래서 양적완화는 소비자 물가를 올리는 데 실패했지만 MMT는 소비자 물가를 올릴 겁니다. 물가 연동 국채도 추천합니다. 다만 돈은 유럽, 일본, 미국이 먼저 풀어도 물가 상승은 이들 나라에서 먼저 생기지 않습니다. 이들은 국제 결제 통화를 갖고 있어서 돈을 풀면 그 돈이 국내에만 머물지 않고 해외로 빠져나갑니다. 그래서 돈이 많아져서 인플레이션이 오는 현상이 잘 생기지 않죠. 그렇지만 한국과 같은 국제 결제 통화가 없는 나라는 국내에서든 해외에서든 돈이 소비로 풀려나오면 인플레이션이 생긴다고 봐야겠죠. 비록 2~3년 더 걸리겠지만.

김동환 FANG이나 MAGA 같은 기업들이 글로벌 표준에서 밀릴 가능성은 거의 없습니다. 더구나 이들 기업이 지난 수년간 막대한 수익을 거둬들이면서 차별적인 투자 여력과 인적 구성을 완성한 상태이기 때문에 개별 기업으로서의 가치는 더욱 빛을 발할 가능성이 큽니다. 다만 플랫폼 기업을 지향하면서 그들끼리 서로 여러 분야에서 경쟁하는 구도는 새로운 양상을 만들 겁니다.

　예를 들면 아마존이 선점한 클라우드 비즈니스에서 마이크로소프트가 치열한 추격전을 벌이고 있고, 마이크로소프트가 선점한 게임 산업에 애플이 스트리밍 게임으로 도전하고, 넷플릭스의 스트리밍 비즈니스에 애플이 도전장을 내는 식이죠. 물론 이들 기업들이 자신의 본업을 훼손하지 않는 선에서 서로의 영역을 침범하면서 비즈니스 영역을 구축해나가겠지만 이들의 승부처는 기본적으로 소프트웨어 그리고 플랫폼이란 승자독식의 본질을 가진 영역입니다. 이러한 점을 감안하면 결국 전쟁에서 이기기 위한 치열한 전투를 벌여야 할 것입니다. 그 승전의 전제 조건이 데이터입니다. 그리고 그 데이터를 탁월한 속도로 그리고 실질적인 부가가치를 부여해 서비스화하는 데 필수적인 요소가 바로 반도체입니다.

　제가 2020년에 반도체 경기의 의미 있는 반등과 그로 인한 우리 경제의 지표상 회복을 점치는 것도 이들 기업들은 운명적으로 투자할 수밖에 없는 경쟁의 트랙으로 들어섰다는 점에 주목하기 때문입니다. 제가 위에 언급한 기업들은 세부적으로 분야를 나눠 우위를 점하고 있지만 삼성전자와 SK하이닉스는 반도체 그중에서 디램에 관한 한 글로벌 표준을 만들며 과점 체제를 구축하고 있기에 적어도 중국 경쟁자들이 품질 면에서 양사와 경쟁할 정도로 추격해오기 전까지 상당 기간 공급자 우선의 시장이 될 수 있을 것입니다.

자동화와 연결성의 특징

클라우스 슈밥Klaus Schwab 세계경제포럼WEF 회장이 주관하는 다보스포럼은 1971년부터 매년 세계가 직면한 경제적·사회적 문제를 주제로 다루며 세인의 관심을 끌어왔다. 지난 2016년 제 45회 다보스포럼의 주제는 '4차 산업혁명의 이해'였다. 무엇보다도 4차 산업기술이 세계 경제의 주변적, 보조적 역할에서 중심적, 핵심적 위상으로 전환되고 있음을 모두의 인식에 심어준 포럼이란 점에서 의의가 있었다.

아울러 당시 다보스포럼을 맞아 스위스글로벌금융그룹UBS 에서는 4차 산업 관련 백서를 내놓았는데 제목은 '자동화와 연결성의 극단 : 4차 산업혁명의 국제적, 지역적, 투자적 함의'였다. 그 핵심 내용은 과거의 1, 2, 3차 산업혁명은 모두 '자동화와 연결성'이란 특징을 지니고 있고 이를 발전시켜온 과정으로 설명될 수 있다는 것이었다. 4차 산업혁명 역시 인공지능AI으로 사람의 인지력을 대체하는 극단적인 자동화와 국제적이면서도 즉각적인 연결성을 특징으로 하고 있으므로 고용 시장과 사회 전반에 상당한 혁신적 변화를 불러올 수 있다는 내용이다.

4차 산업의 특징이 고도의 지능intelligence과 유연한 자동화 flexible automation, 그리고 이 둘의 연결성connectivity에 있으므로 이와 관련된 기술 혁신은 이제부터가 시작이라고 해도 과언이 아닐 것이다.

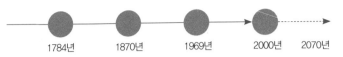

산업혁명 단계별 핵심 기술과 진행 과정 특징 비교

1784년   1870년   1969년   2000년 2070년

구분	1차 산업혁명	2차 산업혁명	3차 산업혁명	4차 산업혁명
핵심기술	기계적 생산, 증기기관	대량 생산, 전기, 노동분업	정보통신(IT), 반도체	인공지능, 빅데이터
제조업 생산 특징	기계화	조립라인, 컨베이어벨트	자동화 생산	스마트 제조
사회적 특징	계층화, 도시화	분업화, 공업화	실시간 관계성	노동구조 변혁
소통방식	책, 신문	전화기, TV	인터넷, SNS 등	IoT
주도국가	영국	미국, 독일	미국, 독일	미국, 중국, 독일
자동화와의 연결성	기계 발명으로 자동화, 다리 항만의 국가 내 연결성	생산 자동화와 표준화, 국가 간 공급체인 확대	향상된 계산 능력, 정교한 자동화	AI가 적용된 자동화, 국제적·즉각적 초연결성

출처 : UBS, 다보스포럼, 딜로이트 애널리시스

살아서 움직이는 4차 산업 생태계

이제 4차 산업과 경제 성장은 뗄래야 뗄 수 없는 관계로 굳어지고 있다. 앞서 언급했지만 국가마다 4차 산업의 강점과 역점 방향은 조금씩 다르다. 미국과 중국은 인공지능과 빅데이터 관련 기업의 혁신 성장이 돋보이고 독일과 일본은 IoT를 제조 현장의 혁신에 활용하는 움직임이 강하다. 강한 제조업 기반이 있는 국가일수록 기계와 기계M2M, 기계와 인간 간M2P 공정혁신

에서 관련 성과가 잘 나타나고 있다. 4차 산업 선도국가들은 기술 간 활발한 연계와 이종 산업 간 융합으로 새로운 서비스나 플랫폼을 빠르게 정착시키고 있다. 또한 그 과정에서 새롭게 빚어진 서비스나 솔루션이 관련 핵심 기술 수준을 다시 끌어올리는 선순환의 고리를 형성하고 있다. 가령 일본은 생산 공정 관련 사물인터넷을 발전시키는 과정에서 인공지능의 중요성이 부각됐고 로봇이나 VR^Virtual Reality, AR^Augment Reality 등 다른 기술과의 전방위적 연계성도 요구됨에 따라 기업 간 전략적 협업이 강화되고 있다. 4차 산업의 특징 가운데 하나는 그 끝이 도무지 보이지 않는다는 점이다. 4차 산업의 이른바 초연결성과 융합 특성 때문이다. 그 진화와 혁신 과정에서 새로운 일자리와 비즈니스 모델이 창출되는 모습은 마치 살아서 스스로 꿈틀대는 생명체로밖에는 설명될 수 없다.

또한 글로벌 증시에서 이들 4차 산업 기업들이 전통 경기 흐름과 무관하게 발전해온 점은 매우 희망적이다. 다음 그림에서와 같이 1980년대 이후 미국 증시의 실질 밸류에이션을 당시의 혁신 기업들이 계속 이끌어온 점은 상당한 시사점이 있다. 안타깝게도 한국 증시에서는 아직 이런 그림이 나오고 있지 않다. 2020년 세계 경기가 둔화된다 해도 글로벌 증시를 전통 경기와 다르게 끌고 갈 수 있는 힘은 이들 4차 산업 관련 기업들에게 있다고 본다. 기술 혁신의 상업화 성과가 곧 기업 이익과 주가 상승의 성과로 나타나고 있는 현실에서 어쩌면 세계 증시 방향성의 과

반 이상은 앞으로 4차 산업 관련 기업에 달려 있다고 해도 과언이 아닐 것이다. 한 가지만 덧붙이자면 미국 증시에서 지난 10년간 주가 성과가 높았던 기업은 크게 두 가지 유형으로 분류될 수 있다. 혁신 성장 기업군과 글로벌 안정 성장 기업군이 바로 그것이다. 이들 기업들은 대부분 4차 산업의 특징인 고도의 지능과 유연한 자동화, 그리고 이 둘의 연결성에서 탁월한 성과를 나타내는 기업들이다. 특히 안정적으로 성장하는 동시에 4차 산업 기술을 접목하고 응용하는 기업들의 변신과 행보에 주목할 필요가 있다.

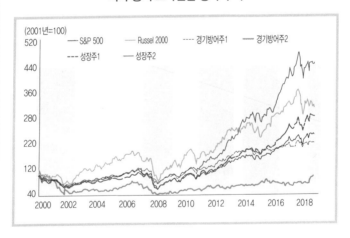

미국 증시 스타일별 성과 추이

출처 : 블룸버그
주 : 2001년을 100으로 두고 산출한 수치임. 경기방어주1은 MSCI USA Defensive Sectors Price Return USD Index, 경기방어주2는 필수소비재＋유틸리티＋통신 시가총액 기준, 성장주1은 MSCI US Growth Index, 성장주2는 FAANG＋와 제약바이오 시가총액 기준이며 음영 구간은 장기 금리(국채 10년물) 하락 기간을 의미함.

미국 테크 경기지수와 실러 PER

출처 : : FRB, 블룸버그
주 : 테크 경기지수는 샌프란시스코 테크 펄스 인덱스(2000년을 100으로 둠) : IT 투자,
컴퓨터 및 SW 소비, IT섹터 고용, 생산, 출하 등으로 산출함. S&P500 CAPE=S&P500 실
질지수/실질 EPS의 10년 평균임.

유리한 자산

- 각국의 4차 산업 관련 핵심 기술 보유 기업. 연결성을 지원하는 통신
  인프라 관련 산업.
- 고도의 지능과 유연한 자동화, 초연결성에 성과가 있는 혁신 기업,
  안정 성장 기업(단 주가의 일시 조정이나 주도주의 서열 변화에는 주의
  가 필요함).
- 한국이 강점을 보일 수 있는 4차 산업 관련주 발굴.

주의가 필요한 자산

- 혁신 성장으로 위장한 고평가된 성장주.

김동환 이제 우리의 토론을 마무리해야 할 것 같습니다. 시장의 예측을 기반으로 많은 이야기를 나눈 만큼, 합치되는 부분도 있고 치열한 공방을 벌였던 지점도 있었던 것 같습니다. 모쪼록 우리의 토론이 이 책을 읽는 여러분들께 도움이 되기를 바라며, 마지막으로 조언 한 말씀씩 부탁드립니다.

김일구 투자의 세계에 이런 말이 있습니다. '곰도 황소도 돈을 버는데 돼지는 돈을 잃는다.' 자신의 생각에 따라 행동하면 설령 생각과 다르게 세상이 움직여도 괜찮습니다. 왜냐하면 누구나 자신의 생각이 틀릴 수 있다는 생각을 하고, 자신이 틀렸을 때를 대비한 플랜B도 만들거든요. 그런데 자신만의 철학 없이 돈을 쫓아서 여기저기 왔다갔다하다보면 결국 돈을 잃고 맙니다. 돈을 쫓다보면 무엇이 잘못되고 있는지, 잘못될 때 어떻게 할 것인지 생각하지 못하기 때문입니다.

저는 투자자들이 투자를 하기 전에 먼저 자기가 어떤 사람인지 생각해보고, 어떻게 투자할 것인지 미리 정하셨으면 좋겠습니다. 가치투자자가 될 것인지, 아니면 바뀌는 시장 상황에 따라 적극적으로 매매를 하는 역동적 투자자가 될 것인지 미리 결정하십시오.

가치투자자가 되기로 하셨으면 시장의 이러저러한 이벤트들에는 관심을 두지 마세요. 저 같은 사람이 얘기하는 매크로에도 크게 관심 가지실 필요 없습니다. 분기에 한 번 정도 글로벌 경제에 대한 분석 자료를 찾아보고 그동안의 일들을 업데이트하는 정도면 충분합니다. 대신 한 번의 투자를 위해 며칠씩 시간을 쓰세요. 절대로 즉흥적이거나 뉴스에 따라 사고팔지 마세요.

시황에 따라 사고파는 트레이딩을 하겠다고 마음먹었다면 당연히 모든 시간을 시황을 파악하고 예측하는 데 써야겠죠. 비유적으로 얘기하자면 주중에는 24시간 깨어 있어야 합니다. 글로벌 시장이 거의 24시간 돌고 있으니까요. 무엇보다 정보의 홍수 속에서 정보의 값어치가 없는 99.9%의 얘기들을 바로 버릴 수 있는 실력과 0.1%의 보물을 알아보는 안목을 길러야 합니다.

세상에 내 맘대로 할 수 있는 것은 정말 드물지만, 주식은 내 맘대로 사고팔 수 있습니다. 절대로 돈에 끌려다니지 말고 내가 처음에 생각했던 대로 투자하세요. '틀릴 수는 있다. 그러나 끌려다니지는 않겠다'는 마음가짐을 가졌으면 합니다.

김한진 "시장의 사이클이 어디쯤 와 있는지, 그리고 그것이 향후 시장의 움직임에 관해 무엇을 의미하는지, 지금 시장 사이클을 결정하는 핵심 요소가 무엇인지를 아는 것은 매우 중요하다. 우리가 어디로 가고 있는지는 절대 알 수 없지만 우리의 현재 위치에 대해서는 더 잘 알아야 한다"(하워드막스, 《투자와 마켓 사이클의 법칙》 286쪽에서 발췌)

제가 드리고 싶은 말씀이 최근 읽은 이 책에 있어 인용을 해봤습니다. 저는 시장 사이클 판단과 관련해 상식의 오류를 곁

들여 다음 몇 가지를 말씀드리고 싶습니다.

첫째, 경기나 자산 시장 사이클에 대한 전문가와 대중들의 판단은 놀랍게도 거의 틀리기 일쑤라는 점을 강조하고 싶어요. 인간은 역사적으로 경기와 자산 시장 흐름을 읽는 데 그리 현명하지 못했습니다. 미 연준의 통화 정책도 역사적으로 겨우 경기 동행적인 데 그쳤습니다. 사이클을 완벽하게 파악하는 것보다 그 속에 숨겨진 의미를 발견하는 게 저는 더 중요하다고 봅니다. 경기를 꼭 정확히 맞혀야만 투자에 성공하는 게 아니라 경기 사이클을 고민하는 과정에서 유망한 자산과 주도주도 발견할 수 있다는 뜻이죠. 전문가들과 대중의 전망은 늘 '무난함의 범주' 안에 머물러 있습니다. 하지만 실제 세상은 결코 '무난하지 않게' 움직여왔습니다.

둘째, 앞에서 인용한 하워드막스의 말대로 지금 진짜 중요한 게 무엇인지를 아는 게 중요합니다. 현재 사이클의 위치를 잘못 짚었다 해도 사이클을 움직이는 핵심요소와 원리를 꿰차고 있다면 다시금 잘 대응할 수 있습니다. 가령 지금은 사이클을 결정하는 핵심이 통화 정책입니까, 경기입니까, 무역 분쟁입니까? 보다 긴 추세에서 사이클 핵심부의 스토리는 무엇일까요? 저는 지금 세상을 지배하는 메가트렌드는 중국의 변화라고 봅니다. 이 큰 신흥국의 변모가 세상 변화의 절반 이상을 설명한다고 보는 것이죠. 4차 산업혁명도 중국 이상으로 세상을 지배하는 중심 요소입니다. 저는 향후 세계 경기 사이클과 자산 시장이 중국과

4차 산업의 동향에 따라 결정될 것으로 봅니다. 지금은 중국 때문에 어렵지만 시간이 지나면 반대로 중국이 기회의 땅이 될 것이고, 지금은 4차 산업이 희망이지만 언젠가는 4차 산업이 만든 거품 때문에 세계가 위험에 빠질 것입니다.

셋째는 단순화의 미학입니다. 어쩌면 우리는 단순한 것조차도 너무 복잡하게 꼬아서 생각하고 있는지 모릅니다. 우리는 신호와 소음이 혼재된 세상에서 그것을 모두 믹서기에 넣고 뒤섞어버리는 행동을 하고 있지는 않은지요? 원인을 결과로, 결과를 원인으로 바꾸어 잘못 보는 경우가 얼마나 많습니까? 저는 항상 지금 가장 중요한 긍정적인 것 한 가지와 가장 부정적 요인 한 가지를 놓고 고민합니다. 설혹 그 후보를 잘못 뽑았다 해도 말이죠. 2020년 한국 경제에 가장 긍정적인 한 가지는 반도체 경기이고 반대로 가장 부정적인 것은 중국 경기입니다. 복잡한 현상을 단순화할 수만 있다면 우리는 이미 정곡에 가까이 있는 것입니다. 미래를 왜 못 맞힐까요? 복잡한 현상을 다 알고자 하기 때문입니다. 버려야 합니다. 우선순위 한 가지에만 집중하는 게 건강을 위해서라도 훨씬 좋습니다. 한 가지만 맞혀도 진리는 결국 통하니까요. 종목 선택도 마찬가지입니다. 오만 가지 재료 가운데 딱 하나에만 집중하는 게 좋습니다. 이 기업이 앞으로 정말 돈을 잘 벌 수 있는 기업인지 아닌지 말이지요.

김동환　투자의 태도는 곧 삶의 태도와 일맥상통하다고 생각합니다. 냉소적인 삶의 태도를 가진 분이 큰 부를 일군 경우를 본 적이 없습니다. 꾸준히 세상의 변화에 관심을 기울이되 자신의 투자와 지속적으로 인과관계를 규정해보는 연습을 하시기 바랍니다. 이러한 시도의 첫 걸음은 함의를 가진 정보와 의도된 소음을 잘 구분하는 일로부터 시작합니다. 저는 정보를 잘 처리할 수 있는 쉬운 연습 몇 가지를 소개해볼까 합니다.

먼저 어떤 매체나 수단을 통해서 정보를 주로 취득하는가를 점검한 뒤, 불편하고 신뢰가 가지 않고 피하고 싶은 정보의 취득 경로를 의식적으로 확대해 정보 습득의 경로를 분산하시기 바랍니다. 내가 취득하는 정보가 한두 개 매체에 편중되어 있다면 이는 상당히 위험합니다. 자칫 왜곡된 정보로 인해 돌이킬 수 없는 실수를 범할 수도 있기 때문이지요.

둘째, 해외로부터의 정보에 대한 노출을 의식적으로 늘리기를 권합니다. 일반 신문이나 방송을 통해서 듣고 보는 해외 소식은 그 매체의 입장과 논점에 의해 왜곡될 가능성이 많습니다. 약간의 비용을 들이더라도 전문적인 통번역 서비스를 이용하는 게 좋습니다. 〈신과 함께〉 같은 양질의 무료 콘텐츠를 적극적으로 활용하시는 것도 도움이 되겠지요, 하하.

마지막으로 SNS를 활용해 통찰력 있는 전문가들과 적극적으로 교류하시기를 바랍니다. 초연결사회에서 한두 다리만 거치면 믿을 만한 전문가를 접촉할 가능성이 높으니까요. 믿을 만한 전문가를 구분하는 방법은 쉽습니다. 사회적으로 정평이 난 한두 분을 고른 뒤 그분의 SNS 계정에서 활발하게 교류하고 있는 분들의 글을 찾는 것입니다. 예상치 못한 인사이트를 가진 훌륭한 스승을 만나실 수 있습니다. 결국 제법 많은 시간과 노력을 투자하는 수밖에는 없습니다. 그래도 얼마나 좋은 세상입니까? 예전에는 일반인들은 엄두도 못 내는 정보들도 노력만 하면 구할 수 있는 세상이니까요.

인생사도 그러하지만 경제도 자산의 가격도 순환합니다. 그 순환의 주기를 잘 파악하는 일이 우리가 해야 할 일이며 그 순환의 모멘텀이 주는 징후를 소상히 설명해드리는 일이 저희 세 명이 여러분을 위해 해야 할 일입니다. 토론은 이렇게 끝냅니다만 앞으로 그 징후가 포착될 때마다 글로써, 그리고 〈신과 함께〉를 비롯한 다양한 방송을 통해 꾸준히 전해드릴 것을 약속하면서 짧지 않았던 대화를 마무리하겠습니다. 두 분 수고하셨고 우리 독자 여러분의 행운을 빌겠습니다. 감사합니다.

새로운 기회의 파도

빅히트

초판 1쇄 발행 2019년 11월 18일
초판 6쇄 발행 2020년 4월 16일

지은이 김한진 김일구 김동환
펴낸이 김선준 이승호

책임편집 임나리
디자인 강수진

펴낸곳 페이지2북스 **출판등록** 2019년 4월 25일 제 2019-000129호
주소 서울시 강서구 양천로 551-17 한화비즈메트로1차 1306호
전화 070) 7730-5880 **팩스** 02) 332-5856
이메일 page2books@naver.com
종이 · 출력 · 인쇄 · 후가공 · 제본 (주)현문

I SBN 979-11-968310-1-1 (03320)